AFEL

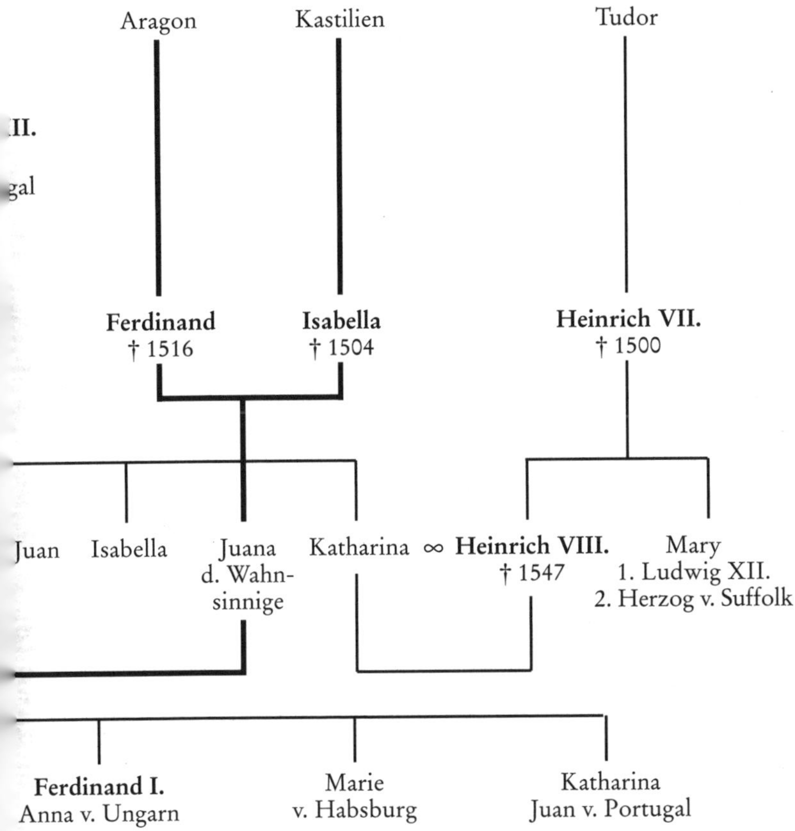
Aragon
Kastilien
Tudor
II.
gal
Ferdinand
† 1516
Isabella
† 1504
Heinrich VII.
† 1500
Juan
Isabella
Juana
d. Wahn-
sinnige
Katharina ∞ Heinrich VIII.
† 1547
Mary
1. Ludwig XII.
2. Herzog v. Suffolk
Ferdinand I.
Anna v. Ungarn
Marie
v. Habsburg
Katharina
Juan v. Portugal

Ernst W.
Wies

Kaiser Maximilian I.

MAXIMILIANVS I IMP.
ARCHIDVX AVSTRIÆ
DVX BVRGVNDIÆ
PHILIPPVS HISP. REX.I.
ARCHIDVX AVSTRIÆ.
MARIA DVCISSA
BVRGVNDIÆ MAX: VXOR.
FERDINANDVS. I. IMP.
ARCHIDVX AVSTRIÆ
CAROLVS.V. IMP.
ARCHIDVX AVSTRIÆ.
LVDOVICVS REX
HVNG. MAS.

Ernst W. Wies

KAISER MAXIMILIAN I.

Ein Charakterbild

Bechtle

Frontispitz: bildarchiv preussischer kulturbesitz, Berlin

Kaiser Maximilian mit seiner Familie,
Maria von Burgund und den Söhnen Philipp,
Ferdinand, Karl und Ludwig.
Gemälde von Bernhard Strigel, um 1500.

Schutzumschlag: Wolfgang Heinzel
Motiv: akg-images, Berlin
Satz: Fotosatz Völkl, Türkenfeld
Druck und Binden: Ueberreuter Buchproduktion, Korneuburg
Printed in Austria
ISBN 3-7628-0570-9

Für Marielene – die Unvergeßliche

Es gilt wieder Dank zu sagen!

Eine schöne Pflicht. Zeigt sie uns doch, welch einen
Schatz an guten Freunden man besitzt.
So danke ich für Rat und Hilfe in vielfältiger Form:
Herrn Professor Doktor Finger, Direktor der Diözesan-
und Dombibliothek, und seinen hilfreichen Mitarbeitern.
Meiner lebenslangen Freundin Ingborg Zanders
für ununterbrochenen Einsatz für mein Werk.
Dank an Irmgard Sellmann, die im stillen so manches
Gute für mich bewirkte.
Dankbaren Gruß an Carolina und Friedhelm Gröteke,
an Diplombibliothekarin Barbara Schweitzer
und Doktor Gerd Schweitzer,
an Ingeborg und Walter Schrock,
an meine Schwester Margot Wies für finanzielle Hilfe
bei meinen Archiv- und Museumsreisen und
an meine Schwester Johanna Huthmann,
in deren Haus im Salzburger Land ich die letzten
Arbeiten an diesem Buch vollenden konnte.
Zum Schluß, und damit an hervorgehobener Stelle,
geht mein Dank an Günter Nawe, der mein Werk und mein
Schaffen seit Jahrzehnten mit aufbauender Kritik begleitete.

Fuschl am See, im August 2003
Ernst Wilhelm Wies

INHALT

Es ritt ein Herr vom Oberen Rhein

Der Herr war, gemessen an den anderen Fürstlichkeiten des Reiches, ein kleiner Herr. Weder Herzog noch Fürst, nur ein Graf, der Graf Rudolf von Habsburg. So war auch die bewaffnete Macht gering, die ihn begleitete. Vielleicht fünfzig Panzerreiter waren an seiner Seite. Aber von Stadt zu Stadt, von Burg zu Burg vergrößerte sich seine Mannschaft. So groß war die Sehnsucht der Menschen, wieder von einem gerechten König regiert zu werden.

Zwar hatte es an Thonbewerbern nicht gemangelt. König Alfons X. von Kastilien und León (1221–1284) leitete den Thronanspruch auf die deutsche Krone über seine Mutter Beatrix von Schwaben und über seinen Großvater, König Philipp von Schwaben (1198–1208), her. Seine Ansprüche schienen nicht unbegründet, aber er blieb im Fühlen und Denken der Deutschen ein Fremder.

Ebenso Richard von Cornwall, der seine Thronrechte über seinen Vetter, den Welfen Otto IV., und seinen Schwager Friedrich II. von Staufen/Sizilien (1212–1250) durchsetzen wollte.

Auch die Regentschaft Wilhelms von Holland (1227–1256) blieb Episode.

Wie aber kam es, daß sich die Augen Deutschlands auf ihn, den Unbekannten, richteten, den Grafen aus dem Zürich- und Aaregau?

Selten lassen sich die Wege der Schicksalsbestimmungen, die Entscheidungen der Geschichte, so genau nachweisen wie im Falle des Grafen Rudolf von Habsburg.

Da war zunächst einmal ein kluger Papst, der einen deutschen König und Kaiser brauchte, um die tyrannische Macht der Anjou im Königreich Neapel, die auch den Heiligen Stuhl bedrohte, in die Schranken zu weisen. Zudem sollte ein deutscher König und Kaiser dem Papst im Heiligen Krieg gegen die Heiden zur Seite stehen. So hatte der Papst die deutschen Kurfürsten beauftragt, ihm einen Königskandidaten zu benennen.

Aber die Zeit verstrich, und das deutsche Wahlkollegium konnte sich nicht einigen. Sie versuchten die Quadratur des Kreises, was damals wie zu allen Zeit mißlang. Der deutsche König sollte einerseits stark genug sein, um die Ordnung im Reich wiederherzustellen und dem Raubritterwesen und der schlichten Räuberei Einhalt zu gebieten. Andererseits sollte er wiederum so schwach sein, daß er keinem der mächtigen Kurfürsten gefährlich werden konnte.

Da brachte der Erzbischof von Mainz, Werner von Eppstein (1249–1284), der auf seinen Romreisen den Grafen des Zürich- und Aaregaus kennengelernt hatte, diesen ins Gespräch. Vieles sprach für ihn als tapferen Feldherrn und klugen Administrator. Dazu war er ein Mann erprobter Treue. Er hatte in den Heeren der Staufer gekämpft und auch während des Zusammenbruchs des ruhmreichen Hauses nicht die Seiten gewechselt. Ja, er hatte sogar an der Seite des jungen Konradin gestanden, dessen Blut auf dem Marktplatz von Neapel unter dem Schwertstreich des Anjou versickert war.

Dann siegte der habsburgische Pragmatismus in ihm. Er war ein Symbol der Treue unter den Lebenden, und so hatte Graf Rudolf rasch seine Pferde nach Norden gewandt, den heimischen Bergen zu. Hier fand sich der geübte Kriegsmann bald im Kampf mit dem Bischof von Basel und dem Abt von St. Gallen, um sein kleines Fürstentum zu erweitern. Denn dazu hatte sich die Grafschaft durch die Kyburger Erbschaft entwickelt. So war der Graf Rudolf ein beachtlicher Herr geworden, vor allem im Südwesten des Reiches.

Dennoch war er kein Kriegs- und Territorialherr, den die Kurfürsten fürchten mußten. Diese Kurfürsten waren ein seltsames, schwer zu bestimmendes Gremium. In alten Zeiten hatte die Reichsfürstenschaft den König erwählt. Aber als das deutsche Königtum immer mehr verkam, hatte sich das Wahlgremium auf die Inhaber der Reichshofämter reduziert. Da waren zunächst die drei rheinischen Erzbischöfe, die den König vorschlugen, salbten und krönten, und die vier weltlichen Wähler: der Pfalzgraf bei Rhein, die Herzöge von Sachsen und Brandenburg und der König von Böhmen.

Als nun der ob der langen Wartezeit unwillig gewordene Visconti-Papst Gregor X. (1272–1276) dem Kurfürstengremium übermitteln ließ, er wünsche nun endlich einen seriösen Vorschlag, sonst würde er kraft päpstlicher Binde- und Lösegewalt einen eigenen Kandidaten benennen, da fuhr den betulichen Herren in Deutschland der Schreck in die Glieder. Wer wollte schon bei den periodisch anstehenden Wahlen auf die »Handsalbung«, also auf die Bestechungs- und Schmiergelder, verzichten? So einigten sie sich rasch auf den Grafen Rudolf, der – o Wunder in diesen Zeiten – ein ehrlicher Mann sein sollte.

Nach päpstlichem Willen wählten die deutschen Kurfürsten am 1. Oktober 1273 in Frankfurt am Main den Grafen Rudolf von Habsburg zum deutschen König, und am 24. Oktober 1273 wurde er zu Aachen am Heiligen Stuhl Karls des Großen gesalbt und gekrönt.

Schnell zeigte der neue König, daß er zwar ehrlich, aber keinesfalls blauäugig war. Die Kurfürsten, die größten Räuber am salisch-staufischen Reichsgut, zog er auf seine Seite. Nicht nur, daß er ihnen ihren Raub ließ, nein, er verheiratete die weltlichen Herren mit seinen Töchtern, um sie fester an sein Haus zu binden. Man sieht, die österreichisch-habsburgische Heiratsdiplomatie hat eine lange Tradition.

So gab er seine Tochter Katharina an Otto von Niederbaiern, Hedwig an Otto von Brandenburg, Agnes an Albrecht von Sachsen, Mathilde an Ludwig von Baiern, Jutta an König Wenzel II. von Böhmen, dem Sohn Ottokars II., und Clementine an Karl Martell von Neapel aus dem französischen Hause von Anjou. Seinem jüngeren Sohn Rudolf gab er Agnes von Böhmen zur Frau, die Tochter Ottokars II.

Die drei geistlichen Kurfürsten von Mainz, Trier und Köln kaufte er schlicht mit Geld.

Schon auf dem ersten Reichstag in Aachen ließ er sich Gesetzesmacht geben, um das entfremdete Reichsgut, das seit dem Zusammenbruch des Stauferreichs von gierigen Händen geraubt worden war, an sich zu ziehen. Auch wenn er die großen Räuber, die Kurfürsten, frei ausgehen lassen mußte, so war doch die Rücknahme der Territorien der vielen kleinen Räuber, die er unter Reichslandvogtei stellte, beachtlich. Seinen größten Gegner im Reich, König Ottokar von Böhmen, der das habsburgische Königtum nicht anerkennen wollte, überzog er mit der Reichsacht.

Schon im Jahre 1276 unternahm er einen Feldzug gegen die Böhmen, und allein seinem Feldherrentum, seiner Strategie gelang es, König Ottokar ohne Schwertstreich zur Unterwerfung zu bringen. Die Siegesbeute für Rudolf war Österreich, die Steiermark, Kärnten und Krain. König Ottokars Versuch, die Niederlage wiedergutzumachen, endete am 26. August 1278 in der Schlacht bei Dürnkrut, wo Ottokar Leben und Krone verlor.

Rudolfs größter Erfolg war die Wiederherstellung des staufischen Reichslandfriedens, indem er Raubritter und ähnliches Raubgesindel erfolgreich bekämpfte. Dies bestätigte seinen Ruf als Friedensbringer, wie Friedrich von Schiller Jahrhunderte später in einer rückwärts gewandten Prophetie verkündete:

»Denn geendet nach langem verderblichem Streit
War die kaiserlose, die schreckliche Zeit,
Und ein Richter war wieder auf Erden.
Nicht blind mehr waltet der eiserne Speer,
Nicht fürchtet der Schwache, der Friedliche mehr,
Des Mächtigen Beute zu werden.«

In seiner stark idealisierten Ballade auf Rudolf I., in der der fromme Graf von Habsburg dem armen Priester, der einem Kranken die Sterbesakramente bringen will und einen reißenden Strom durchqueren muß, sein Pferd schenkt, macht Schiller die enge, bis zum heutigen Tage geltende Bindung des Hauses Habsburg an die römische Kirche sichtbar. Und Rudolfs Urenkel, Kaiser Karl V., hat große Seelenqualen erlitten, als er in dem berühmten »Sacco di Roma« (1527) das heilige Rom seinen Landsknechten zur Plünderung überlassen mußte.

Vor allem setzte Rudolf von Habsburg seine Zeit und das Kurfürstengremium in Erstaunen. Als er zum König erhoben wurde, zählte er immerhin fünfundfünfzig Jahre, für damalige Zeiten ein beachtenswertes Alter. Gewiß hofften die Kurfürsten darauf, in wenigen Jahren zu einer neuen Königswahl zusammentreten zu können. Aber der erstaunliche König wurde dreiundsiebzig Jahre alt und regierte achtzehn Jahre mit Würde und Erfolg.

Zwar versuchte die Geschichtsschreibung sein Königtum zu deminuieren, da er nicht das Kaisertum erlangte. Manche nannten ihn einen kleinen König, zum Beispiel Peter Moraw. Aber man revidierte sich schnell. Dieses »klein« sei nur gedacht als die Kleinheit seiner Möglichkeiten, die ihm gegeben waren. Bedenkt man seine Anfänge, ein Graf aus dem Schweizer Land, und sehen wir ihn dann als Herrn Österreichs und Böhmens und vieler anderer Länder, so war er ein großer und gewaltiger König.

Rudolf von Habsburg haben solche Beurteilungen nicht erreicht. Er schob sie beiseite und stellte statt dessen seinen Epitaph aus rotem Sandstein in die Kaisergruft zu Speyer.

Mit demutvollem, asketischem Blick schaut uns sein Bildnis an. Ganz auf sich zurückgenommen, ganz Werkzeug seines Königsauftrags, blickt er über die Zeiten hinweg und spricht mit der Stimme Grillparzers:

»Ich bin nicht der, den ihr voreinst gekannt!
Nicht Habsburg bin ich, selber Rudolf nicht,
In diesen Adern rollet Deutschlands Blut,
Und Deutschlands Pulsschlag klopft in diesem Herzen.
Was sterblich war, ich hab' es ausgezogen,
Und bin der Kaiser nur, der niemals stirbt.
Als mich die Stimme der Erhöhung traf,
Als mir, der nie von solchem Glück geträumt,
Der Herr der Welten auf mein niedrig Haupt
Mir einst gesetzt die Krone seines Reichs,
Als mir das Salböl von der Stirne troff,
Da war ich tief des Wunders mir bewußt,
Und hab' gelernt, auf Wunder zu vertrauen.«

(König Ottokars Glück und Ende, Grillparzer)

So war er zu einem geworden, der die Welt gewann und doch überwand. Er war ein Mann, der Europa eine Dynastie schenkte, die sechshundert Jahre herrschte und wohl die wirkungsmächtigste war, indem sie im Kampf mit dem islamischen Halbmond das Abendland als Heimstatt der Christenheit bewahrte.

Wenden wir uns jetzt zu dem Österreicher, dem Habsburger, dem strahlenden Helden, über dem immer, ob in Sieg oder Niederlage, der Glanz seiner Persönlichkeit leuchtete: »Kaiser Maximilian I.«.

Der Vater

Kaiser Friedrich III. (1415–1493) wurde 1440 zum deutschen König erwählt und erhoben, und 1452 zum Kaiser gekrönt. Friedrich III., der letzte in Rom gekrönte deutsche Kaiser, war alles andere als ein strahlender Herrscher.

Der Volksmund und sogar der gelehrte Enea Silvio Piccolomini, der spätere Papst Pius II., der seit 1442 dem Kaiser als Kanzler diente, sollen ihn sogar des »Reiches Erzschlafmütze« genannt haben. Aber das ist wohl eine Überzeichnung. Richtig ist, daß er ein Fürst mit eingeschränktem Herrschaftsgebiet war. Mit seiner geringen Möglichkeit zur Machtentfaltung konnte er kaum mit kaiserlicher Majestät auftreten. Das politische Genie kämpft gegen die Zwänge der Zeit und überwindet sie. Kaiser Friedrich III. war kein Genie, er war ein Phlegmatiker, ein Mann von Gleichmut und Unerschütterlichkeit.

Wenn er auch die deutschen Landesfürsten nicht unter kaiserliche Gewalt stellen konnte, wenn er sogar unerhörte Demütigungen hinnehmen mußte, in einem blieb er der habsburgischen Grundidee treu, Stütze der katholischen Kirche zu sein. Im Jahre 1445 vergleicht er sich durch Enea Silvio Piccolomini mit dem Papst, stellt sich gegen den Baseler Konzilarismus und auf die Seite des Papstes. Der Lohn ist die Kaiserkrone.

1451/52 bricht er zum Romzug auf. Und er bringt nicht nur die Kaiserkrone mit nach Wien, sondern auch eine Gattin, der in Rom das Gipfelglück der mittelalterlich-abendländischen Menschheit widerfährt, als sie mit der Kaiserkrone gekrönt wird.

Friedrich III. ist mit seinen zweiunddreißig Jahren schon ein alter, aber dennoch stattlicher Mann. Von mittlerer Größe, breitschultrig und sehr wuchtig wirkend, mit langem schmalem Schädel, den wir auch bei König Rudolf I. gesehen haben, das blasse Gesicht mit der berühmten Habsburger Hakennase, eingefaßt von langen blonden Haaren. Kein schöner, aber ein ehrfurchtgebietender Mann. Ein Bildnis von Gleichmut und Unerschütterlichkeit. Dennoch war um den im königlichen Glanze auftretenden Mann ein Hauch von säuerlichem Gram.

Sein Romzug war zugleich seine Brautfahrt. Zuvor hatte er viele mögliche Verbindungen ausgeschlagen, Frankreich, Savoyen und die Luxemburger boten ihre schönsten Prinzessinnen an. Als Friedrich III. sich für die schöne portugiesische Prinzessin Eleonore entschied, war im Herzen des nüchternen Mannes ein Hauch von Romantik aufgebrochen. Es war nicht nur die Schönheit der Prinzessin, die er in einem Konterfei erkennen konnte, sondern vielleicht auch der Traum von Ferne, der auf Eleonores Großonkel, Heinrich den Seefahrer, hinwies. Die portugiesische Dynastie war geprägt von jahrhundertealten Befreiungskämpfen gegen die Mauren, in denen die Fürsten in der vordersten Reihe kämpften. Auch untereinander hatten die Angehörigen der Dynastie um die Herrschaft gerungen. Eleonores Mutter hatte nach dem Tode ihres Mannes versucht, die Herrschaft mit Waffengewalt an sich zu reißen. Ihr Bruder Don Pedro, von gleicher stürmischer Art, hatte seinen Onkel Pedro gestürzt. Einen Zug dieser kämpferischen Bereitschaft hatte Eleonore wohl ihrem Sohn Maximilian vererbt, aber auch den Traum von der fernen, lockenden Welt.

Zuvor galt es für die Braut, Gefahren zu bestehen. Nach zweiundachtzigtägiger Seefahrt, unterbrochen von Stürmen und Piratenangriffen, erreichte die portugiesische Braut die italienische Küste, um dann in Siena mit Friedrich III. zusammenzutreffen.

Staunend stand Friedrich III. vor der zarten, kleinwüchsigen sechzehnjährigen Braut. Sie hatte ein »engelhaft reines Antlitz« mit dunklen Augen, in denen es vor Lebenskraft blitzte. Dieses engelgleiche Mädchengesicht war von schwarzen Haaren umrahmt, von tiefschwarzen. Was aber Friedrich noch mehr entzückte als die Brillanz der Erscheinung waren ihre klugen, temperamentvollen Antworten, die sie zu geben wußte. Wahrlich, diese Frau hatte alle Gaben, um an seiner Seite Kaiserin zu werden, die erste Dame des Abendlandes.

Doch schon der Krönungseinzug in Rom am 9. März 1452 zerstörte die Träume der hochgemuten Prinzessin. Der Pöbel von Rom fiel über das Krönungspaar her, und Friedrich III. mußte sich mit blankem Schwert den Weg zur Krönung erkämpfen. Tote und Verwundete blieben auf der Walstatt, ein schlechtes Omen für einen solchen Tag.

Trotz allem, wenige Tage später, am 16. März, wurde Friedrich III. zunächst mit der Eisernen Krone der Lombardei gekrönt, und dann senkte Papst Nikolaus V. die Kaiserkronen auf die Häupter von Friedrich und Eleonore.

Dies war die letzte Krönung eines deutschen Kaisers im St. Peter in Rom. Dem Sohn Maximilian sollte es später nicht gelingen, diese höchste Ehre des Abendlandes aus der Hand des Papstes zu empfangen. In dieser Hinsicht stand der Sohn im Schatten des Vaters, der als langsam, schwerfällig und als wenig ingeniös galt.

Friedrich III. wahrt gegenüber seiner zarten, kindhaften und nun angetrauten Gemahlin eine sonderbare Rücksichtnahme und Zurückhaltung. Es bedurfte nachdrücklicher Hinweise, bis der Kaiser auf der Rückreise das Brautlager vollzog. Diese Rücksichtnahme auf die Kindfrau Eleonore paßt in das Charakterbild des Kaisers und entsprach nicht den allgemeinen derben Verhaltensweisen der Männer des Zeitalters. Er war einer, der lieber schweigend zuhörte als sprach, einer, der die Dinge in seinem Inneren verarbeitete, um sich dann nachdenklich zu äußern.

Ein solcher Mann war zweifellos kein idealer Partner für eine lebendige junge Frau wie Eleonore. Aber Liebe war in den seltensten Fällen das Bindemittel in Europas Fürstenfamilien, dafür aber die Pflicht. So durfte Eleonore hoffen, daß der Glanz des Kaisertums, die Macht und die Herrlichkeit ihrer Stellung, einen Ersatz für die Liebe bieten würde.

Aber auch ihr Einzug in die Burg der Wiener Neustadt war alles andere als der erträumte Kaiserglanz. Das Kaiserpaar wurde von Unruhen und Aufständen empfangen, und ihr Einzug in die Burg glich mehr einer Flucht.

Ein Söldnerführer namens Andreas Baumgärtner (1420–1471) machte sich um den Kaiser verdient und stand auch 1452 und

1462 bei der Belagerung Wiens helfend und siegreich an des Kaisers Seite.

Da trat ein Ereignis ein, das das christliche Abendland in seinen Tiefen erschütterte: der Fall Konstantinopels und seine Eroberung durch die Türken. Ein Ereignis, das die Christenheit ebenso in ihrem Selbstverständnis traf wie einstmals der Fall Roms. Es war die Infragestellung einer Denk- und Geisteskultur, die in Jahrhunderten die Basis europäischer Lebensform gewesen war.

Zunächst mußten Venedig, Polen, Ungarn und Österreich alleine der neuen Weltmacht des Osmanischen Reichs entgegentreten. Dann aber wurde Österreich, vor allem das Haus Habsburg, die große Schutzmacht gegen die Türkengefahr und wuchs damit in seine Schicksalsaufgabe hinein.

Die Grundlage aber zu allem hatte jener stille und zurückhaltende Mann geschaffen, der seine Idee von Österreichs Stellung in der Welt in die Formel gepreßt hatte:

AEIOU
Austria est imperare orbis universo*

* »Alles Erdreich ist Österreich untertan.«

Die Mutter

War schon das väterliche Bluterbe weit über Europas Adelslandschaft verteilt und gespeist aus den Häusern Burgund, Görz-Tirol, Oberbaiern, Niederbaiern, Sachsen, Ungarn, Böhmen, Oberlothringen, Aragon, Steiermark, Kalabrien, Luxemburg, Anjou-Durazzo, Pommern, Masovien, Brandenburg, Mähren, Baden, Schottland, von der Pfalz und Polen, so wies es trotz romanischer Einschläge hauptsächlich germanische Ursprünge auf.

Anders die Ahnenreihe der Mutter, die stark romanisch geprägt war. Dennoch kommt mit Philippa von Lancaster, Gattin des Königs Johann I. von Portugal (1357–1433), eine Normannin in Eleonores Ahnenreihe. Bezeichnend, daß diese Philippa von Lancaster die Mutter Heinrich des Seefahrers (1394–1463) war, des Mannes, der Portugals Seegeltung und damit das portugiesische Kolonialreich geschaffen hat.

Dieser Uronkel, ein geistiger Held Portugals, war der Ahne, der Eleonores Geist am meisten beflügelte, und sie übertrug diese Sehnsucht auf schweifende Ferne und grenzenlose Horizonte auf ihren Sohn Maximilian.

Im übrigen speist sich Eleonores Ahnenspiegel aus den Häusern Burgund, Savoyen und als nördliche Komponente Elsaß und Flandern, vor allem aber aus den spanischen Königreichen Kastilien, León, Navarra und Aragon.

Lange bevor die abendländische Menschheit von Europa sprach, hat es eine flächendeckende europäische Adelsgesellschaft, von den Tagen Karls des Großen bis zum Zusammenbruch des deutschen und österreichischen Kaiserreichs, mit der einheitlichen Sprache der Gebildeten, Latein, gegeben.

Ein Gipfelpunkt dieser Ahnenreihe war Maximilian, der sehnlichst erwartete Sohn Eleonores und Friedrichs III., nachdem ein zuvor geborenes Mädchen kurz nach der Geburt verstorben war.

Dieser Sohn nun machte Eleonore wirklich zur Kaiserin und zur Herrin im Hause Habsburg.

Man hat es immer als symbolhaft angesehen, daß Maximilian in der Leidenswoche des Herrn, am 22. März 1459, geboren wurde. In die von Eleonore, die an die hellen Himmel des Südens gewöhnt war, als düster empfundene Burg der Wiener Neustadt brach nun plötzlich die strahlende Sonne des Glücks. Eleonore, schier berstend vor Freude, teilte in vielen Briefen die Geburt des Sohnes mit, indem sie sich persönlich an die Stände wandte. Ein Brief an die Stadt Augsburg ist uns erhalten. Eleonore schreibt: »Nachdem unser geliebter Herr und Gemahl und auch wir von anderen Ständen zu Euch unser besonderes Vertrauen hegen, sind wir in ungezweifelter Hoffnung, Ihr werdet mit uns herzlich Freude und Wohlgefallen haben.«

Nun hatte die schweifende Phantasie, die tiefe Leidenschaft der Mutter in dem Sohn ihren Zielpunkt gefunden. Zunächst der Name des Sohnes, der den Eltern, aber auch dem ganzen Volk fast wie ein messianischer Erlöser erschien, wurde zur Angelegenheit der Öffentlichkeit. Durch den Fall Konstantinopels aufgerüttelt, wollte die junge Mutter den Sohn Konstantin nennen, in Erinnerung an jenen Konstantin den Großen, der die Symbiose zwischen römischem Staatsdenken und dem allumfassenden Christentum geschaffen hatte.

Der biedere Vater, Kaiser Friedrich III., wollte dem Sohn den Namen Georg geben, dem Ritterheiligen schlechthin. Er würde der Drachentöter sein, der den neuen Drachen, den Islam, niederwerfen sollte. Dann aber wählte er den Namen des heiligen Maximilian von Lorch, der ihm seiner Ansicht nach im Cillierkrieg wundersame Errettung gegeben hatte. Mit solch moralischen Ansprüchen belastet, von einer Mutter geliebt, die er für die Tristesse ihrer monotonen Ehe entschädigen sollte, wuchs der Prinz Maximilian heran. Aber nicht nur für die Eltern und den kaiserlichen Hof, sondern auch für das ganze Volk hatten sowohl der Name als auch der kleine Prinz selbst eine besondere Strahlkraft.

Für seine Mutter sollte er der Held werden, der alle Demütigungen vergessen machte, die sie an der Seite ihres Gatten durchleben mußte. Ein Sohn, der eintrat in das Heldengeschlecht ihrer portugiesischen Vorfahren, des großen Heldenahnen König Ferdinand. Während der Kaiser in seinem Sohn den großen Türkensieger erträumte, ersehnte ihm die Mutter ein ritterlich-königliches Heldenleben nach Art ihrer portugiesischen Vorfahren. Diese Gegensätze brannten sich in das Herz der Knaben ein: des Vaters zähe Beharrlichkeit und die hochfliegenden Träume der Mutter.

Gemeinsam mit ihr erlebte er die Demütigungen des Kaisertums, gemeinsam mit ihr litt er darunter. Als der Kaiser sich vor Verrätern und Aufständischen neigen mußte, küßte die Mutter den Sohn und sprach die bitteren Worte: »Nie würde ein König von Portugal Aufrührern die Gnade erweisen, es sei denn, sie hätten sich unterworfen.« Und ein andermal: »Wüßte ich, daß du wie dein Vater handeln würdest, so müßte ich bereuen, dich für den Thron geboren zu haben.«

Diese beiden Extreme, die sich in Vater und Mutter darstellten, sollten den Kern des Lebensschicksals Kaiser Maximilians bilden.

In eine Welt hineingeboren

Wie sah das Abendland nun aus, in das der habsburgische Prinz Maximilian hineingeboren war?

In England hatten die verheerenden Rosenkriege mit dem Sieg des Hauses Tudor geendet. Unter Heinrich VI., in dem sich das Blut der Lancaster und der Tudor wiederfand, erlebte das Land einen Aufschwung, vor allem, als König Heinrich auf seine französischen Thronansprüche verzichtete. Aber das wirkliche Ereignis, gleich einer kosmischen Eruption, deren zitternde Wellen das Festland erreichten, war, als König Heinrich VIII. von England (1491–1547), dem Papst Leo X. (1513–1521) den Titel »Defensor fidei« verliehen hatte, als dieser Heinrich das Band zwischen der englischen Kirche und Rom zerriß und sich durch die Suprematsakte von 1535 zum Oberhaupt der neuen anglikanischen Staatskirche erhob.

Die europäischen Könige und Fürsten schauten mit lüsternen Augen auf das englische Beispiel, denn eine romfreie Kirche bedeutete ja das Ende der ewigen Zahlungen an die unersättliche römische Kurie, worüber die Deutschen in der »Gravamina der deutschen Nation wider den römischen Hof« oftmals bittere Klage geführt hatten.

Auf Frankreichs Thron saß der listenreiche, ohne innerliche Bindung an Treu und Glauben regierende König Ludwig XI. (1423–1483), wohl der größte regierende Diplomat seiner Zeit. Als Dauphin opponierte der gegen seinen Vater, suchte und fand Zuflucht bei den Burgunderherzögen. Das hinderte ihn nicht daran, sofort nachdem er König geworden war, den Kampf gegen seine immer mächtiger werdenden Wohltäter aufzunehmen.

Auch Philipp de Commynes, früher auf seiten der Burgunder, dann übergewechselt zu König Ludwig XI. von Frankreich, preist seinen Herrscher mit dem Eifer des Konvertiten in den höchsten Tönen. Aber sein Lob ist zu verstehen in den Auffassungen des florentinischen Staatsdenkers Niccolò Machiavelli, der das Böse in der Politik der Staatsnotwendigkeit unterordnet. Die Staatsräson, die Notwendigkeiten des Staates, die der französische König immer mit seiner Person gleichzusetzen wußte, das war die Regierungsmaxime Ludwigs XI. Auf seiner Bestechungsliste, er nannte das Pensionen, befanden sich Könige, Herzöge, Kur- und Kirchenfürsten. Korruption seiner Gegner und Bestechung waren für ihn legitime Mittel der Regierungskunst.

Sein analystischer Blick hatte die Schwäche des Lehnssystems erkannt, das damals durchgehend im Abendland praktiziert wurde. Der Vasall oder Lehnsmann stand nur in einem bedingten Treue- und Abhängigkeitsverhältnis. Die Kriegsfolge, die der Vasall seinem Lehnsherrn zu leisten hatte, war zeitlich begrenzt. Sie galt oftmals vom Frühjahr bis zur Reifezeit und Fruchteinbringung. Das heißt, daß die militärische Bewegungsfreiheit des Königs und Lehnsherrn zeitlich äußerst eingeschränkt war. Es gab Lehnsverfassungen, die auf nur sechs Wochen Heeresfolge im Jahr beschränkt waren.

So baute Ludwig XI. das System der Ordonnanzkompanien aus, die sein Vorgänger Karl VII. begründet hatte. Die Ordonnanzkompanien waren gemischte Verbände von Reitern und Bogenschützen. Sie unterstanden ausnahmslos dem Befehl des Königs und bezogen ihren Sold von der königlichen Kasse. Die Größe der Ordonnanzkompanien lag bei zweihundert Mann, meistens darunter. Dabei waren nicht die Truppengröße und ihre Vielzahl von Bedeutung, sondern ihre beständige Einsatzfähigkeit unter dem Befehl der Krone.

Wurden größere Truppenverbände gebraucht, so bot sich der »freie Markt« in großer Auswahl an. Da waren die Schweizer Söldner, die die Armut aus ihren Bergdörfern trieb und die mit ihren langen Spießen als fast unüberwindlich galten. Ihr deutsches Gegengewicht waren die Landsknechte, als deren Vater Kaiser Maximilian gilt. Da waren aber auch Armagnaken aus dem Südwesten Frankreichs, deren Namen auch heute noch in verschiedenen Gegenden ein Synonym für Leuteschinder ist. Sie alle, Schweizer, Armagnaken, Böhmen oder Italiener unter der Führung ihrer Condottiere, waren Söldner, deren Treue bei ausbleibender Soldzahlung endete.

Namentlich mit dem Instrument der Ordonnanzkompanien hat Ludwig XI. die Macht der großen Vasallen gebrochen und ein unangreifbares französisches Königtum geschaffen.

Sein Biograph, der Geheime Staatsrat und Kammerherr Philipp de Commynes, der, von des Königs Rationalität angezogen, Karl den Kühnen von Burgund verließ – oder verriet –, zeichnet ihn genau und mit bemerkenswerter Klarheit:

»… die Flamen fühlten seine Macht. Die verhaßte Bretagne hielt Frieden und muckte sich nicht. Er hielt sie mit großen Schwärmen von Reisigen in Respekt, die an ihren Grenzen lagen, weshalb Herzog Franz von der Bretagne gute Miene zum bösen Spiel machte. Spanien gab Ruhe. König und Königin buhlten um seine Freundschaft, und mit Roussilion hielt er sie in Sorgen und Ausgaben … Alle italienischen Mächte wollten ihn zum Freunde und hatten Bündnis mit ihm und schickten ihm oft ihre Gesandten. In Deutschland gehorchten ihm die Schweizer wie seine Untertanen. (Commynes sah in den Schweizern also noch Mitglieder des Reiches.) Die Könige von Schottland und Portugal und eine ihm verbündete Partei Navarras taten seinen Willen. Seine Untertanen zitterten vor ihm. Was er befahl, wurde ohne Widerrede oder Ausflüchte auf der Stelle erfüllt.

Alles, was man für seine Gesundheit als unumgänglich erachtete, schickten sie ihm aus allen Teilen der Welt. Papst Sixtus, der jüngst verstorbene, sandte ihm auf die Kunde, daß der König das Korporale zur Anbetung begehrte, über welchem der heilige Petrus Messe gesungen hatte, ihm alsbald nebst anderen Reliquien zu …«

Aber auch Philipp de Commynes konnte sein Erstaunen nicht verbergen, als er erlebte, wie der alternde König sich in seiner Burg Plessis zum Gefangenen seiner Ängste machte.

»Er ließ sein Schloß Plessis-les-Tours mit starken Eisenstangen vergittern, weil er in dauernder Furcht und Angst vor Untreue lebte. Obgleich ihm die Kirche bei seiner Krankheit all ihre Gnadenmittel spendete, verzehrte er sich in panischen Ängsten vor dem Gericht Gottes. So endete einer der mächtigsten Könige seiner Zeit, und sein Tod wird allen Machthabern ein Zeichen gewesen sein von der Schwachheit des Fleisches.«

Auch dem jungen Maximilian war das Ende des französischen Königs bekannt, und es wird ihn, wie alle Zeitgenossen, mit Angst und Schrecken erfüllt haben.

Als Kinder der gleichen Epoche ragen Isabella von Kastilien und Ferdinand von Aragon, denen der Borgia-Papst Alexander VI. 1494 nach der Eroberung des maurischen Granada, den Ehrentitel »Katholische Könige« verlieh, in Maximilians Lebens- und Geschichtsbild hinein. Namentlich seine portugiesische Mutter wird ihn auf die spanischen Könige und ihren historischen Befreiungskampf gegen den Islam hingewiesen haben und darauf, daß in den Adern der großen Königin Isabella das gleiche portugiesische Königsblut floß, das sie, Eleonore, auch ihm vererbt hatte.

Spanien, Granada, Alhambra, über alldem lag viel Zauber und romantische Illusion, die so recht in den Abgesang des abendländischen Rittertums paßten. Dazu der Zauberglanz verschwiegener Gärten, in denen märchenhafte Frauen den Männern ihre Gunst und Liebe schenkten.

Seit 1492 flatterten die Fahnen der siegreichen »Katholischen Könige« über der Alhambra. Im gleichen Jahr war die Flotte des Christoph Columbus in See gestochen, um den Seeweg nach Indien zu erforschen und ein neues Zeitalter einzuläuten.

So lag über Kastilien und Aragon nicht nur der Ruhm der Heidenbezwinger, sondern auch der Weltenentdecker. Sicher wurde auch hier über Heinrich den Seefahrer gesprochen, der nie zur See gefahren war, sondern in einem geistigen Akt die Weltenentdeckung vorangetrieben hatte. Eleonore, Maximilians Mutter, bewirkte, daß die Träume von fernen phantastischen Welten auch in ihm lebten. Bei solchen Gesprächen wurden die dunklen und wintergrauen Gemächer von Schloß Wiener Neustadt für einen Augenblick durch den Glanz portugiesisch-spanischer Großtaten etwas heller.

Aber nicht nur Vater, Mutter und Erzieher prägen den jungen Menschen. Um ihn webt das Fluidum seiner Zeit, bestehend aus Ideen und Menschen, die diese Gedanken leben, und hüllt ihn ein. Ist man sich dieser Einflüsse bewußt, versteht man, warum der junge Maximilian zwanghaft getrieben war, immer der Erste, immer der Beste zu sein. Der kühnste Fechter, der verwegenste Reiter. Fast symbolhaft für ihn die Gemsenjagd: allein am steilen Fels, über ihm der Himmel und unter ihm der Abgrund mit Absturz und Tod. Und das Ziel ist die flüchtige, so schwer zu erreichende Gemse.

Doch schauen wir uns weiter um in der Welt des jungen Maximilian, damit wir seine Träume, seine Zwänge, aber auch seine Taten besser verstehen.

Karl der Kühne

Wie ein düsterer Turm, aber dennoch strahlend von Gold und Silber und herrschaftlicher Noblesse ragt Karl der Kühne fast wie ein traumatisches Urerlebnis in das Leben des jungen Maximilian. Es ist nicht nur die Person Karls des Kühnen, sondern das Wunder einer ritterlichen Kultur, die von den vier großen Burgunderherzögen gelebt wurde, und deren Endpunkt und Sturz zugleich Karl der Kühne ist. Herzog Karl der Kühne – Charles le Téméraire nennen ihn die Franzosen, und dieser Name ist genauer, treffsicherer, da er »verwegen, vermessen, tollkühn« bedeutet. Und so war auch dieser letzte der vier großen Burgunderherzöge. Im Jahre 1363 belehnte König Johann der Gute von Frankreich seinen jüngsten Sohn, Philipp von Valois, mit dem Herzogtum Burgund. Schon als vierzehnjähriger Knabe zeichnet sich Philipp in der Schlacht vor Poitiers 1356 im Kampf gegen die Engländer aus, während sein älterer Bruder, der Dauphin, fliehend das Schlachtfeld verließ. In Gefangenschaft, verwundet, waffenlos und der Gnade des Feindes ausgeliefert, züchtigt der Knabe dennoch, die eigene Ohnmacht vergessend, einen englischen Edelmann, der es wagte, seinen Vater, den König von Frankreich, ob seiner Niederlage zu verhöhnen.

Und diese Haltung des ersten Burgunderherzogs ist die des ganzen Geschlechts bis hin zu dem tollkühnen Karl. Damit leben die Burgunderherzöge nicht nur ihre eigenen Ideale, die geprägt sind durch den unerbittlichen Glauben an die Auserwähltheit ihres Blutes und die ritterliche Ehre, für die das eigene Leben bedenkenlos hingegeben wird. Sie sind auch Vorbild für ihre Zeit.

So leben sie alle, die vier Herzöge von Burgund. Leben bis an den äußersten Rand der Existenz, sehen hochmütig hinweg über jede Realität zu ihrem Ritterideal, der im Orden vom Goldenen Vlies seinen höchsten Ausdruck fand. So ist es nach burgundischer Auffassung logisch, wenn Herzog Karl der Kühne, nach dem Bericht von Olivier de la Marche vor seiner Schicksalsschlacht am 5. Januar 1477 vor Nancy auf den Hinweis, daß er nur noch zweitausend Kämpfer ins Feld führen kann, der Feind aber mindestens über zwölftausend Schweizer verfügt, erklärt: »Ich werde diese Schlacht schlagen, und wenn ich ganz alleine kämpfen müßte.«

Zwar wurde Herzog Karl von Burgund vor Nancy vernichtend geschlagen, zwar ging das Burgunderreich mit seinem Glanz und seiner Macht unter, was aber blieb, war das burgundische Hofzeremoniell und die Fähigkeit, glänzend zu leben und todesverachtend zu sterben. Diese burgundische Lebenshaltung war das prägende Siegel für Jahrhunderte.

Als fast ein Jahrhundert später der Urenkel der Burgunderherzöge und Enkel des Kaisers Maximilian I., Kaiser Karl V., am 24. April 1547 auf der Lochauer Heide bei Mühlberg in seine Schicksalsschlacht ritt, trat er, der Kaiser und Träger so vieler Kronen, unter dem goldenen Feldzeichen von Burgund an. Die romantische, hochmütige, oftmals lebens- und menschenverachtende Welt Burgunds beeinflußte Maximilian noch mehr als die der spanisch-portugiesischen Könige in seinem Stammbaum.

Martin Luther – der Reformator

Die Jahrtausendgestalt Martin Luther hatte Maximilian zwar wahrgenommen, wurde ihm aber nicht zum inneren Erlebnis. Vielleicht konnte man, wenn man so hoch über die Menschen gestellt war, die dramatische Verkündigung »daß die Rechtfertigung des Sünders allein durch den Glauben (sola fide) stattfinde« nicht nachempfinden – ein Postulat, das einen Albrecht Dürer aus tiefsten Ängsten erlöste und ihn in die Freiheit eines Christenmenschen führte.

Maximilian lebte im Alltag des katholischen Glaubens. Der Papst war für ihn das geistliche Oberhaupt der Christenheit, aber auch Landesfürst. In dieser Funktion mußte er ihm oftmals entgegentreten. Wenn er sein Gebetbuch von den größten Künstlern Deutschlands gestalten ließ, darunter auch von Albrecht Dürer, so war dies kein Zeichen der Frömmigkeit, sondern Ausdruck kaiserlich habsburgischer Repräsentation. Vor allem fehlte ihm die religiöse Besessenheit, die zum Stigma seines Urenkels, des Königs Philipp II. von Spanien (1527–1598), werden sollte.

Was ihn viel mehr packte und erregte, war die Renaissance, die Erneuerung des Denkens, die Hinführung zu alten Wahrheiten und Philosophien, die den Kalkpanzer des Mittelalters durchbrochen hatte.

Ich bin ein Mensch in seinem Widerspruch

Wenn ein so sensibler Mensch wie Conrad Ferdinand Meyer in seiner Dichtung »Huttens letzte Tage« seinen Helden ausrufen läßt: »Ich bin kein ausgeklügeltes Buch, ich bin ein Mensch in seinem Widerspruch«, so ist Maximilian dieser intellektuellen Versuchung nie erlegen, sondern hat diesen Widerspruch kraftvoll gelebt.

Er läßt sich als den letzten Ritter feiern, lebt ritterliche Tugenden, nimmt an jedem möglichen Turnier teil und kämpft mit der scharfen Waffe, um ritterlichen Kampfesmut zu beweisen. Andererseits baut er unter dem Eindruck der Schweizer Waffensiege das Landsknechtwesen aus, jene Kampfesform, an deren langen Lanzen die glänzende Ritterschaft zerbricht. Er marschiert in Landsknechtkleidung und die lange Lanze geschultert in Köln ein. Er baut die Artillerie aus, mit deren schweren Geschützen man nicht nur die Mauern befestigter Städte, sondern auch die trotzigen Ritterburgen zusammenschießen kann. Ritter, Landsknecht, Artillerist – all dies ist Maximilian, und er ist es von ganzem Herzen.

Widersprüche – Widersprüche – Widersprüche!

Johannes Cuspinian (Spieshaymer), der 1493 von Kaiser Maximilian den Dichterlorbeer erhielt und wenige Jahre später Rektor der Wiener Universität wurde, berichtet über Maximilians Jugend: »Er (Maximilian) war von Kindheit bis nahezu zum neunten Lebensjahr nicht imstande zu sprechen, so daß ihn die meisten für stumm hielten. Er brachte die Worte zuerst sehr schwer hervor, was der Mutter nicht geringe Sorge bereitete. Aber wie sehr jene Sprachschwierigkeiten in der Jugend den meisten Sorge machten, so wurde in reiferen Jahren seine Sprachgewandtheit von allen, besonders von Ausländern, bewundert. Außer der Muttersprache redete er sehr gewandt Latein, Französisch und Italienisch. Das bezeugten auch auf öffentlichen Versammlungen, Reichstagen und Landtagen die Kurfürsten, Fürsten und der ganze erbländische Adel ... Als er in Frankfurt am 16. Februar 1486 zum römischen König gewählt wurde, lobten ihn die Fürsten vor Kaiser Friedrich um die Wette, daß er so gewandt Lateinisch sprach und las. Friedrich antwortete: ›Ich weiß nicht, wie das kommt, daß er so liest und spricht, ich weiß genau, als er zwölf Jahre alt war, fürchtete ich, er werde dumm oder stumm sein.‹«

Die Sorge Kaiser Friedrichs war berechtigt, denn ein stummer Prinz war thronunfähig, das heißt regierungsunfähig.

Und um den Widerspruch vollständig zu machen, wurde dieser Maximilian einer der großen Redner deutscher Zunge in seiner Zeit.

Um das Bild Maximilians noch deutlicher zu machen, muß man die Bücher lesen, die er geschrieben oder initiiert hat: den *Theuerdank*, den *Weiß-Kunig* und den *Freydal*!

Theuerdank

Mit *Theuerdank* – was soviel bedeutet wie »der, der an Hohes und Kostbares denkt« – schuf er sich seine Idealfigur, die er aber sehr offen mit seinen eigenen Fehlern und Schwächen ausstattete. Sein Kaplan Melchior Pfinzing und sein Schreiber Marcus Treitzsauerweyn zu Ehrentreitz schrieben das Epos im Auftrag Maximilians nieder. Der Held Theuerdank ist eine Überhöhung des eigenen Ich, seine Braut und künftige Gemahlin Ernreich steht für Maria von Burgund, und hinter ihrem Vater, König Romreich, verbirgt sich, allerdings sehr offensichtlich, Karl der Kühne.

Die Pässe zum Königreich der ihm vom Schwiegervater, König Romreich, als Frau zugesagten Königin Ernreich werden von drei Hauptleuten bewacht: dem Hauptmann Fürwittig, dem Hauptmann Onfalo und Hauptmann Neidelhart. Sie sollen den edlen Prinzen Theuerdank in den verschiedensten Formen verleiten.

Bevor Theuerdank jedoch seine Kämpfe mit den drei Hauptleuten besteht, muß er dem Teufel und seinen Versuchungen persönlich widerstehen. Der Teufel rät ihm, nur immer seiner Natur zu folgen, dann werde Theuerdank bekannt und ruhmreich sein. Unser Held aber sieht in dieser vom Teufel eingeblasenen Natur die Niedrigkeit der fleischlichen Begierden und entscheidet sich für die göttliche Lehre. Dann rät der Teufel dem Helden Theuerdank, sich ohne Bedenken in jegliche Gefahr zu stürzen, um weltliche Ehren zu erlangen. So sei ihm unvergänglicher Ruhm sicher. Theuerdank aber verwirft des Teufels Rat und die darin enthaltene Hoffart und bekennt sich in Demut zu Gottes Lehre.

Der dritte Rat des Teufels, durch skrupellosen Einsatz kriegerischer Macht und bedenkenlosen Treuebruch Macht und Reichtum zu erlangen, wird ebenfalls von Theuerdank verworfen, indem er sich zu einem Leben der Gerechtigkeit bekennt. Der Teufel hat sein Pulver verschossen und hofft jetzt auf seine drei Dienstmannen Fürwittig, Onfalo und Neidelhart, daß sie den Helden zu Fall bringen.

Dies alles bedenkend, bittet Theuerdank seinen getreuen Ernhold zu sich und trägt ihm auf, seine Reise als »Chronist der Wahrheit« zu begleiten. Bald gelangen Theuerdank und Ernhold an den ersten Paß, der von Hauptmann Fürwittig besetzt ist. Dieser empfängt die beiden mit heuchlerischer Freude und nimmt sie auf. Er verpflichtet Theuerdank zum Bleiben, da er erst einen Boten an die Königin senden müsse, damit sie Genehmigung zur Weiterfahrt gebe. Fürwittig, der um Theuerdanks Jagdleidenschaft weiß, bittet ihn zur Jagd. Zuvor hatte er eine Falle in einen Hohlweg gestellt, durch den er von seinen Jägern einen Hirsch treiben läßt. In rasendem Sprung stürzt der Hirsch auf Theuerdank zu, so, als wolle er über den Helden hinwegspringen und ihn zu Fall bringen. Der jedoch erlegt mit einem Schwertstreich das rasende Tier, und Fürwittigs Anschlag ist gescheitert. Fürwittig jedoch ersinnt neue Übel. Er befiehlt seinen Jägern, im Wald den Bau einer Bärin aufzustöbern und ihre junge Brut zu töten. Als die Bärin ihre toten Jungen sieht und das vergossene Blut riecht, stürmt sie voller Wut in den Wald. Hier hat der listige Fürwittig Theuerdank postiert, den das gereizte Tier nun angreift. Der Held beweist seine Jagdkunst, tritt einen Schritt zur Seite und einen zurück und stößt der blutrünstigen Bärin den Speer in die Seite. Wiederum ist Fürwittigs böser Plan mißlungen.

Es folgt eine fast ermüdende Darstellung von Fallen und Hinterhalten, denen Theuerdank aber zu entgehen weiß. Auch auf den Gemsen- und Wildschweinjagden führt Fürwittig Theuerdank in tödliche Gefahren, denen er aber immer wieder entkommt.

Fürwittig überredet Theuerdank dazu – man kann es kaum glauben –, mit dem Fuß einen riesigen Schleifstein anzuhalten. Nun endlich gerät unser Held in Zorn. Fürwittig gelingt die Flucht zu Onfalo, der nun Theuerdank noch wirkungsvoller überlisten will.

Als ersten Anschlag bringt Onfalo Theuerdank auf eine angesägte Treppenstufe, so daß dem Helden ein tiefer Sturz bevorsteht. Theuerdank aber gelingt es, den Absturz in die dreißig Klafter (zirka siebzig Meter) betragende Tiefe dank seiner Körpergewandtheit zu verhindern, und gelangt unversehrt wieder auf sicheren Boden.

Alsdann wird wieder ein Jagdunfall mit einer wilden Bärin in Gang gesetzt, darauf wird der Held auf eine hohe Mauer geführt, auf der ein morscher Balken ihm den Absturz bringen soll. Danach gibt man Theuerdank eine gespannte Armbrust, deren Sicherung entfernt ist, in die Hand, hoffend, daß der Held selber einen tödlichen Schuß auslöst. Es geht wieder auf die Gamsjagd, aber auch hier entgeht Theuerdank den Anschlägen. Nun werden die mörderischen Aktivitäten auf See verlegt. Man gibt Theuerdank ein kleines Boot mit viel zu großen Segeln, so daß der Held im aufziehenden Sturm untergehen muß.

Es folgt eine fast stupide Folge von Anschlägen, alle nach dem gleichen Muster. Die Jagd, vor allem die Gamsjagd, aber auch das Meer müssen herhalten, um den baldigen Tod Theuerdanks zu bewirken. Ein absurdes Theater jagt das andere. Unglaubliche Dinge geschehen. Onfalo beschwätzt Theuerdank, mit einer brennenden Kerze in ein mit Pulver geladenes Kanonenrohr zu leuchten. Einen Bruchteil vor der Explosion gelingt es Theuerdank, den Kopf zurückzuziehen und dem sicheren Tode zu entgehen. Nun geht es weiter mit einer Hirschjagd, anschließend mit einer Wildschweinjagd auf einen rasenden Eber. In einem anderen Kapitel werden sogar zwei Löwen bemüht, allein der Held erweist sich als unbesiegbar.

Erneut wird Theuerdank aufs Meer gelockt. Aber auch hier weiß er Heimtücke und Hinterlist zu bezwingen. Es folgen wieder Bärenjagden, dann Gamsjagden, die durch die Gefahren von Berg und Fels die gefährlichsten sind.

Eine Kammer, in der Theuerdank schläft, soll mit Pulver in die Luft gesprengt werden.

Das ganze Repertoire menschlicher Bosheit und Tücke entlädt sich über Theuerdank, der dennoch alle Gefahren überwindet. Wir werden später sehen, daß selbst Lawinen gegen ihn entfesselt werden und der in den Bergen so tödliche Steinschlag.

Nun ist auch bei unserem Helden die Schmerzgrenze erreicht. Er stellt Onfalo zur Rede, packt den Schurken und läßt ihn abführen. Aber Onfalo gelingt die Flucht zu Neidelhart, der nun versuchen muß, den Helden umzubringen.

Theuerdank und sein getreuer Ernhold gelangen nun an den dritten Paß, »darauf der bös' Neidelhart saß«.

Auch Neidelhart empfängt den Helden mit übergroßer, falscher Freundlichkeit. Er erzählt seinem Gast, daß ein mächtiger Nachbarkönig einen Krieg gegen seine Herrin, die Königin Ernreich, begonnen hat. Er übergibt Theuerdank das Kommando über das vorderste Schiff der Flotte und läßt ihn an einer Stelle angreifen, an der die Geschützbatterien des Feindes besonders massiert sind. Theuerdanks Schiffsbesatzung verzagt im schweren Feuer. Der Held aber zwingt die Besatzung zum Angriff, landet seine Truppen und besiegt die Feinde.

Bei einem Angriff auf eine Stadt drängt Neidelhart Theuerdank wieder an die Spitze der Angriffstruppen. Ein Büchsenmacher ist von Neidelhart bestochen, Theuerdank dabei meuchlings zu erschießen. Wieder entgeht der Held dem Attentat. Neidelhart sinnt neue Tücke. Er lockt unseren Helden zu einem Scharmützel vor der Stadt, dem er sich um der Ehre willen nicht entziehen kann. Theuerdank gerät in einen von Neidelhart angelegten Hinterhalt. Obwohl man auf Theuerdank mit einer Kanone schießt und ihm deren große Kugeln um den Kopf fliegen, gewinnt Theuerdank die rettenden Mauern der Stadt.

Neidelhart veranlaßt Theuerdank, eines seiner Schlösser zu besetzen, damit es nicht in Feindeshand falle. Als Theuerdank in den Schloßhof einreiten will, eröffnet die Besetzung aus nächster Nähe das Feuer auf ihn. Theuerdanks Pferd wird am Hals getroffen und bricht tot zusammen. Ein Knecht sieht den Helden fallen und bringt eilig die Nachricht seinem Herrn Neidelhart, um sich das »Botenbrot« zu verdienen. Der Bote aber hatte nicht miterlebt, daß Theuerdank den Sturz überstanden hatte, ein neues Pferd bestieg und ergrimmt zu Neidelhart zurückkehrte.

Trotz all dieser Vorkommnisse gelingt es Neidelhart, den allzu leichtgläubigen Theuerdank erneut zu überreden, als Vorhut (praktisch als verlorener Haufen) dem feindlichen Heere entgegenzureiten. Theuerdank, seinem Ritterideal verpflichtet, nimmt sofort den Kampf gegen den übermächtigen Gegner auf und hofft auf Entsatz durch den treulosen Neidelhart. Der aber läßt den Helden in der Falle sitzen und hofft auf seine Vernichtung. Dennoch gelingt es Theuerdank, sich zum Hauptheer unter Neidelhart durchzukämpfen. Dann macht er dem Treulosen bittere Vorwürfe, der ihm lakonisch antwortet: »Theuerdank sei in seinem Vormarsch zu rasch gewesen, so daß er ihm nicht folgen konnte.«

So geht die Reihe der Hinterhalte und Verrätereien weiter. Als es Neidelhart nicht gelingt, Theuerdank zu töten, dingt er Meuchelmörder, die den Helden im Schlaf in seiner Kammer ermorden sollen. Theuerdank aber hat die Gewohnheit, nur bei fest verschlossenen Türen zu schlafen. Er hört den Versuch der Mörder, die verschlossene Türe aufzubrechen. Entschlossen springt er auf, greift zu seinem Schwert, und die Mörderbande flieht vor der Entschlossenheit des Helden. Neidelhart redet sich dumm heraus, »es müsse sich um Diebsgesindel gehandelt haben«.

Neidelhart beschwätzt Theuerdank, eine befestigte Stadt anzugreifen, mit dem Hinweis, »eines der Stadttore würde geöffnet, wenn Theuerdank angreife«.

Das Gegenteil ist der Fall. Gerade dieses Tor hat starke feindliche Besatzung, die den Helden mit Geschützsalven und brennendem Pech empfängt. Theuerdank muß sich zurückziehen. Dann gelingt es ihm, die Stadt dennoch zu erobern und alle verräterischen Verteidiger zu töten. Auch Neidelhart hätte er jetzt in seinem Zorn erschlagen, wäre er nur in der Nähe gewesen.

Die Kette der Verrätereien und Durchstechereien geht ununterbrochen weiter. Ja, es sind sogar Steigerungen möglich. Neidelhart treibt Theuerdank in einen Volksaufruhr der Bürger einer Stadt, denen er eingeredet hat, Theuerdank sei ihr Feind. Das empörte Volk zieht vor das Schloß und fordert die Herausgabe Theuerdanks. Der tritt auf Anraten Neidelharts vor das Schloß, um die Menschen zu besänftigen. Als er erkennt, daß die aufrührerische Masse ihm feindlich gesonnen ist, gelingt ihm der Rückzug. Neidelhart legt Selbstschüsse rund um das Schloß, doch Theuerdank erfährt von diesem Plan und kann entweichen.

Nun versucht Neidelhart einen Giftanschlag, der aber von dem getreuen Ernhold aufgedeckt wird, der seinen Fürsten warnt.

Als sich Neidelhart wieder mit dreisten Worten herausreden will, ist Theuerdanks Geduld am Ende. Er greift zum Schwert, schlägt auf Neidelhart ein, aber der kann zu seinen Kumpanen Fürwittig und Onfalo entfliehen.

Nach den vielen bestandenen Kämpfen bekommt Theuerdank Sehnsucht nach seiner Königin Ernreich und macht sich mit Ernhold auf zu ihrer Residenz. Er wird freundlich empfangen und fürstlich bewirtet.

Dann erzählt Theuerdank der Königin seine Abenteuer, bis in der tiefen Nacht die Königin ihn entläßt. Am nächsten Morgen, nach einer gemeinsamen Messe, setzt Theuerdank seinen Bericht fort.

Unterdessen beraten die drei Hauptleute, Fürwittig, Onfalo und Neidelhart, wie sie den Helden dennoch vernichten können. Es gelingt ihnen, ein Turnier aufzubieten, und unserem Helden werden sechs Gegner bestellt. Theuerdank, ein Opfer seiner ritterlichen Ehre und Gesinnung, kann diesen Vorschlag nicht ablehnen. Ja sogar die Königin, selber ritterlichem Geist verbunden, muß ihre Genehmigung geben.

Theuerdank bittet die Königin um ritterliche Rüstung und ein Pferd und um alles, was zu einem Turnier nötig ist. Theuerdanks Harnischschneider rüstet seinen Herrn zum Turnier aus.

Unnötig, das Ritual und die auf Tod und Leben gehenden Kämpfe zu beschreiben. Unser Held überwindet alle und wird unter den Augen seiner Königin zum strahlenden Sieger. Die Abende gehören dem festlichen Schmaus und dem höfischen Tanz. Am letzten Abend, nachdem der letzte Gegner überwunden ist, überreicht Königin Ernreich »mit ihrer schneeweißen Hand« dem Helden einen Lorbeerkranz. Die Königin betont, daß dieser Kranz und dieser Lorbeer wertvoller seien als Gold und Silber. Fürwittig, Onfalo und Neidelhart erkennen, daß es mit ihrer Macht und Herrlichkeit vorbei ist.

Der getreue Ernhold kniet ehrfürchtig vor der Königin nieder und überreicht ihr ein Buch, in dem er, der Chronist, die Untaten der drei Hauptleute verzeichnet hat.

Die Königin beruft aufgrund dieser Anklage den Gerichtstag ein. Der getreue Ernhold erhebt seine Anklage, gestützt auf seine Chronik, in der alle Schandtaten der drei Hauptleute verzeichnet sind. Die Verteidigungsrede der drei bricht ob der Wucht der Anklage Ernholds zusammen. Das Urteil ergeht: Fürwittig soll durch das Schwert, Onfalo durch den Strang und Neidelhart durch den Sturz von einem hohen Turm zu Tode kommen.

Fürwittig bereut vor seinem Tod seine Taten und bekennt, daß ihm seine Jugend, sein »Fürwitz« und seine Bedenkenlosigkeit zu seinen Taten getrieben haben.

Am anderen Morgen stirbt Onfalo am Galgen. Auch er bekennt seine Schuld: Er habe nicht hinreichend bedacht, daß seine Taten zu Unfällen hätten führen können.

Dann wird das Urteil an Neidelhart vollstreckt. Zuvor bekennt er, mit Haß und Neid Theuerdank verfolgt zu haben. Er warnt alle Fürsten, »Neidern« zu vertrauen.

Noch immer ist Theuerdank nicht am Ziel. Es ist die Königin selbst, die durch Ernhold verkündet, daß Theuerdank durch die Beschwernisse, die er durch die drei Hauptleute erleiden mußte, eigentlich Ruhe verdient habe. Aber er gibt zu bedenken, »daß er alle diese Gefahren wegen der Ehre der Welt erlitten habe und nicht wie ein wahrer christlicher Held im Kampf gegen die Ungläubigen, die gerade jetzt wieder bereit sind, in das Land der Königin Ernreich einzubrechen«.

Die Königin Ernreich will daraufhin gegen die Heiden ein Heer ausrüsten, und Theuerdank soll an seiner Spitze stehen. Es ist der getreue Ernhold, der seinem Herrn die Botschaft überbringt. Dieser bittet um Bedenkzeit und will dann der Königin seine Entscheidung mitteilen.

In der Nacht erscheint dem Helden ein engelhafter Geist, der ihm drei Lehren gibt. Erstens soll er bedacht sein, die Gebote Gottes zu halten und der List der Welt zu widerstehen. Bei all seinen Taten soll er die Hoffart meiden, die einst Luzifer in die Hölle stürzte. Die dritte Lehre des Engels lautete, treu zu sein. Denn Untreue werde mit Untreue vergolten. Dann bittet der Engel den Helden, den Wunsch der Königin zu erfüllen, da mit dem Kreuzzug der Wille Gottes vollzogen werde. Theuerdank unterwirft sich dem Willen Gottes und den Bitten der Königin.

Theuerdank eilt zu ihr, um seine Zusage zu überbringen. Er ist bereit, für Gott und die Königin den Kreuzzug zu führen. Gleichzeitig bittet er die Königin in Gegenwart ihrer und seiner Räte um ihre Hand.

Die Königin sagt zu, aber mit der Einschränkung, daß er zunächst die Ungläubigen besiege, die bereits in ihr Land eingefallen sind. Theuerdank versichert nochmals seine Bereitschaft.

Nunmehr sind der Priester und die Kirche am Zuge. Die Ehe wird geschlossen. Das Beilager soll verschoben werden, bis Theuerdank von seinem Kreuzzug wider die Heiden siegreich zurückgekehrt ist.

Nun sollten die nächsten Kapitel wohl über Theuerdanks Heidenfeldzug berichten. Jedoch wurde der Text nie niedergelegt, obwohl der Kreuzzug Theuerdanks und damit auch Maximilians Lieblingsidee gewesen war.

Jedoch im Beschluß, das heißt in der Auflösung der Historie, erfahren wir von der Verwunderung des Schreibers und der Welt, für die er steht, daß ein Mensch allein, der doch von Gott nackt und ohne alle Waffen geschaffen ist, während er dem Ochsen Hörner und dem Löwen die Kraft seiner Klauen gab, daß ein einzelner Mensch, allerdings begabt mit »Vernunft und sinnlichem Verstand«, so viele Gefahren hat bestehen können.

Das konnte nur mit Gottes Willen geschehen, für den der kühne Held damit zum auserwählten Werkzeug göttlichen Willens in dieser Welt wird. Darum wird er diesen hoffnungslosen Situationen ausgesetzt. Und aller Schrecknis zum Trotz, unser Held, in Gottes Huld und Schutz, geht so unversehrt durch alle Übel.

Der Theuerdank, so weiß die Forschung, ist zum Teil von Maximilians eigener Hand, in seiner Gesamtheit aber sicher auf Initiative des Fürsten entstanden.

Es scheint fast so, als habe er diese Schrift als Mahnung für das eigene Wesen und das eigene Verhalten angesehen. Denn außer der Botschaft, daß er, Maximilian, ein Auserwählter des Herrn sei, ist das Epos ein Appell gegen die eigenen Fehler und Unzulänglichkeiten. Wie leicht verfällt der wahre Held Maximilian, der sich hinter Theuerdank verbirgt, seinen Schwächen und Untugenden. Die Ruhmsucht stachelt unseren Helden an und läßt ihn den Blick für die wirklichen Gefahren verlieren. Fürwittig gibt sich der bedenkenlosen Neugier hin und glaubt so, alle Geheimnisse des Lebens zu erfahren.

Seine Ruhmsucht, der Zwang, immer der Erste, der Beste zu sein, kommt, wie wir wissen, aus der romantisch gesteigerten Ehrsucht, die ihm die Mutter eingeimpft hat, und aus dem Darstellungsbild des etwas langweiligen, scheinbar ruhmlosen Vaters, der dennoch die größte Dynastie Europas schuf.

Aber wie soll ein Knabe das erkennen? Vor allem ein Knabe in einer ritterlichen Zeit der Ehre, wo Ruhm und Frauenliebe Lebensantrieb sind. Der Ritter scheint sich erst dann wirklich zu erkennen, wenn er sich als Sieger und Held im Spiegelbild einer geliebten Frau wiedererkennt.

»Der Traum von Heldentum und Liebe«, in diese Formel preßt Johan Huizinga die Lebensstellung des ritterlichen Menschen. Worin stillschweigend der Doppelschluß enthalten ist, daß die Frau nur den Helden lieben kann. Darum ist Heldentum für den Mann des Mittelalters Lebenssinn und Lebensziel. Zum anderen gehört aber auch zum Helden, der so ganz von seinen ritterlichen Idealen erfüllt ist, daß er die Bosheit, den Verrat und die Tücke, die ja auch zu den Wirklichkeiten des Lebens zählen, nicht wahrnimmt.

Die Chronisten können ihn blauäugig, naiv oder gar tumb nennen und treffen damit wohl einen immer wiederkehrenden Charakterzug des Helden und des Ritters, von dem Miguel Cervantes eine überwältigende Karikatur mit großer innerer Wahrheit gezeichnet hat: »Don Quichotte«.

Der Archetypus des deutsch-germanischen Helden ist der Siegfried der Burgundersage, der Siegfried des *Nibelungenliedes.* Auch er ein Held, der fast zwanghaft jede Herausforderung annehmen muß, damit er vor sich und seinem Heldenideal bestehen kann.

Am Leitseil dieser Zwänge weiß ihn der finstere Hagen von Tronje, der Antiheld, der auch Tücke und Verrat nicht scheut, zu führen. Opfer seiner Vorstellungen, mußte Siegfried Hagens Aufforderung, nach der Jagd im Odenwald einen Wettlauf zur Wasserquelle zu machen, folgen.

Natürlich muß Siegfried erster im Wettlauf zur Quelle sein, und während er gierig das köstlich-kühle Quellwasser schlürft, jagt ihm Hagen Tronja böse lächelnd den Speer von hinten in die Brust. Der Held kämpft nicht für den Sieg, er kämpft für den Ruhm und stirbt für seine eigene Sage.

Dieses deutsche Heldenschicksal hat sich tief in den deutschen Nationalcharakter eingegraben. Als 1918 das deutsche Heer der alliierten Übermacht weichen mußte, kam die Parole »im Felde unbesiegt« auf und mit ihr die Dolchstoßlegende. Der Held konnte eben nur durch Tücke besiegt werden.

Unser Theuerdank hat ein glücklicheres Heldendasein. Er erringt, nach Überwindung vieler Gefahren, die Hand seiner Königin Ernreich. Doch zuvor muß der Held die Ungläubigen besiegen, ehe er seine Königin ganz besitzen kann. So erfüllt sich für Theuerdank der »Traum von Heldentum und Liebe«.

Wenden wir uns jetzt dem zweiten Charakter- und Weltbild zu, das in bunten Farben die Welt und das eigene Leben Maximilians, so wie er es sah, schildert. Auch hier hat sein Sekretär Marcus Treitzsauerweyn von Ehrentreitz für den König die Feder geführt.

Der Weiß-Kunig

Der *Weiß-Kunig* ist gewissermaßen ein Antitugendbuch. Es ist ein Geschichtswerk über das Haus Habsburg, dargestellt an Maximilians Vater, Kaiser Friedrich III., und dem Leben und Kämpfen Maximilians. Es ist kein objektives Geschichtswerk, sondern ein Buch, entstanden aus den Träumen und Visionen eines edlen Herzens. Haben nicht alle Geschichtswerke ihren tiefsten Ursprung im Herzen ihrer Schreiber, und ist der Verstand nicht nur ein Hilfsmittel, phantastische Gefühle in einen Mantel von Realität zu betten? So gesehen ist der *Weiß-Kunig* ein exaktes Spiegelbild der Zeit, geboren aus der Wirklichkeit subjektiver Vorstellungen und Empfindungen einer Epoche.

Schauen wir also hinein in dieses Spiegelbild, wir werden Maximilian, sein eigenes Zeitalter und eigenes törichtes Herz immer wieder finden.

Es beginnt mit einer übertrieben anmutenden Lobrede auf die beiden Könige Carl und Ferdinand, denen Treitzsauerweyn zu Ehrentreitz dieses Buch gewidmet hat. Dabei gilt es, Macht, Preis und Herrlichkeit der beiden Häuser Habsburg darzustellen. Das ist das übliche Fürstenlob. Aber der panegyrische Lobpreis ist nicht nur kritiklose Bewunderung, sondern in ihm wird der Fürst in seine von Gott gesetzte Pflicht eingespannt. Da wird der Fürst aufgerufen, mit Fleiß und christlicher Gottesfurcht zu regieren. Dazu gehören christliche Demut, Gerechtigkeit, Dankbarkeit, Wahrheit und Weisheit. Im Grunde ein moralisches Korsett, in das der Fürst nach Willen und Wunsch der Untertanen eingebunden wird.

Vielleicht liegt darin der Sinn allen Fürstenpreises, in dem der Untertan dem Fürsten seine Erwartungsvorstellungen vom guten Fürsten auferlegt. Und damit wird der Fürstenlobpreis auch für den heutigen Leser verständlich und zumutbar.

Das erste Kapitel, die Heirat des alten Weiß-Kunig, ist symptomatisch. Zwar hat sich nicht alles so zugetragen, wie Maximilian und sein Sekretär uns berichten wollen, aber immerhin, so hätte es gewesen sein können.

Zuerst wird in aufwendiger Form die Brautfahrt, das heißt der Weg der habsburgischen Gesandtschaft nach Portugal, geschildert.

»Die Gesandten waren mit Kleidern, goldenen Ketten und Perlenreifen, desgleichen mit Rossen und Dienern wohl versehen, weshalb ihnen in allen Landen, wohin sie kamen, große Ehre erwiesen wurde und man den Weißen König für den mächtigsten aller Könige einschätzte.

Die Gesandten zogen durch das mächtige Reich der Deutschen in das Herzogtum Savoyen und über den Rhônefluß in das Land Dauphine und weiter nach Languedoc, Montpellier, Toulouse und Roncesvalles. Aus Sorge vor den Heiden aus Armenien mußten sie umreiten und kamen in Katalonien zu den Städten Narbonne und Perpignan, wo man Holz und Stroh mit der Waage verkauft. Danach ritten sie nach Gerona und von dort zur Hauptstadt Kataloniens, nach Bracekona*.

Das ist eine große Stadt, die einen Hafen besitzt und eine Schiffslände am Meer; daselbst verkauft man die Menschen wie Vieh. In dieser Stadt lebte die durchlauchtigste Königin von Aragonien. Durch das Reich Katalonien kamen die Gesandten alsdann nach Aragon ... In dieser Stadt gibt es dreierlei Kirchen, von Christen, Heiden und Juden. Man hat auch jede Woche drei Feiertage: am Freitag feiern die Heiden, am Samstag die Juden und am Sonntag die Christen. Über Lerida, das an einem großen Wasser liegt, führt der Weg in das Königreich Navarra und über die Stadt Domingo nach Burgos. Als die Gesandten weiterzogen, stießen im Königreich León etliche Reiter zu ihnen und führten sie mit Gewalt zu dem König von Hispanien. Der lag zur Zeit mit viel Volk im Felde wider den König von Granada, der ein Heide war. Der König von Hispanien gab den Gesandten Geleit in die Stadt León und in das Land Asturien, wo sie von Räubern viel Not erlitten. Danach gelangten sie in das Land Galicien, in die Stadt Ponferrada und durch Städte und Märkte dieses Landes bis nach Santiago. Dort haben sie etliche Tage gerastet. Dann aber sind sie weitergereist nach Padron und aus Besorgnis vor Räubern von Hibernia nach Finisterre und über viele Umwege und grausige Stätten an einen großen Fluß und zu einer Stadt, wohl erbaut und bewehrt nach heidnischen Sitten, die heißt Tuy. Von da an haben sie Geleit genommen bis ins Königreich Portugal.«

Liest man diesen Bericht, unabhängig von den geographischen Unmöglichkeiten, so fühlt man sich an eine mystische Sage erinnert, sogar König Artus' Tafelrunde taucht auf. Daß sich der Artushof als Quelle mittelalterlichen Hochgefühls aufdrängt, ist nicht verwunderlich in dem Werk eines Mannes, der sich als der letzte Ritter empfand und dessen Leben ein dauernder Widerstreit zwischen leuchtender Ritterschaft und den die Ritterschaft

* Barcelona.

zerstörenden Waffen der Artillerie und des Landsknechttums war.

So wird auch der Empfang der Gesandtschaft des alten Weiß-Kunig vor dem Thron des portugiesischen Königs zum Märchen. Unermüdlich schildert der maximilianische Sekretär die Pracht des Empfangs in Portugal, »denn in diesem Land haben sie mehr Kostbarkeit und Zier als in allen anderen Königreichen«. Der Schmuck der Kleider, mit Juwelen und Brillanten geschmückt, goldener Brokat leuchtet auf, und dann erscheint über allen des Königs Huld, leuchtend und von erhabenem Glanz. Dann trugen die Gesandten ihre Botschaft vor, die besagte, »daß der allerdurchlauchtigste und großmächtigste Weiß-Kunig die durchlauchtigste Jungfrau Leonora, die junge Königin, zu seiner Gemahlin begehre«.

Nach vielfältigen Zeremonien und klangvollen Reden, deren eine begann: »O Zion, du sollst dein Schlafbett schmücken und deinen Herrn und König empfangen«, wurde endlich nach den Regeln eine einseitige Trauung vorgenommen, und die Königin Leonora beginnt eine Abschiedsreise durch das Land ihrer Väter. Turniere und Lustbarkeiten aller Art werden gehalten und Geld unter das Volk gestreut. Wochenlang, wenn wir Treitzsauerweyn glauben wollen, dauerten die Turniere, die Festmessen und die unzähligen Bittprozessionen zum Wohle der jungen Königin. Was Portugal der jungen Königin, die bald die erste Dame des Reichs sein sollte, Gutes tun konnte, das tat es.

Alle Festmessen, Schauturniere, Prozessionen und alles, was Portugal an Ergötzlichem zu zeigen hatte, finden in einer Pose ihren Ausdruck: Es erschien ein Jüngling mit einer vergoldeten Schale voller Rosen, die er der Königin aufs Haupt schüttete, und sang: »Nimm die Blumen und Rosen, daß du und dein Same blühen mögen auf Erden und du auf Erden mit den Blumen der Tugend verdienest, im Himmel die Blumen und Rosen der ewigen Seligkeit zu empfangen.«

Während der Zeremonienflut schrieben die Gesandten des Weiß-Kunig ihrem Herrn. Der zog daraufhin auf Rom zu, einmal, um dort die Kaiserkrone zu empfangen, und zum anderen, um sich mit seiner Gemahlin trauen zu lassen.

Er ritt mit einer ausgewählten Gesandtschaft, gebildet aus einem jungen König, einem Erzherzog, drei Fürsten, vier Bischöfen, zwei Pröpsten, sieben Grafen, achtzig Rittern und dreihundert Edlen zu Fuß, nach Rom.

Der Reiseweg wird korrekt geschildert, und zwar über Kärnten nach Venedig, wo er vom »König von Venedig« empfangen wird, in das Land des Markgrafen von Ferrara, weiter über Rovigo. Von dort führt der Markgraf den Weiß-Kunig nach Bologna, wo er von Scharen jubelnder Studenten begrüßt wird, die im Treiben der Zeit nicht vergessen hatten, daß es ein deutscher Kaiser war, der ihnen die studentischen Freiheiten zusammen mit der Freiheit der Lehre verliehen hatte. Von dort aus geht es weiter nach Florenz, wo er wie ein Triumphator empfangen wird.

Schließen wir uns den Worten von Treitzsauerweyn an, der da sagt: »Nun aber will ich den Weißen Kunig in der Stadt Florenz lassen und beschreiben, wie sein Gemahl, die junge Königin Leonora, auf dem Meer gefahren und wie es ihr darauf ergangen, auch wie sie an Land gekommen ist.«

Wir können den getreuen Sekretär verstehen, denn die Reise der Königin Leonora ist sehr viel interessanter als die biedere Fahrt ihres Gemahls. Zwar gehört Portugal noch zum europäischen Kontinent, wenn auch in äußerster Randlage. In Wirklichkeit aber ist Portugal ein maritimes Land. Das Meer ist nicht nur Tor zur Welt, es gibt auch Nahrung in Hülle und Fülle.

So ist es von innerer Logik, wenn Leonora, die Tochter Portugals, für ihre Reise nicht den Landweg, sondern den Seeweg wählt. Und es ist tatsächlich eine Reise, über der etwas von Argonautenglück und Glanz liegt.

Bevor die Königin an Bord geht, wird noch vom Patriarchen von Afrika* eine große Messe gesungen. An diesem Hochamt nimmt fast die ganze königliche Familie teil, einschließlich der Fürsten und Großen des Landes. Während die junge Königin das Schiff besteigt, ruft ihr der König zu: »O Portugal, o Portugal, was bist du für ein reiches Land, darin Überfluß herrscht an

* Wahrscheinlich ist der Erzbischof von Jerusalem gemeint.

Brot, Wein und Öl, an guten Früchten der Bäume wie Zitronen, Granatäpfel, Feigen, Pomeranzen, Lemonen, auch an Honig, Fleisch, Fisch und Zucker.«

Nun galt es Abschied zu nehmen und bereit zu sein zur Fahrt ins Ungewisse. Begleitet wurde die junge Königin von drei Gräfinnen – eine war vom königlichen Blut der jungen Königin, genannt Maria, sehr schön und jung –, vierundzwanzig auserwählten Jungfrauen, drei Witwen mit ihren Dienerinnen und einer Jungfrau, die schier wie ein Mann war, sehr stark und arbeitsam, genannt Maria Pasina. Im selben Schiff aber befanden sich auch die Gesandtschaft des Weiß-Kunigs sowie der Markgraf von Valenca als oberster Hauptmann und zwei Doktoren, der eine Doktor der Heiligen Schrift, der andere Doktor der Arzneikunst, dazu acht Ritter und viele Edelleute und Hofgesinde, insgesamt waren etwa fünfhundert Menschen an Bord.

Sie teilten sich in drei Gruppen. Die eine war bestimmt, das Schiff zu regieren und zu lenken, die andere war zum Streit bestimmt, die dritte Gruppe bildeten die junge Königin und des Weiß-Kunigs Gesandtschaft. Entsprechend war die Ordnung auf den anderen Schiffen.

Die Schiffe fuhren mit gutem Wind aus dem Hafen. »Auch der König von Portugal zeigte sich mit etlichen Schiffen auf dem Meere, einmal nah, einmal weiter entfernt, und geleitete so seine Schwester drei oder vier Meilen des Wegs. Danach hat er von ihr und ihrer Gesellschaft zum letzten Male Urlaub genommen und ist wieder heim in seinen Palast gefahren. Was das für ein Abschied und eine Trennung war!«

Dann kam die Flotte der Königin nach Gibraltar, segelte aber daran vorbei, hin zur Berberei, und lief den Hafen von Ceuta an. Hier blieb die Königin einige Tage, um sich von der See und der Seekrankheit zu erholen.

Ceuta, das 1415 von den Portugiesen erobert wurde, war ein Edelstein der portugiesischen Krone, den man der Prinzessin nicht vorenthalten wollte.

Darauf ist man wieder an Bord gegangen und gelangte mit guten Winden zum Reich von Valencia. Dann kam die Flotte vor das Reich Mallorca, das aber jetzt mit seinen schönen Schlössern und Städten im Besitz der Heiden war.

Nun trieb sie ein Sturm auf die offene See, und die junge Königin erlebte die Schrecken, die die entfesselten Wogen bereiten können. Noch während die Schiffe auf dem offenen Wasser trieben, nahten die Seeräuber. Kaum war diese Gefahr bestanden, erhob sich ein weiterer großer Sturm. Die Wellen türmten sich so übereinander, daß die Ankertaue rissen. Die Todesgefahr war so nahe, daß alle beichteten und die Sakramente nahmen. Darauf stach man wieder in See und vereinigte sich mit den Schiffen, die vom Sturm zerstreut worden waren. Bei Nizza mußte man sich wieder mit Seeräubern herumschlagen und Kämpfer an Land schicken, die der Räuberplage mit Waffen begegneten.

Nun konnte man wieder die Anker lichten und fuhr Tag und Nacht bis zur Insel Korsika. Von dort aus ging es weiter zu dem Stadtstaat Genua, nach Welschland und in den Hafen bei der Stadt Pisa. Die Königin blieb auf den Schiffen, aber man sandte einen Boten an den Weiß-Kunig, der sich in Florenz aufhielt. Der König schickte sofort eine neue vortreffliche Gesandtschaft an die Königin, angeführt von dem Bischof von Regensburg, dem Herzog von Teschen und vielen anderen Grafen und edlen Damen und Herren.

Der Bote, den die Königin zum Weiß-Kunig gesandt hatte, war auf dessen Befehl mit zurückgeritten. Als dieser Bote nun zur Königin kam, fragte sie ihn, ob der Bote seiner Königlichen Majestät alles gesagt und erklärt habe, was in Portugal und Afrika geschehen und wie es ihr und ihrem Gefolge auf der Reise ergangen sei und ob seine Königliche Majestät auch Mitleid mit ihr gehabt habe. Während die Königin und der Bote miteinander im Gespräch waren, konnte sie ihre Tränen nicht zurückhalten. Die Königin ging vom Schiff und wurde mit großen Ehren und Würden in die Stadt Pisa geleitet. Hier blieb sie etliche Tage, bis der König schrieb, sie möge in die Stadt Hohensinn, das heißt Siena, ziehen, wohin er auch kommen werde.

In langer Prozession kam der jungen Königin ihr ehelicher Gemahl, der allerchristlichste und großmächtigste alte Weiß-

Kunig, entgegengeritten, und der König, desgleichen die Königin, stiegen von ihren Pferden, gingen aufeinander zu und umarmten sich freundlich und liebevoll, nachdem sie vorher einander nie gesehen hatten.

Die Königin wurde unter einem goldenen Thronhimmel in die Stadt geführt, wo vor der Domkirche ein köstliches Spiel vorbereitet war. An den Geschenken, die Siena der Königin darbrachte, trugen zweihundert Mann. Nach einigen Tagen der Rast brach der König nach Rom auf, seine Königin folgte ihm.

In aller Ausführlichkeit wird die Pracht und der Luxus, mit denen der Weiß-Kunig auf der Reise ausgestattet war, geschildert: Der goldene Sattel war mit Edelsteinen geschmückt, die Sporen aus Gold, zudem trug der König wertvolle Ketten, Ringe und ein Diadem.

Was aber Treitzsauerweyn verschweigt, ist, daß der König sich mit dem Schwert seinen Weg durch die Römer freikämpfen mußte, die ihn ob seines kostbaren Kleides berauben wollten, oder ihm aus anderen, nicht genannten Gründen den Einzug in den Petersdom verweigerten. Der Zwischenfall war immerhin so gravierend, daß Tote und Verwundete auf der Tiberbrücke zurückblieben.

Ein anderer wichtiger Tatbestand bleibt im Weiß-Kunig ebenfalls unerwähnt, nämlich daß der Papst am 16. März 1452 Friedrich III. mit der Eisernen Krone der Lombardei krönte, was ihn zumindest symbolisch zum König von Italien machte. Am gleichen Tag gab der Papst dem königlichen Paar den Segen zum Ehebund. Die staunende kleine Leonora befand sich auf einem schwindelnden Höhepunkt ihres Lebens.

Dann folgte die Kaiserkrönung. Folgen wir jetzt wieder in Auszügen Treitzsauerweyn und seiner Chronik:

»Etliche Tage später, am 19. März 1452, ließ unser Heiliger Vater, der Papst, vor St. Peters Münster zwei Throne aufrichten und prächtig mit goldenen Tüchern bedecken … Unser Heiliger Vater saß auf seinem Thron, und die Kardinäle und Bischöfe standen zu beiden Seiten. Der König aber trat gar demütig in einem blauen Rock aus wollenem Tuch vor den Papst. Der sprach etliche Gebete über ihn und führte ihn herab unter das

Vortor von St. Peters Münster. Dort waren die Chorherren von St. Peter in der Kapelle versammelt. Sie bekleideten den König mit einem schönen Chorrock und einer Chorkappe von Hermelin und küßten ihn auf die rechte Wange.*

Danach geleitete der Papst mit allen Chorherren den König ins Münster und legte ihm seine königlichen Kleider an. Die Chorherren sangen die Responsorien ›Petre amas me‹.

Der König zog nun den königlichen Chormantel an, seine Stola, seine Schuhe und alles, was zum königlichen Ornat gehört … Dann kniete der König nieder, und der Papst weihte ihn zum König über alle anderen Könige, setzte ihm die heilige königliche Krone auf und sprach auf lateinisch: ›Nimm hin ein Zeichen der Ehre, ein Diadem des Reichs und die Krone der Gewalt, daß du verschmähest den alten bösen Feind mit allen Sünden und Lastern und lieb habest Gerechtigkeit, Barmherzigkeit und gerechtes Urteil, um einst von unserem Herrn Jesus Christo in der Gesellschaft aller auserwählten Heiligen die ewige Krone zu empfangen. Ich setze dir auf dein Haupt eine Krone von edlem Gestein – sei ein gewaltiger Fürst über diese Welt! Im Namen Gottes des Vaters.‹

Danach nahm der Papst das heilige Schwert von St. Peters Altar, gab es dem König entblößt in die Hand und sprach auf Latein: ›Nimm hin das bloße Schwert aus unseren Händen, das wir genommen haben von St. Peters Leichnam und das dir von Gott verliehen und gegeben ist zu Schutz und Schirm der heiligen Christenheit, zum Lob des Guten und zur Strafe der Bösen … Nimm hin das heilige Schwert, das vom Himmel gekommen ist! Du sollst damit besiegen alles, was dir feindlich ist. Im Namen des ewigen Gottes, Amen.‹

Nachdem so der König St. Peters Ritter geworden war und sich mit dem heiligen Schwert umgürtet, es wieder gezogen und wieder eingesteckt hatte, alles mit dem geziemenden geistlichen Wort, gab ihm der Papst das heilige Zepter in die rechte Hand und den heiligen Apfel der Majestät in die linke und sprach:

* Damit war der König Mitglied des Kapitels der Domherren von St. Peter und keine laikale Persönlichkeit mehr.

›Nimm hin das Zepter der Gerechtigkeit und gib jedem damit das gleiche Recht! Nimm hin den Apfel der Majestät, damit zu herrschen über die ganze Welt! Im Namen der Heiligen Dreifaltigkeit. Amen.‹

Als der König gekrönt war, wie zuvor angezeigt ist, führten der durchlauchtigste König Ladislaus und der Herzog von Teschen die schöne junge Königin vor St. Peters Altar zu Unserem Heiligen Vater, dem Papst. Ihr Haar, das bis in die Kniekehlen reichte, war über dem Nacken schön geflochten, und ihr Scheitel war unbedeckt; sehr lieblich war sie anzusehen. Unser Heiliger Vater nahm die Königin bei der Hand, und sie küßte die seine. Und der Papst führte sie vollends zum Altar, wo sie demütig niederkniete, salbte sie mit dem heiligen Öl und setzte ihr eine schöne Krone aufs Haupt; sie war eigens für sie mit vielem Schmuck gefertigt. Er sprach: ›So nimm denn hin die Krone, die dir von unseren unwürdigen Händen aufgesetzt wird, und wie du aufwendig geschmückt bist mit Gold und feinen Perlen, also befleißige dich, inwendig geschmückt zu werden mit dem Gold göttlicher Weisheit und den feinen Perlen der Tugend, daß du nach diesem Leben dem ewigen Bräutigam mit den klugen Jungfrauen als eine rechte Königin entgegenkommest.‹

Darauf führte man die Königin unter der Krone wieder zu ihrem prunkvollen Stuhl …

Auf des Papstes Aufforderung gingen der König und die Königin zu ihm, und der Papst empfing in Andacht den einen Teil des ehrwürdigen Sakraments aus seinen eigenen Händen. Indessen knieten der König und die Königin nieder und empfingen von ihm die beiden anderen Teile, auch sie mit großer Andacht und Demut. Nach dieser Austeilung wurde jubelnd gesungen: ›Te Deum laudamus, wir loben Dich, Gott‹.

Alle Glocken läuteten, und der Papst erteilte den Segen. Wer hat je desgleichen gehört oder gelesen, daß eine Jungfrau vor der leiblichen Vereinigung, ehe sie mit ihrem Gemahl geschlafen, mit der höchsten königlichen Krone zu Rom so würdig sei gekrönt, gesalbt, geweiht und gesegnet worden!

Wie mag doch einer beschreiben die allerwürdigste und ehrenvollste Krönung und Hochzeit, die hier geschehen. Es ist wohl zu erkennen, daß Gott darin seine Gnade mitgeteilt hat als ein Zeichen, daß von ihnen Frucht kommen werde, wunderbare Dinge zu wirken und zu vollbringen mit der Gnade des allmächtigsten Gottes.«

Die beiden Vermählten sind noch einige Tage in Rom geblieben, haben mit ihrem Gefolge die ganze Stadt Rom und die heiligen Stätten außerhalb mit großer Andacht aufgesucht, und den Gotteshäusern, die baufällig oder arm an Schmuck waren, gab der König heimlich und öffentlich große Spenden.

Dann zog der König mit seiner Gemahlin durch viele Städte, Dörfer und Schlösser, bis er in die Königreiche Sizilien und Neapel kam. Sobald König Alfons von Neapel davon erfuhr, befahl er alle seine Fürsten, Bischöfe, Grafen, Herren, Ritter und Knechte zu sich und ritt dem König und seiner Gemahlin entgegen. Er empfing sie mit überströmender Freude, denn die Königin war die Tochter seiner leiblichen und ehelichen Schwester. Nie hatte dieser vorher so würdige und mächtige Gäste gehabt. Darum führte er den Weiß-Kunig und seine Gemahlin unter vielen Ehren, mit Trompeten, Posaunen und Seitenspiel in die großmächtige Stadt Neapel in seinen königlichen Palast. Dort hat man etliche Tage wundersame Lustbarkeiten abgehalten, nachdem zuerst Gott mit höchster Ehre gelobt worden war.

Als dann der Weiß-Kunig von König Alfons Abschied nahm, vertraute er ihm seine Gemahlin an, daß er sie ihm zu Schiff nachschicke. Er selbst ist mit König Ladislaus und mit seinem Bruder, dem mächtigen Fürsten Herrn Albrecht, und mit großem Gefolge zu Land heimwärts gezogen. Beim König von Venedig ist er etliche Tage geblieben und hat auf die Ankunft seiner Gemahlin gewartet.

Etliche Gesandte aus Tirol, die den König auf seiner weiten Reise begleitet hatten, sind in der Stadt Venedig mit großen Gnaden vom König geschieden und in ihr Land zurückgekehrt.

»Als der Weiß-Kunig eine Zeitlang in seinem Reich war und geruht hatte, erschienen mit Kriegsvolk als seine Abgesagten, die früher erwähnten Herren, die gegen ihn ein Bündnis mit fremdem Volk geschlossen hatten, und verlangten von ihm den jungen König Ladislaus als ihren Erbherrn; der war noch nicht vierzehn Jahre alt. Solches Vorhaben und Bündnis wäre nicht not gewesen, wenn sie die große Treue hätten ansehen wollen, die der Weiß-Kunig seinem Vetter, dem König Ladislaus, bewiesen ...

Der Weiß-Kunig hat auf Anrufen der durchlauchtigsten Königin Elisabeth, des Königs Ladislaus' Mutter, ihn mitsamt seiner Mutter unter großen Schwierigkeiten zu sich gebracht und an seinem Hof aufgenommen. Aus großer Liebe, die er zu seinem jungen Vetter hegte, hat er ihn mit allem Fleiß erzogen und in königlichem Stand gehalten, als wäre er sein eigener Sohn. Der durchlauchtigste König Ladislaus hat gesehen, gehört und erkannt die große Treue, die ihm sein liebster Vetter, der Weiß-Kunig, erwiesen hat. Das Bündnis ist wider seinen Willen geschlossen worden. Aber der Neid der erwähnten Herren hat sich gemehrt, und sie haben fremde Zungen eingeführt, die sie mit Macht und Kraft wieder austreiben müssen. Als der Weiß-Kunig ihr neidisches Verhalten vernahm, schickte er ihnen den König Ladislaus frisch und gesund in sein Erbkönigreich zu den Herren, die seinetwegen einen so unehrenhaften Bund errichtet hatten. Die Herren führten den König Ladislaus in die Stadt Wien, die auch mit im Bündnis war. Sie achteten nicht die große Würde, die der Weiß-Kunig zu Rom empfangen hatte, sondern handelten wie grobe, untreue, neidige, blinde und unverständige Leute. Das ist Ursprung und Vorzeichen eines künftigen großen Übels gewesen, das eintrat zu der Zeit, als ein grobes Volk mit einer fremden Zunge, das sie durch ihr Bündnis ins Land gebracht hatten, sie bekriegte, verdarb und über sie herrschte.

Der junge König Ladislaus regierte nur wenige Jahre. Er starb jung in einem seiner Königreiche, in einer Stadt namens Prag, worüber der Weiß-Kunig großes Leid empfand. Nun war er der nächste Erbe, zusammen mit seinem Bruder und seinem Vetter, dem mächtigen Fürsten von Tirol. Der Weiß-Kunig wurde überdies zum nächsten Erben eines Königs in Ungarn erwählt und bestimmt. Das wurde mit richtiger und redlicher Protestation, Beurkundung und Bezeugung vollendet und vollbracht.

Als der alte Weiß-Kunig mit seiner Gemahlin eine Weile in seinem Königreich sich aufgehalten hatte, wurde die Königin schwanger, worüber sich der König und mit ihm seine Fürsten und Stände höchlich freuten.«

Das ist auch verständlich, hatte doch der König weder nach der römischen Eheschließung noch während seines Aufenthalts bei König Alfons in Neapel die Ehe vollzogen. Friedrich III. mußte tatsächlich von seinen Herren nachdrücklich dazu aufgefordert werden. Ob sich das Ereignis dann noch in Neapel, Venedig oder Wiener Neustadt vollzog, ist nicht überliefert. Sollten den inzwischen siebenunddreißigjährigen Mann gar Ängste befallen haben, sich einer Sechzehnjährigen zu nähern – wir wissen es nicht.

»Sie sagten alle Gott mit großer Andacht Dank für seine Gnade und baten, er möge die Königin und sie alle durch die Geburt erfreuen.

Als nun die Geburt des Kindes näher kam, wurde zu Zeiten, wenn auch nicht sehr deutlich, ein Komet gesehen, was zu mancherlei Berechnungen Anlaß gab …

Während der Komet erschien, gebar die Königin mit Hilfe der göttlichen Gnade in der Stadt, die genannt ist Neustadt, das Kind unter geringen Schmerzen und wurde durch die Geburt hocherfreut, denn das Kind war ein schöner Sohn. Solches kündete man dem König mit großem Frohlocken, und man begann vor Freude alle Glocken zu läuten und im ganzen Königreich unzählige Freudenfeuer anzuzünden. Nachdem das Kind geboren war, kam der Komet von Stund an mit seinem Schein wieder ab, daraus man wohl erkennen konnte, daß es ein Zeichen gewesen für des Kindes künftige Regierung und wunderbare Taten …

Eines will ich noch kundtun: nämlich daß, als das Kind zu Jahren und zur Regierung kam, es der Sieghafteste und Streitbarste wurde, zugleich aber nach seinem Ansehen der Gütigste, was doch an einem Streitbaren und dem Allerstreitbarsten wunderlich zu sehen ist. Darin kann man erkennen des Kometen tapferes und starkes Scheinen und dessen gütiges Ansehen, die auf die Zukunft deuteten …«

Am Gründonnerstag, dem 23. März 1459, in der Leidenswoche des Herrn, wurde Maximilian geboren. Sieben Jahre waren nach der Hochzeit vergangen, in stetem Hoffen und Bangen um die Geburt eines Thronfolgers. Am schwersten lag wohl die Angst und die Hoffnung auf der Kaiserin. Die Hauptaufgabe der Frau eines Monarchen lag im Gebären eines Thronfolgers. So entlädt sich auch die Freude der Kaiserin in einem persönlichen Schreiben an die Stände, die ihr und dem Kaiser am tiefsten verbunden waren. So heißt es da:

»Nachdem unser geliebter Herr und Gemahl und auch wir vor anderen Städten zu Euch unser besonderes Vertrauen hegen, sind wir in ungezweifelter Hoffnung, Ihr werdet mit uns herrliche Freude und Wohlgefallen haben.«

In allen Kirchen klang zum Lob und Preis des jungen Thronfolgers das Tedeum zum Himmel. »Die Herren von den Geschlechtern hielten allenthalben ein festlich Mahl ab, machten Freudenfeuer und ließen den ganzen Tag in Freud und allerlei Kurzweil vergehen«, heißt es im *Weiß-Kunig.*

Die Zeit und ihre Menschen standen noch immer unter dem Eindruck des Falls Konstantinopels und seiner Eroberung durch die Türken. So ist es von tiefer Bedeutung, wenn der Wojwode von Bosnien, König Stephan IV. Tomasowitsch, den Knaben aus der Taufe hebt und dabei die Worte sagt: »Gott ist wunderbar und gibt seine Wunder durch große Dinge zu erkennen. Da ich nun von den Türken vertrieben worden und in meiner Armut und in meinem Elend zu dieser Ehre gekommen bin, daß ich das Kind aus der Taufe hob, so glaube ich, denn dazu bewegt mich mein Geist, daß mir Gott dieselbe Gnade erwiesen hat wie Simon im Tempel, als er seinen Heiland sah, den Erlöser des Menschengeschlechts. Dank göttlicher Gnade habe ich das Kind aus der Taufe gehoben, das selbst oder durch seine Nachkommen mich an meinen Feinden rächen und die Türken mit streitbarer Hand demütigen wird.«

Zurück zu Treitzsauerweyn, der im *Weiß-Kunig* ausführt: »Sobald das Kind zu sprechen begann, ließ der alte Weiß-Kunig aus seinem Reich edle Knaben zusammenrufen, von Art und Natur die allergeschicktesten, und gesellte sie seinem Sohne zu, ihn die Sprache zu lehren und mit ihm Kurzweil zu treiben nach der Kinder Gewohnheit.«

Es folgt eine wahre Lobeshymne über die Sprachbegabung des Kronprinzen. Dabei war es die Sprache, genauer die Sprechfähigkeit, die dem Kaiser und der Kaiserin große Sorgen bereiteten. Wohl deshalb gesellte man dem Prinzen die Knaben zu, um ihn endlich zum Sprechen zu bringen. Denn der Prinz stotterte und stammelte und war teilweise nicht artikulationsfähig. Ein sprechunfähiger Thronfolger konnte rasch Zweifel an seiner Regierungsfähigkeit aufkommen lassen.

Bei Johannes Cuspinians *Lebensbeschreibung Maximilians* liest sich das so: »Er (Maximilian) war von Kindheit bis nahezu ins neunte Lebensjahr nicht imstand zu sprechen, so daß ihn die meisten für stumm hielten. Er brachte die Worte sehr schwer hervor, was der Mutter nicht geringe Sorge bereitete. Aber wie sehr diese Sprachschwierigkeiten in der Jugend den meisten Sorge machten, so wurde in reiferen Jahren seine Sprachgewandtheit von allen, besonders von Ausländern, bewundert. Außer der Muttersprache redete er sehr gewandt Latein, Französisch und Italienisch. Das berichteten nicht nur die Gesandten der ganzen Christenheit öfter (...) das bezeugten auch auf öffentlichen Versammlungen, Reichstagen und Landtagen die Kurfürsten, Fürsten und der ganze erbländische Adel. Auf diesen Versammlungen hielt er sehr oft ohne jeden stellvertretenden Sprecher die längsten Reden über schwierige Angelegenheiten, wobei er frei sprach (...). Als er in Frankfurt zum römischen König gewählt wurde (16. Februar 1486), lobten ihn die Fürsten vor Kaiser Friedrich wie um die Wette, daß er so gewandt Lateinisch sprach und las. Friedrich antwortete: ›Ich weiß nicht, wie das kommt, daß er so liest und spricht; ich weiß genau, als er zwölf Jahre alt war, fürchtete ich, er werde dumm oder stumm sein.‹«

Sicherlich eine schlimme Krankheit für einen Prinzen, der einmal Thronfolger und Regent sein sollte. Die spontane Heilung, die sich im zwölften oder dreizehnten Lebensjahr vollzog, muß auf einen Entwicklungssprung zurückzuführen sein, da die Logopädie, die Sprachheilerziehung, um diese Zeit noch unbekannt war.

Nun, nachdem diese Klippe in Maximilians Jugend überwunden ist, greift Treitzsauerweyn voll in die Saiten. Maximilians Fähigkeiten, sein Sprachtalent, seine wissenschaftlichen Fähigkeiten werden mit überbordender Freude und Dankbarkeit gerühmt. Hören wir dem getreuen Sekretär Kaiser Maximilians im *Weiß-Kunig* zu:

»Wiewohl der Sohn noch ein Kind war, nahm er doch in kurzer Zeit an Tugenden und guten Sitten dermaßen zu, daß er alle anderen Kinder der Fürsten und Herren übertraf. Jedermann war darüber seiner Jugend wegen verwundert, und der Weiß-Kunig freute sich, wie man wohl verstehen kann.

Als Vater dachte er an die Gottesfurcht und nahm sich die drei Gesetze vor in den Zehn Geboten, die Gott der Allmächtige Moses gegeben hatte. Das erste lautet: Glaube an einen Gott; das andere: Halte Vater und Mutter in Ehren; das dritte: Tue deinem Nächsten wie dir selbst.

Der König erwog mit großem Fleiß, wie er seinem Sohn diese Grundtatsachen der Heiligen Schrift wolle lernen lassen, darinnen ein jeder Christenmensch zu erziehen sei. Zum ersten, daß er die Gesetze Gottes erkenne und Gott liebhabe vor allen Dingen; denn welcher Mensch nicht die Furcht des Herrn an sich hat, der wird nicht ewig leben. Zum anderen: daß er Vater und Mutter und allen, die ihm Gutes tun, dankbar sei und ehre; denn die Undankbarkeit ist ein Laster, darunter alle anderen Laster verborgen sind. Zum dritten: daß er seinen nächsten Menschen das tue, was er selbst begehre; denn wer in seiner Regierung unrechtlichen Streit und ungleich Gericht führt, der verliert zeitliche und ewige Ehre …

Nach solcher gottesfürchtiger Betrachtung, die der König als getreuer Vater anstellte, wählte er etlich hochgelehrte Meister aus, die ein frommes geistliches Leben führten, und befahl sie zu seinem Sohn, ihn mit emsigem Fleiß Latein zu lehren und dabei am allerersten in Zucht und Gottesfurcht, darnach aber in der Heiligen Schrift zu unterweisen. Also taten die gelehrten Meister. Es wurden dem Sohn auch viel mächtiger Herren und Edelleute Kinder beigesellt, mit ihm zusammen zu lernen und aufzuwarten. Und die Lehrer trugen ihm zuerst die kindliche Zucht, darnach die königlichen Tugenden, darnach die Gottesfurcht und schließlich die Heilige Schrift, in der er fleißig lernte und studierte …

Da nun die Meister dem alten Weiß-Kunig seinen Sohn wieder überantworteten, hielt der Sohn aus eigenem Antrieb diese Rede: ›Wie der Stamm des Baumes in seiner Jugend gepflanzt und geboren wird, also bleibt er im Alter; je edler eine Frucht ist, desto edleren Geschmack und Wert hat sie; je schöner und klarer ein Stein scheint, desto edler und kostbarer ist dieser Edelstein.‹

Der alte Weiß-Kunig sprach: ›Lege mir diese deine Rede aus, was du damit gemeint hast.‹ Der Sohn gab zur Antwort: ›Wie ein Gärtner in einem Stamm den Zweig einer Frucht pflanzt und der Zweig in dem Stamm verwächst und dieser danach die Frucht des Zweiges bringt, also ist in mich gepflanzt der Zweig der Heiligen Schrift und der christliche Glaube, und der Zweig ist in den Stamm gewachsen und wird künftig Frucht bringen.‹ Zum anderen sagte der Sohn: ›Je edler eine Frucht ist, um so edleren Geschmack gibt sie; desgleichen ist mir die Nutzbarkeit, die aus Dankbarkeit und Demut fließt, so offenbar geworden und ins Herz gebildet, daß die größte Hoffart an meiner Dankbarkeit und Demut sich selbst erkennen muß.‹ Auf das dritte tat der Sohn diese Rede: ›Je schöner und klarer ein Edelstein scheint, um so edler und kostbarer ist dieser Stein; desgleichen sind in mir die Lauterkeit der unbeschädigten Ehre, die königlichen Tugenden und die Gerechtigkeit der Gesetze Gottes so verwurzelt, daß durch mich in dieser Welt die schönste Regierung scheinen wird.‹

Als er diese Auslegung getan, empfand der alte Weiß-Kunig große Freude, und er so wie die Meister gaben ihm den Namen, den er forthin führen sollte: ›der junge Weiße König‹.«

Marcus Treitzsauerweyn schreibt begeistert über die Fähigkeiten seines Königs und Kaisers. Sprachen und Talente fallen ihm im Traume zu, und er verblüfft die Welt mit seiner Weisheit. Man wird da an Christus im Tempel und die Pharisäer erinnert, wenn er die Weisheit seines geliebten Schützlings schildert. Maximilian hat diese Jugendzeit ganz anders gesehen, und sein Biograph Cuspinian schildert die Begebenheiten so: »Als er alt genug war, um unterrichtet zu werden, wurde er dem Magister

Petrus Engelbrecht übergeben ... und lernte durch einige Jahre gemeinsam mit den Söhnen einiger Adeligen die lateinischen Wissenschaften. Aber da sein Lehrer allein in dialektischen Spitzfindigkeiten gebildet war und ihm diese Scheinweisheiten einbleuen wollte, für welche er kein Verständnis hatte, da wurde er von ihm öfter hart geschlagen; aber der hätte selber Schläge verdient, weil Schläge Sklaven und nicht Freien gebühren. Schließlich erreichte er nur, daß Maximilian die Bildung mehr haßte als liebte ... Ich habe aus dem Munde des göttlichen Maximilian gehört und werde es nie vergessen, wie er schon als römischer Kaiser bei Tische (wo er über Verschiedenes zu erzählen pflegte) vor vielen Anwesenden sagte: ›Wenn heute mein Lehrer Petrus lebte, würde ich ihn so behandeln, daß es ihn reute, mich unterrichtet zu haben; und dies obwohl wir den Lehrern vieles zu danken haben ... Ungebildete Lehrer verdienen harte Strafen, weil sie die kostbare Lebenszeit vertun, indem sie Dinge lehren, die man später mit viel Mühe vergessen muß.‹ Wenn Maximilian von Jugend an richtig unterrichtet worden wäre, würde er in kurzer Zeit alle Wissenschaften erlernt haben, von solchem Talent, scharfem Urteil und so treuem Gedächtnis war er.«

Wenn auch Treitzsauerweyn mit seinem panegyrischen Lob weit über das Ziel hinausschießt, in vielen Fällen erhellt er die Ansichten und Seelenzustände seines kaiserlichen Herrn. Genau wie der *Theuerdank* ein Buch ist, in dem der Kaiser seine Schwächen und menschlichen Anfälligkeiten zu nennen und vielleicht auch zu bannen sucht, so findet der junge Weiß-Kunig seine eigene Lebensmaxime, und er sucht mit dem Wort »Halt Maß!« sich seine Schwäche, zum Beispiel seine Verschwendungssucht, vor Augen zu halten.

Der florentinische Gesandte an Maximilians Hof, Niccolò Machiavelli, schreibt in einem undatierten Brief über Kaiser Maximilian: »Ich wiederhole nur über die Natur des Kaisers, daß seine Verschwendung alles übersteigt, was man in unserer und früherer Zeit gesehen hat. Das hat zur Folge, daß er immer bedürftig ist, und keine Summe ist groß genug, die ihm genügte, mag auch seine Lage noch so günstig sein. Er ist veränderlich; denn heute will er etwas und morgen nicht mehr; er will, was er nicht haben kann, und was er haben kann, mag er nicht; er ergreift daher immer seine Maßregeln verkehrt. Auf der anderen Seite ist er ein großer Kriegsmann, er hält und führt gut ein Heer mit Gerechtigkeit und Ordnung. Er erträgt jede Strapaze gleich dem Abgehärtetsten; in der Gefahr ist er mutvoll, so daß er als Feldherr keinem nachsteht. Er ist leutselig, wenn er Audienz erteilt, er will sie aber erteilen, wann es ihm beliebt, und er will von den Gesandten nur dann besucht werden, wenn er nach ihnen schickt. Er ist sehr verschlossen; sein Geist und sein Körper sind immer in ständiger Bewegung; aber häufig zerstört der Abend, was der Morgen abschließt ...

Seine nachgiebige, gute Natur ist Ursache, daß ihn jeder aus seiner Umgebung hintergeht. Einer der Seinigen hat mir gesagt, jeder Mensch und jede Sache könne ihn einmal hintergehen, bis er es gemerkt habe. Es gibt aber so viele Menschen und so viele Sachen, daß es sein Los sein kann, jeden Tag hintergangen zu werden, wenn er es auch jedesmal merkt. Er besitzt eine Menge Tugenden, und wenn er sich in den zwei oben genannten Punkten mäßigte, so würde er ein ganz vollkommener Mann sein.

Denn er ist ein vortrefflicher Feldherr, er hält große Gerechtigkeit in seinem Lande aufrecht, in den Audienzen ist er gefällig und freundlich, und er besitzt viele andere Eigenschaften des besten Fürsten, so daß man schließen muß, es würde ihm alles gelingen ...«

Das scharfsichtige Urteil des großen Florentiners ist im Grunde ein umwerfendes Kompliment. Man bedenke, wenn jeder von uns nur zwei Untugenden hätte, wie nahe müßten wir alle der Vollkommenheit sein.

Unermüdlich ist Marcus Treitzsauerweyn darin, seinen Fürsten zu loben und zu preisen:

»Der junge Weiß-Kunig ist unermüdlich darin, neue Fertigkeiten zu erlernen oder sich in ihnen zu verbessern. Er will sogar die Schwarze Kunst erlernen, er studiert die Geschichte, er erlernt die Kunst des Sternsehens, selbstverständlich erlernt er aus eigenem Antrieb die Kunst des Schreibens, macht sich aber auch die sieben freien Künste zu eigen und bemüht sich in den politischen Wissenschaften, für einen König sicherlich eine zwingende Aufgabe. Als ihm einmal seine Liebe zur Geschichte zum Vorwurf gemacht wird und ein mächtiger Herr meint, das Geld, das der Kaiser für Geschichte ausgebe, sei unnütz vertan und verloren, bekommt er die Antwort: ›Weißt du nicht, daß Gott und der Prophet David im Psalter vom Gedenken und nicht vom Geld reden, denn wo einer seinen Schatz hat, da hat er auch sein Herz.‹

Weiter sprach Maximilian zu demselben Herrn: ›Sag mir eins: Was bleibt dem Menschen länger, das Gut oder das Andenken?‹ Darauf antwortete der Herr: ›Wenn ein Mensch stirbt, so folgt ihm nichts als seine Werke.‹

Der König sprach: ›Du redest recht. Wer im Leben nicht für sein Andenken sorgt, der hat auch keines nach seinem Tod. Dieser Mensch wird mit dem Glockenton vergessen. Deshalb ist ja das Geld, das ich für die Pflege der Erinnerung ausgebe, nicht verloren ... Was ich nicht selbst in meinem Leben zu meinem Gedächtnis vollbringe, wird nach meinem Tode weder durch dich noch durch andere getan werden.‹

Selbstverständlich erlernt der junge Weiß-Kunig auch die Arzneikenntnis, wobei er erkennt: ›Wer mit Speise und Trank nach dem Verlangen der Natur lebt, dem Empfinden des Leibes und den Weisungen der Vernunft, der lebt seine Tage mit Wohlbehagen und erreicht das ihm gesetzte Alter.‹«

Und nun wendet sich Treitzsauerweyn dem heikelsten Kapitel im Leben Kaiser Maximilians, der Sparsamkeit, zu. Aber er nennt dieses Kapitel »Von des jungen Weißen Königs Freigebigkeit«:

»Einmal sprach der Vater: ›Sohn, jeder König soll freigebig sein, aber nicht so, wie du es anstellst.‹

Darauf gab der Sohn zur Antwort: ›Ich will nicht ein König des Geldes werden, sondern König eines Volkes, das Geld hat. Ein König streitet im Krieg mit dem Volk, nicht mit dem Geld gegen seine Feinde. Wo aber der Schatz (des Volkes) ist, da ist das Herz, und der Leib bleibt bei dem Schatz (ihn zu verteidigen).‹ Der alte Weiß-Kunig ersah aus dieser Rede seines Sohnes freigebiges und streitbares Gemüt und ließ ihn also bleiben und aufwachsen.«

Mit dem Wort »denn wo Euer Schatz ist, da ist auch Euer Herz« bemüht Treitzsauerweyn sogar den Evangelisten Markus, um zu zeigen, welch christlicher und feingebildeter Fürst sein Herr ist.

»Als der junge König zur Regierung kam, war er gegen sein eigenes wie gegen fremdes Volk freigebig. Vor allem seine alten Diener versah er allerwegen mit genügend leiblicher Nahrung. Die Personen, die im Krieg und auf andere Weise ihm treulich, redlich und ehrlich dienten, bedachte er mit besonderen großen Gaben ... Wie groß ist seine Freigebigkeit gewesen! Wo findet man gleiches von einem anderen König geschrieben?

... Von seiner Freigebigkeit und seinen großen Kriegen hätte ich wahrlich viel zu schreiben, ich will aber der Kürze wegen nur eine Sache anzeigen. Ein an Land und Geld mächtiger König von Frankreich mutete sich mit seinem Geld viel zu viel zu und begann oftmals Krieg mit dem jungen Weißen König. Der aber behielt allerwegen den Sieg. Einmal wollte der reiche König sich rächen, griff seinen Schatz an und versammelte ein großes Heer, damit über den jungen Weißen König herzufallen. Nun hatte er einen streitbaren Hauptmann, der erkannte den jungen Weißen König in seiner Einzigartigkeit und sprach zu dem reichen König: ›Herr, der junge Weiße König hat vier Gewappnete und hundert Gulden. Mit denen würde er sich unterstehen, nicht allein gegen Euch, sondern an ein und demselben Tag noch gegen andere Könige mehr zu streiten.‹

Der reiche König wollte die Ursache wissen. Da sagte der Hauptmann: ›Euer Schatz ist das Geld. Der junge Weiße König hat vier Gewappnete, nämlich als oberste Hauptleute, die haben unter sich eine Menge Kriegsvolk, die allerstreitbarsten Deutschen und dazu viele Königreiche und Länder mit streitbarem Volk: das ist sein Schatz. Wenn er hundert Gulden besitzt, so teilt er sie unter sein Kriegsvolk und seine Untertanen: das ist seine Freigebigkeit. Damit bekämpft er alle Feinde.‹ Der reiche König hat die Worte des Hauptmanns oft zu großem Schaden wahrgefunden. Darum mögen ich und jeder sagen und schreiben, daß der junge Weiße König mit seinem vortrefflichen Schatz und seiner königlichen Freigebigkeit allen anderen Königen überlegen war. Er hat es mit seinen Siegen bewiesen. Ich, der ich dieses Buch geschrieben, gebe von seiner Mildtätigkeit Zeugnis, habe darüber auch ein anderes Büchlein verfaßt, weil es sich nicht gebührt, in dem Buch davon zu schreiben.«

Nunmehr hat der brave Sekretär Marcus Treitzsauerweyn den Boden der Realität gänzlich verlassen. Hier siegt die Liebe zu seinem Kaiser über die Chronistenpflicht, innerhalb der Wahrheit zu bleiben. Zwar ist es liebenswert, die Verschwendungssucht Maximilians mit königlicher Freigebigkeit zu vergleichen. Vor allem, weil er viel zu oft unter drückenden Schulden litt und oftmals seine Soldaten nicht zu löhnen wußte. Die Politik Maximilians ist von der Tragik des knappen Geldes gekennzeichnet. Die Erfolge des französischen Königs hingegen hatten ihre Wurzel in dessen Reichtum, mit dem er die in den Staaten jeweils führenden Männer mit Gold zu kaufen wußte.

Und nun folgt in der Chronik des Treitzsauerweyn die Aufzählung der königlichen Taten. Der junge Weiße König lernt von zwei Bauern Wendisch und Böhmisch, ebenso Malen und das Erbauen von Steinhäusern. Dann erlernt der junge Weiße König das Zimmermannshandwerk und nun, wie König David in der Bibel, die Musik, namentlich die königliche Kunst des Harfespielens. Zum Lob Maximilians müssen nicht nur König David, sondern auch der große König Alexander und schließlich auch Julius Cäsar herhalten, um zu beweisen, daß der junge Weiße König sie alle übertraf.

»Wiewohl der große Alexander weite Länder bezwang und sich des Saitenspiels erfreute, so hat doch erst der junge Weiße König das männliche Pfeifen und Trommelspiel aufgebracht. Wenn er in den Kampf zog, haben die Trommeln und Pfeifen nicht allein der Menschen Herz erfreut, sondern ihr Hall hat die Luft erfüllt, daß der junge König viele Länder bezwang und in den Schlachten allerwegen seine Feinde schlug …

Wiewohl Julius Cäsar durch seine Kriegstaten der erste Kaiser geworden ist, so hat er doch nur eine Partei zum Gegener gehabt. (Die Perser, die Germanen, die Britannier und die Spanier vergißt Treitzsauerweyn großzügig.) Der junge Weiße König aber hat alle seine Angrenzer bekriegen müssen. Ich will etliche davon nennen: den König von Frankreich, das gewaltige Volk der Schweizer, die großmächtige Herrschaft Venedig, den Kaiser der Türken, das Königreich Ungarn, das abgefallene Königreich Böhmen, andere Feinde, die ihres Eides vergaßen, brauche ich nicht zu melden. Diese Angrenzer hat er alle so bekriegt, daß er auf ihren Boden zog, nicht sie auf den seinen kamen.«

Und weiter geht die etwas enervierende Aufzählung all der Fächer und Künste, die der junge Weiße König erlernte. Ohne Anspruch auf Vollkommenheit seien einige aufgeführt: »wie der junge Weiße König alle Speisen kennenlernte« – »wie der junge Weiße König mit Banketten und Mummereien anderen Königen über war« – »wie der junge Weiße König kunstvoll war in der Münze« – »wie der junge Weiße König die Bergwerke kennenlernte« – »wie der junge Weiße König mit dem Handbogen zu Roß und zu Fuß schießen lernte«.

Es erübrigt sich zu sagen, daß der junge Weiße König im Bogenschießen Meisterschaft erlangt und sogar die Engländer, die als beste Bogenschützen überhaupt galten, bald übertraf. Über des jungen Weißen Königs Kunst mit hürnener Armbrust und stählernem Bogen zu schießen, unterrichtet uns Treitzsauerweyn: »Jeder höfische Mann weiß selbst, daß an eines mächtigen Königs Hof viel ritterliche und kunstfertige Leute sind. So hatte auch der alte Weiß-Kunig an seinem Hofe ritterliche Leute und großmächtige Herren, die sowohl im Kampf als auch beim Pirschen auf Wild Armbrust und stählerne Bogen kunstfertig zu gebrauchen wußten. Dadurch wurde der junge Weiße König bewogen, dies Schießen derart zu lernen, daß ihm nach kurzer Zeit beim Schießen zu Roß und zu Fuß am Hof keiner gleichen konnte. Als er zu Jahren kam, ist er mit Armbrust und stählernem Bogen der beste Schütze im Ernst und der sicherste Pirscher des Wildbrets gewesen. Nie ist es vorgekommen, der ihm darin einer hätte gleichen können: Jedermann aber, der sein Schießen gesehen, hat sich darüber verwundert, denn Anlegen nach der Schützen Art und Abdrücken ist immer ein Ding gewesen. Von etlichen Schüssen will ich berichten.

Einmal in Österreich, im steirischen Gebirge gleich an der Grenze, in einem Tal, genannt die Reichenau, jagte der junge König Gemsen. Da stand ein Gamsbock in einer hohen Steinwand, wo ihn kein Gemsenjäger mit dem Pfeil erreichen konnte. Erst als die Jagd schon zu Ende war, wurde der Gamsbock gesehen. Der König hatte einen guten Büchsenschützen mit Namen Jörg Burghart bei sich und hieß ihn den Gamsbock schießen. Der aber gab zur Antwort, der Bock stünde zu hoch, er könne ihn mit der Büchse nicht erreichen. Da nahm der König seinen stählernen Bogen in die Hand und sprach: ›Merkt auf, ich will den Gamsbock mit dem stählernen Bogen schießen!‹ Und er traf ihn mit dem ersten Schuß. Das nahm die, so dabei waren, groß wunder, weil der Gamsbock hundert Klafter hoch stand. Die steinerne Wand ist danach zur Erinnerung ›Des Königs Schuß‹ genannt worden.

... Der junge König empfing große Lust und Neigung zu der edlen Falkenbeize und dem Weidwerk und erlernte sie mit besonderem Fleiß ... Er sparte auch nicht die Kosten, sondern ließ sich Würgfalken und andere Falken aus der Tartarei, dem Heidenland, aus Rußland und Preußen, von Rhodos und vielen anderen Enden des Erdreichs bringen, weshalb ihm dazuhin viele Falken verehrt und geschenkt wurden.

Er hielt an seinem Hof fünfzehn Falkenmeister und mehr denn sechzig Falkenknechte, die nichts anderes taten, als daß sie die Falken zubereiteten für die Falknerei.«

Nun begnügte sich der junge Weiße König nicht mit der Falknerei, sondern pflegte das gesamte Weidwerk, wie es dem Ritterideal der Zeit entsprach. Schon Kaiser Friedrich II., in dessen Nachfolge sich des jungen Weißen Königs Vater Friedrich III. genannt hatte, war ein Anhänger der Falkenbeize gewesen und hatte sogar ein Buch darüber geschrieben, das bis auf den heutigen Tag auf uns überkommen ist. Die Falknerei und die Jagd waren zunächst die ritterlichen Tugenden, wurden dann aber das Laster der Könige, das so entartet war, daß sich Anfang des zwanzigsten Jahrhunderts die Könige das Wild in Rudeln vor die Büchse treiben ließen und die Strecke der ermordeten Tiere in die Tausende ging.

Wie uns Treitzsauerweyn erzählt, opferte auch Maximilian Unsummen dieser »königlichen Jagdleidenschaft«. Billigen wir dem treuen Sekretär mittelalterliche Übertreibung zu, so erscheint uns der Aufwand dennoch horrend:

»Der König hatte in seinen Reichen einen obersten Jägermeister, vierzehn Forstmeister, hundertundfünf Forstknechte und Rentamtleute, die jeweils in einem großen Bezirk für die Wildbahnen, Jagden und das Wildbret sorgen mußten. Außerdem hatte er für seine Hofjagden zwei Meisterjäger und dreißig Jägerknechte. Dauernd wurden in seinen Reichen mehr denn fünfzehnhundert Jagdhunde allein für seine Jagden gehalten. Bären jagte er besonders gern und hatte große Lust und Freude, wenn er einen Bären stechen konnte. Sooft er Gemsen jagte, ging er zuhöchst ins Gebirge, stieg in Wände und schoß die Gemsen selbst heraus ...

Zu Tirol, in einem Tal, genannt Schmirntal, besaß er eine besonders lustige Gamsjagd. Wenn er dort jagte, kamen meist mehr denn sechshundert Gemsen ins Gejaid, oder ich will lieber sagen tausend, denn wenn man sechshundert zählt, was ist dann mit den nicht gezählten? Diese Jagd beschreibe ich deshalb besonders, weil, sooft ich dabeigewesen bin, ich mir eine Gemse habe sieden und braten lassen, die ich mit meinen Gesellen aß. Einmal hielt der König dort wieder eine fröhliche Jagd. Da wurden, soweit man zählte, hundertdreiundachtzig Gemsen erlegt. Wieviel nicht mitgezählt wurden, weiß ich nicht; ich glaube aber sicher, meine Gesellen und ich haben der ungezählten Gemsen etliche guten Mutes verzehrt, etliche freudig verschenkt.

Einer, der in die Sache nicht eingeweiht ist und das liest, könnte denken, der junge König habe nichts anderes getan denn Beizen und Jagen. Die Art hat er nicht gehabt. Beizen und Jagen trieb der König am meisten in großen Kriegen. Davon will ich berichten: Es fing einmal ein großer Krieg an, in welschen Landen wider Venedig. Da kämpften viele Könige und Herren, der junge Weiße König aber und der König von Frankreich führten als die beiden mächtigsten den Hauptkrieg. Indem kam die Winterzeit, daß die Könige abzogen. Die Bürger in den Städten waren besonders froh, daß der junge Weiße König aus dem Lande ging, und vermeinten, er werde nicht unterstehen, noch einmal wiederzukommen. Doch etliche erfahrene Leute im Land, die um des jungen Königs Macht und seine Kriegskunst wußten, die klagten und sprachen: ›Gott hat das Urteil über uns gefällt, denn der Friede ist von uns genommen, und ER wird das Land geben dem, der nach Seinem Willen tut, das ist der junge Weiße König.‹

So kamen sie miteinander in eine große Disputation. Die Bürger sagten, der König von Frankreich sei ein gewaltiger Krieger, der junge Weiße König aber sei sanftmütig, deshalb hätten sie nicht Sorge, daß er wieder in ihr Land kommen werde.

Darauf gaben die erfahrenen Leute zur Antwort: ›Es ist eins wahr, der König von Frankreich führt gewaltig Krieg, doch sein Kriegen nimmt schnell ein Ende. Dagegen ist der junge Weiße König der allerhärteste Krieger, denn über hundert Meilen hetzte er einen Hirsch und reitet demselben nach für und für und fängt ihn erst in dem Land, das er bekriegen oder verderben will. Unser Land wird sein Forst werden, und er wird alle Jahre darin jagen und beizen und nicht nachlassen, bis seine Falken und Hunde hier Wohnung haben und die Hirsche und Reiher vor uns sicher sind.‹«

Der Chronist läßt seine Leser miterleben, wie alle seine Eigenschaften schließlich dazu dienen, sein Königtum und seine Königsherrschaft, seine Fähigkeiten im strahlendsten Licht aufleuchten zu lassen, und so sagt er nicht ohne Pathos: »Nicht nur ein kunstfertiger Jäger hat er sein wollen, das Wildbret erst zu hegen und dann zu jagen und zu fangen, er war noch viel kunstfertiger, im Krieg Länder, Städte und Schlösser zu gewinnen. Wiewohl er auch der meisterliche Falkner war, so war er noch viel mehr Meister, die großmächtigen Könige, Fürsten und Herren unter seinen Willen zu bringen. Der junge Weiße König ist ein unübertrefflicher Jäger, Falkner, Krieger und Heerführer gewesen und hat damit in den vier Haupttugenden, die ein jeder König besitzen soll, alle Könige übertroffen. Wer in den Historien und Geschichten gelehrt ist, wird nicht sagen, daß ich damit zu viel schrieb. Doch wird dies mein Schreiben für das gemeine Volk zu dessen größerem Verständnis abgefaßt.«

Nach der Fischerei wird die Voglerei, der sich der junge Weiße König mit Lust und Freude hingibt, als letztes abgehandelt. Treitzsauerweyn erzählt uns, daß der junge König die Vögel sogar in seinem Schlafgemach unterbringen ließ, um von Vogelsang umgeben zu sein.

Nun folgt die Schilderung der kriegerischen Ausbildung des jungen Königs, in der er sehr bald meisterhaft sein wird. »Er lernte, ungewappnet zu fechten mit Schwertern, Stangen, kurzem und langem Degen, Landsknechtspießen, Dreschflegeln, Messern und Tilitzen* und begriff die Meisterstücke in kurzer Zeit. »In späteren Jahren«, so erzählt der Chronist, »hat er oftmals einen langen Landsknechtspieß genommen und denselben mit freier Hand in einem Baum entzweigestoßen. Das«, so verkündet unser Chronist stolz, »hat ihm keiner jemals nachtun können.«

Der junge König lernte auch mit Pavesen und Tartschen fechten. Die Pavese war ein rechteckiger, oben abgerundeter Schild mit hervortretender Mittelrippe. Eine östliche Schildform, die wahrscheinlich über den Deutschen Ritterorden und von dort zum Fußvolk der böhmischen Hussiten gelangte. Die Hussiten versahen die Pavese mit einem pfriemartigen Dorn, und so war aus der reinen Verteidigungswaffe auch eine Angriffswaffe geworden. Die Tartsche entwickelte sich aus einem ovalen oder auch rechteckigen Reiterschild mit einer Öffnung für den Spieß.

In diesen rustikalen Kampf- und Waffenarten wurde der junge König ausgebildet. Wenn Kaiser Maximilian, denn um den handelt es sich ja bei unserem jungen Weißen König, später im Felde und im Kampf ein so hervorragender Krieger war, so verdankt er das seiner umfassenden Waffenausbildung. »Natürlich lernte der junge Weiße König auch im Harnisch zu fechten, zu Fuß und zu Roß. Er beherrscht das Reitschwert, den kurzen Degen, aber auch den Kampf mit dem Allspieß und der Hellebarde. Vor allem beim Kampf mit dem Reitspieß brachte er es zu vollkommener Meisterschaft.« Vor allem das Turnieren mit Rennen und Stechen war seine große Leidenschaft. Mit dem *Freydal* ließ er eigens ein Turnierbuch anlegen, über Bewaffnung von Roß und Reiter, über Art und Weise der Turnierspiele und Kämpfe, die ja praktisch Manöver für den Ernstfall, für den Ritterkampf gegen den Feind waren.

* Lange Messer.

Dazu war es auch nötig, daß der junge König seine Fähigkeiten in der Reitkunst bis zur Vollkommenheit vertiefte, denn der Reiterkampf war ja der Höhepunkt des kriegerischen Kampfes. Bei einem Gespräch über die Reitkunst kam auch seine philosophische Lebensbetrachtung zur Geltung. Als einmal einer seiner mächtigen Herren ihn aufforderte, die Sorge um das Pferd doch dem Stallmeister zu übertragen, antwortete Maximilian: »Ist doch ein altes Sprichwort, ein Hufnagel hält ein Eisen, ein Eisen hält ein Pferd, ein Pferd hält einen Mann, ein Mann hält ein Schloß, ein Schloß hält eine Stadt, eine Stadt hält ein Land, ein Land hält das Königreich, und ich sage dir: Sieh an meine Person und meine Macht, so wirst du hinfort nicht mehr sprechen, daß der Knecht über dem Herrn sein sollte. Denn welcher Herr im Vertrauen auf seinen Knecht und in der Gewalt des Pferdes lebt, der wird betrogen und überwunden von seinen Feinden. Wer aber eine Sache selbst versteht, braucht sich nicht auf andere zu verlassen.«

Nun zeigt uns der Sekretär Treitzsauerweyn in einem weiteren leuchtenden Beispiel die Redlichkeit des jungen Weißen Königs:

»Einmal begab sich, daß ein Waffenmeister dem König ein Renn- und Stechzeug anlegte und die alten, verbotenen Künste brauchen wollte. Das ließ der König nicht zu und sprach zu dem Waffenmeister: ›Leg mich nach meinem Gefallen an, denn ich werde das Ritterspiel treiben, nicht du. Sag mir aber, hast du auch gerannt und gestochen?‹ Der Waffenmeister sprach: ›Nein, aber ich weiß in der Kunst Bescheid.‹ Darauf gab der König zur Antwort: ›Du meinst bloß, während ich weiß; denn das Wissen kommt nicht allein vom Sehen, sondern entspringt aus dem Tun. Viel Unglück entstand durch die, so wissen wollen, und haben die Sache selbst nicht getrieben.‹

Davon kann man des jungen Weißen Königs Erfahrung und Weisheit abnehmen. Wo findet man einen König, der nicht seinem Waffenmeister folgt? Aber dieser junge König hat seine und alle anderen Waffenmeister übertroffen. Sie sind ihm gefolgt und haben von ihm gelernt.«

Maximilian, und das wird von vielen Biographen und Zeitgenossen berichtet, hatte eine große Vorliebe für jegliche Technik. Die Harnische entstanden in den Werkstätten der Plattner. Eine der wichtigsten Arbeiten war, Harnische zu schaffen, die jedem Bolzenschuß widerstanden. Und nun treibt unseren Chronisten der Familienstolz, wenn er berichtet, daß auch aus dem Geschlecht der Treitzsauerweyn Plattner kamen, die es verstanden, die Harnische zu härten und ihnen eine große innere Stabilität zu geben. Diese Kunst ist, so bedauert er, durch den Tod dieser Personen zum Teil verlorengegangen. »Durch einen Gesellen, der diesen Meistern gedient hatte, erfuhr der junge König von dieser Kunstfertigkeit, und es gelang ihm tatsächlich, den verlorengegangenen Produktionshergang wieder zu rekonstruieren. Darin hat er dann seinen Hofplattner zu Innsbruck, Conrad Seysenhofer, unterwiesen, und die Harnische konnten wieder in allerbester Qualität hergestellt werden.

So ersann er eine Fertigungsmethode und ließ in der besagten Plattnerei in Innsbruck Harnische für seine Landsknechte herstellen, von denen jeweils dreißig Vorderteile und dreißig Rückenteile in einem Arbeitsgang hergestellt werden konnten. Auch diese Ingenieurkunst, die manchem Landsknecht das Leben rettete, wird mit dazu beigetragen haben, daß man ihn später den Vater der Landsknechte nannte.«

Frankreich, das bisher im Artilleriewesen führend war, bedeutete für den jungen König eine Herausforderung. Er wandte sich mit großer Energie dem Geschützwesen zu. Besonders durch die Nürnberger Erzgießer, Peter Vischer den Älteren und den Jüngeren, war er durch die Kunst der Erzgießerei fasziniert worden und hatte die Vischers beauftragt, die Statuen von den Königen Artus und Theoderich für seine Grablege in der Hofkirche zu Innsbruck zu gießen.

Daß es solchen Männern leicht sein mußte, auch Geschütze zu gießen, liegt auf der Hand. So schuf er eine mauerbrechende Artillerie, die sich mit der französischen wohl messen konnte. Vor allem kam er auf den genialen Gedanken, die schweren Kartaunen, die Geschosse von vierzig bis siebzig Pfund verschießen konnte, auf Räderkarren zu montieren und so beweglich zu machen.

Wenn also hier Treitzsauerweyn seinen König über alle Maßen lobt, dann ist das Lob nur allzu berechtigt. Es ist richtig, wenn er schreibt: »Ich habe wegen der großen Anzahl nicht wagen dürfen, sämtliche Geschütze des Königs hier zu beschreiben. Ein jeder ermesse selbst: alle Könige haben seines großen, guten Geschützes und des streitbaren Volkes wegen vor ihm sich gesorgt. Wie wunderbar ist dieser König gewesen! Und alle seine Kriege hat er allein wegen der Gerechtigkeit geführt. Er ist der Streitbarste, Gerechteste und Barmherzigste gewesen. Möchte einer denken, ich hätte damit zuviel gesagt, dann soll er diese meine Schrift nicht beachten, er frage aber die Gelehrten darum, so sie die Historie lesen.«

So wollen wir diesen Rat des getreuen Mannes befolgen und die Historie befragen, wie es denn gewesen war mit dem Kaiser namens Maximilian.

Wohl wissend, daß auch die historische Wissenschaft mit den gleichen kühlen Augen zu betrachten ist wie das Übermaß eines liebenden und verehrenden Herzens.

Die burgundische Hochzeit

Mit der burgundischen Hochzeit tritt Maximilian I. hell ins Licht der abendländischen Geschichte.

Die Hand der schönsten und reichsten Braut Europas war zu vergeben, und ihr Vater, Herzog Karl der Kühne, wußte um das hohe Pfand im Spiel der europäischen Mächte, das ihm, als sein Kind, sein eigen Fleisch und Blut, aber auch als Staatsidee, anvertraut war.

Die Herzöge von Burgund waren am Staatenhimmel wie ein Komet aufgestiegen und gehörten bald zu den glänzendsten Fixsternen. Sie waren königlichen Blutes. Im Jahre 1363 belehnte Johann der Gute, König von Frankreich, seinen jüngsten Sohn Philipp von Valois mit dem Herzogtum Burgund. Ihm, der einundvierzig Jahre regierte, folgte 1404 sein Sohn Johann ohne Furcht in der Herrschaft. Er ist von gleichem Blut und Geist wie sein Vater. Ein Ritter wider Tod und Teufel. Als junger Prinz reitet er 1396 bei Nikopolis mit verhängten Zügeln an der Spitze seines Adelsheeres gegen den Sultan Bajezid. Obwohl an den Flanken von des Sultans Reitern bereits überflügelt, reitet er, dem Ritterideal seiner Zeit und seines eigenen Lebensgefühls verpflichtet, unbeirrbar in die Katastrophe. Fast alle der Seinen werden niedergemacht, einzig der Prinz, sein Feldherr Jean le Meingre, genannt Marechal Boucicaut, und wenige seines Gefolges werden des Sultans kostbare Beute. Burgundisches Gold löste den »furchtlosen« Prinzen und seine kleine Schar aus. Ohne Furcht, voll Adelsstolz und erfüllt von der Erlauchtheit ihres Blutes – das war das Lebensgefühl der Herren von Burgund.

Großer persönlicher Mut und der Wille zum großen Verbrechen liegen nahe beieinander. Johann ohne Furcht schreckt nicht vor dem Leben des Louis von Orléans, des Bruders des Königs, zurück. Am 23. November 1407 stirbt Louis von Orléans durch

Mörderhand auf Befehl des Herzogs Johann von Burgund. Damit nicht genug, beauftragt der Herzog den Prediger Jean Petit, den Mord als sittliche Pflicht des Mörders, geschehen im Interesse der Krone, umzumünzen.

Der Tod durch Mörderhand, der den furchtlosen Herzog dann auf der Brücke von Montereau am 10. September des Jahres 1419 ereilte, erscheint von geschichtlicher Logik.

Nach dem Tode des Johann ohne Furcht übernimmt sein Sohn Philipp der Gute mit dreiundzwanzig Jahren die Herrschaft in Burgund. Wir sollten das Pronomen »der Gute« in keinem Fall mit Güte verwechseln. Wir sollten lieber sagen: Philipp der Erfolreiche oder Philipp der Tüchtige. Philipp stürzte sich, maßlos verletzt durch den Mord an seinem Vater, in die Arme Englands. Er paktiert und verbündet sich mit Heinrich V. von England. Seite an Seite mit dem siegreichen England zwingt Philipp der Gute König Karl VI. von Frankreich, ein geistesgestörter Mann auf Frankreichs Thron, und seine Frau, die Königin Isabeau, ihren Sohn, den Dauphin, den späteren Karl VII. – denselben, den die heilige Jungfrau von Orléans einst nach Reims zur Krönung führen wird – zu enterben. Die französischen Könige vermählen ihre Tochter Katharina von Frankreich mit König Heinrich V. von England, der nun gleichzeitig Regent von Frankreich und nach dem Tod Karls VI. König von Frankreich wird. Die Königskrone von Frankreich auf dem Haupte des Engländers. Wahrhaftig! Die Rache Philipp des Guten für den Mord an dem Duc de Bourgogne ist ohnegleichen. Er, ein Valois, Prinz von Geblüt aus dem Hause Frankreich, opfert die heilige Krone Frankreichs dem englischen Erbfeind.

All dies wird beschlossen und besiegelt im Vertrag von Troyes am 21. Mai 1420 und vollzogen durch die Heirat der französischen Katharina mit dem englischen König Heinrich am 2. Juni des gleichen Jahres. In der kommenden Zeit sind es immer englisch-burgundische Truppen, die Frankreich bekämpfen. Es sind englisch-burgundische Truppen, die Orléans belagern und von Johanna, der Jungfrau, geschlagen werden. Es sind burgundische Truppen unter dem Grafen von Luxemburg, die die Jungfrau, nachdem sie ihren göttlichen und geschichtlichen Auftrag erfüllt hat, am 25. Mai 1430 bei Compiegne gefangennehmen. Es ist Philipp der Gute (der »Großgütige«, wie ihn Walter Tritsch, der vorzügliche Biograph Karls V., nennt), der die Jungfrau von Orléans für zehntausend Goldfranken an die Engländer ausliefert. Und es ist Pierre Couchon, der Bischof von Beauvais, ein Geschöpf des Hauses Burgund, der den Verbrennungsprozeß gegen das Mädchen von Domremy führt. Will der »großmütige« Philipp durch den Tod der Jungfrau Frankreich selbst ins Herz treffen? Will er durch den Feuertod dieser »Einfältigen im Herrn«, die Frankreich wieder einen König gab, nochmals und nochmals Rache nehmen für den Mord an dem fürstlichen Vater?

Wie unsere Empfindungen auch sein mögen, der Historiker Henry Pirenne sagt nüchtern und klar: »Der Mord von Montereau bezeichnet den Ausgangspunkt einer neuen Epoche. Künftig verfolgt das burgundische Herrscherhaus die Verwirklichung seiner Pläne nicht mehr innerhalb Frankreichs, sondern außerhalb und gegen Frankreich. Es geht den Weg zu eigenem Königtum, und sei es über den zerstückelten Leib Frankreichs.«

Hier soll nicht das Jahrhundert der vier burgundischen Herzöge erklärt werden, vielmehr soll erkennbar werden, daß der Untergang Burgunds unter Karl dem Kühnen eingebunden ist in die Maßlosigkeit und in den blindwütigen Starrsinn seiner Vorgänger sowie seines eigenen Handelns. Dennoch, der Glanz der Burgunderherzöge hat in Europa Maßstäbe gesetzt, die noch lange gelten sollten.

Als fast ein Jahrhundert später der Urenkel der Burgunderherzöge, Karl V., am 24. April 1547 auf der Lochauer Heide bei Mühlberg in seine Schicksalsschlacht ritt, trat er, der Kaiser, der Träger so vieler Kronen, unter dem rot-goldenen Feldzeichen Burgunds an.

Der Orden vom Goldenen Vlies, gestiftet von Philipp dem Guten, prägt ein Ritterideal, an dem die Zeit sich mißt. Burgund ist Erfüllung und Gipfel des Rittertums. Rittertum, Ritterschaft, das ist Leben wider alle Regeln rechnender Vernunft. Das ist Leben aus der Kraft des Herzens. Es bedeutet Hingabe an die Tugend, Schutz der Schwachen, Schirmherr der Gerechtigkeit und des Glaubens, äußerste Großmut und bedenkenlose Tapferkeit,

Frauendienst und Kampf, Leben als Kunstform. Und selbst der Tod erscheint als graziöse oder heroische Attitüde. Eine Lebensform, die Maximilian magisch, ja man könnte sagen, hypnotisch anzog.

Miguel de Cervantes zeichnet in seinem *Don Quichotte* ein satirisches, aber dennoch treffendes Bild des Ritters. Eingebettet im Rittertum ist die Nichtanerkennung, die Überwindung der Realität. Wenn bei Murten Chateau Guyon, Feldherr Karls des Kühnen, die Ritter des schon geschlagenen und fliehenden Heeres um sich schart, wenn inmitten des Chaos einer verlorenen Schlacht sich der Adel Burgunds schweigend nach Ländern und Geschlechterverbänden formiert und sich dann mit dem Schlachtruf »Ritterschaft« jauchzend in die tödlichen Spieße der Schweizer Carres stürzt, dann erleben wir hier die Nichtanerkennung der Realität. Mit diesen Maßstäben müssen wir Leben und Schicksal der Burgunderherzöge und den Sturz des unglückseligen Karl messen, dann wird das Unverständliche verständlich, und auch Maximilian rückt unserem Begreifen näher.

Und nun hatte das Schicksal dem Hause Burgund Valois auf den französischen Thron einen nicht ebenbürtigen, sondern überlegenen Gegenspieler gestellt. Dieser große Gegenspieler ist kein Ritter, will es nicht sein. Scherzend sagt er zu Adrian von Bubenberg, Stadtschultheiß von Bern, daß ein Pariser Kürschnermeister ihm lieber sei als dreißig Turnierhelden. »Auch im Kriege, Sire?«, fragt Bubenberg. »Ja, gerade dann«, antwortet der König. »Was denken Sie, wie viele Soldaten ich mir von der Gewerbesteuer der Pariser Kürschnerzunft leisten kann?« An dem Wirklichkeitssinn dieses Monarchen werden Burgund und seine Ritterschaft zerbrechen.

Karl der Kühne geht unbeirrt den Weg seines Vaters. Im Vertrag von London vom 25. Juli 1474 verbündet er sich mit England gegen Frankreich. Er verpflichtet sich, König Eduard IV. von England bei seiner Landung in Frankreich mit zehntausend Kriegern zu Hilfe zu eilen und ihm zum Thron von Frankreich zu verhelfen. Dafür verpflichtet sich der englische König, Burgund aus allen Lehnspflichten zu entlassen und von Frankreich so viele Herzogtümer, Grafschaften und Herrschaften abzutreten, daß sich der Traum eines königlichen Burgund erfüllen konnte, wenn der deutsche Kaiser Friedrich III. die Königswürde vergeben würde.

Die Königskrone schien nicht mehr fern ... wenn Karl der Kühne sich gedulden könnte. Wenn er die Fähigkeit besäße, die Dinge reifen zu lassen, eine Fähigkeit, die sein königlicher Gegenspieler auf Frankreichs Thron in so hohem Maße besaß. Anstatt sich zu sammeln und seine Kräfte zusammenzufassen, um sein Heer am Tage der englischen Invasion mit den Truppen des englischen Königs zu einer unschlagbaren Armee zu vereinen, läßt er sich in die unsichere Belagerung von Neuss treiben, mit der trügerischen Hoffnung, Protektor des Kurfürstentums Köln zu werden. Damit bringt er sich automatisch in Gegensatz zu Kaiser Friedrich III., von dem er sich die Königswürde erhofft und der es natürlich nicht dulden kann, daß der Burgunder sich im Gebiet des Heiligen Reichs festsetzt.

Damit nicht genug, er verschleißt seine Kräfte im Elsaß, wo französisches Gold zum Aufstand gegen Burgund stachelt. Schließlich besiegen die elsässischen Städte im Bunde mit den Schweizer Eidgenossen die Burgunder bei Hericourt am 13. November 1475. Und als Karl sich im Sommer 1475 mit den gelandeten englischen Truppen verbünden will, erscheint er im englischen Lager nicht wie versprochen mit zehntausend Mann, sondern mit einer kleinen Eskorte. Die verblüfften Bundesgenossen wittern Verrat. Sofort ist auch die französische Diplomatie zur Stelle. Sie bietet dem englischen König, obwohl noch in kriegerische Handlungen verstrickt, Subsidien und ehrenvollen Rückzug nach England an. Wahrhaftig, dieser französische König weiß, wann er zahlen muß. Der Herzog aber taumelt dahin auf der Bahn seines Untergangs. Er zieht gegen die rebellischen Schweizer, die sich mit Herzog René von Lothringen gegen ihn verbündet haben. Mit fünfzehntausend Mann bricht er in Berner Gebiet ein, erobert die Stadt Grandson am Neuenburger See, läßt vierhundert Bürger erhängen und ebenso viele im See ertränken.

Getrieben auf seiner Schicksalsbahn, lieferte der Herzog den Schweizern bei Murten am 22. Juni 1475 die nächste Schlacht.

Auch hier wird der Herzog von den Schweizer Bürgern und Bauern, die er so verachtet, geschlagen.

Die Sonne Burgunds versinkt. Der Tag von Nancy dämmert heran, als am 5. Juni 1477 Herzog Karl der Kühne gegen den Herzog René von Lothringen und den mit ihm verbündeten Schweizern seine letzte Schlacht führt. Von den zehntausend Mann, die in den burgundischen Musterungslisten stehen, kann der Herzog, nach Aussage von Olivier de la Marche, nur zweitausend Kämpfer ins Feld führen. Der Graf von Chimay beschwört den Herzog, bei solchem Kräfteverhältnis den Kampf zu vermeiden, denn René II. von Lothringen verfügt dank französischen Geldes allein über zwölftausend Schweizer, nicht mitgerechnet sein eigenes lothringisches Aufgebot. Karl der Kühne, nicht aufzuhalten auf dem Weg ins Verderben, antwortet dem Grafen: »Ich werde die Schlacht liefern, und wenn ich ganz allein kämpfen müßte.«

Die Schlacht endet als Desaster. Die burgundische Kriegsmacht ist vernichtet. Im Teich von St. Jean, eingefroren in Eis und Morast, angenagt von den Tieren des Waldes, nackt und ausgeplündert, findet man zwei Tage später die Leiche des letzten großen Herzogs von Burgund. Selten vorher hat ein Fürst so zwanghaft seine eigene Selbstvernichtung betrieben. Selten vorher aber auch hat ein Fürst die Zeichen seiner Persönlichkeit so tief in die Seele eines jungen Mannes eingebrannt, eben in die unseres Maximilian von Habsburg.

Ehehandel – Kronenschacher

Endlich bahnte sich im Ehehandel um die Hand der reichen Maria von Burgund ein fester Termin an. Schon vorher hatte Sigmund von Tirol Verhandlungen mit dem burgundischen Herzog aufgenommen. Die Forderung des Burgunders war nicht nur eine Königskrone, sondern die Erhebung zum römischen König. Kaiser Friedrich III. war bereit, dem Burgunder eine reichslehnbare Königskrone zu verleihen. Der von den Historikern gerne als willens- und entscheidungsschwach geschilderte Kaiser setzte dieser burgundischen Forderung, die er als Anmaßung empfinden mußte, ein kategorisches »Nein« entgegen.

So drehte sich das Heiratskarussell weiter. Viele Prinzen Europas, sogar der französische Dauphin, hielten offen oder versteckt um die Hand der schönen und reichen Burgunderin an. Aber sie alle vermochten das Herz des mächtigen Vaters, Karls des Kühnen, nicht zu bewegen. Denn der träumte seinen Traum, den Traum von der römischen, zumindest aber der burgundischen Krone.

Zerbrachen auch die Eheverhandlungen ob der Maßlosigkeit des Burgunders in Trier, eines hatten die Verhandlungen bewirkt: die Verzauberung des jungen Erzherzogs Maximilian von burgundischer Pracht, von einer überhöhten Lebensform der Ritterlichkeit, die Karl der Kühne in Trier dem Kaiser, seinem Sohne und der Welt zelebriert hatte.

War auch der Kaiser mit großem Aufgebot am 28. September 1473 in Trier erschienen und mit einem Gefolge von Kurfürsten, Fürsten, Patriarchen, Grafen und Herren angetreten, an seiner Seite öffnete allein der Kaisersohn, der strahlende Maximilian, die Herzen der Menschen. Alle Glocken der alten Stadt Trier läuteten, als der Kaiser vom Kurfürsten-Erzbischof feierlich zum Tedeum laudamus im hohen Dom eingeholt wurde.

Konnte auch der Burgunder nicht in dieser Reichsherrlichkeit prangen, als er zwei Tage später, am 30. September, in Trier einzog, so überwältigte er doch mit Macht und Reichtum. Dreitausend schwere Panzerreiter und fünftausend leichte Reiter mit sechstausend Knechten umgaben den Fürsten. Er trug einen vergoldeten Küraß, darüber einen Mantel aus gezogenem Gold, den sogenannten Lehnsrock, den man auf hunderttausend Gulden schätzte, französische Beobachter des Aufzugs sogar auf zweihunderttausend Gulden. Der Herzog, umgeben von der Elite des burgundischen Adels, dazu seine Landesbischöfe. Die Panzerreiter prunkten im Luxus ihrer vergoldeten Schabracken, deren silberne Schellen auf den Klang der Heertrommeln abgestimmt waren. Den größten Eindruck aber machte Karl der Kühne mit der Präsentation seiner Artillerie, die der französischen überlegen, zumindest aber gleichkam. Als Herzog Karl dem Kaiser gegenüberstand, sprang er vom Pferd und machte Anstalten niederzuknien. Der Kaiser hob ihn sogleich auf und behandelte den Fürsten wie einen König.

Nach dem Abschluß der öffentlichen Gespräche nahmen sich der Kaiser, der Herzog und der junge Erzherzog bei der Hand, um in stillen Gemächern vertraute Gespräche zu führen. Dabei fiel den Betrachtern auf, daß die beiden sich mit Aufmerksamkeit und Zuneigung einander zuwandten. Maximilian leuchtete die Begeisterung, die er für den Herzog von Burgund hegte, aus den Augen. Ja, man kann sagen, daß Maximilian an diesem Tag zum Burgunder wurde, so nahm er Lebensform und ritterliche Selbstdarstellung Karls des Kühnen in sich auf. Dieser Herzog Karl war ein anderer Mann als der immer etwas sauertöpfische, sich in Geldsorgen grämende Vater, der so gar nicht geeignet war, das Herz eines Jünglings zu entflammen. Karl der Kühne erschien ihm wie einer der portugiesischen Heroen, wie sie ihm seine Mutter geschildert hatte.

An einem Donnerstag, dem 7. Oktober 1473, gab der Herzog eine Einladung für den Kaiser, den Erzherzog Maximilian, die Kurfürsten und für den ganzen Hofstaat in das ehrwürdige Kloster von St. Maximin, die alles Bisherige an Prunk und Pracht in den Schatten stellte. Karl der Kühne hatte auf zahlreichen Wagen den Hausschatz der Herren von Burgund gepackt, vollbeladen mit Gold- und Silbergeschirr, dazu die kostbarsten Sakralgeräte, die weltberühmten Tapisserien, seine Juwelen, Prunkkleider und Prunkrüstungen. Der gesamte burgundische Hofstaat schien neu eingekleidet in Goldbrokat, mit Perlen und Edelsteinen geschmückt. Der Herzog selbst glänzte in einem goldenen, rotdurchwirkten, mit Edelsteinen überladenen Gewand, den Fürstenhut mit Fürstenmantel und um den Hals den Orden vom Goldenen Vlies. Nach diesem Empfang folgte der Kirchgang, und der Trierer Dom war ausgeschmückt mit all den sakralen Herrlichkeiten der burgundischen Schatz- und Kunstkammern. Sogar der Hochaltar war wie die berühmte burgundische Kredenz auf fünf Stufen mit Heiligtümern bestellt, sogar mit einer mannshohen Lilie aus purem Gold, mit Diamanten, Saphiren, Smaragden und Rubinen besetzt. Ein Kunstwerk, dessen Wert eine Provinz darstellte. Der Kaiser betastete das Kleinod mit zitternden Händen und genierte sich nicht, dem Herzog von seiner Reliquie etwas abzubetteln, wie der gelehrte Abt Johannes Trithemius berichtet.

Nach dem Gottesdienst schritt die Festgesellschaft zum Gastmahl. Der Herzog, ganz der große, bezaubernde Grandseigneur, führte den Kaiser und Maximilian an den Händen in den Saal, der gleichfalls von burgundischen Tapisserien verzaubert war.

Hier wurde in Anspielung auf den Orden vom Goldenen Vlies die Geschichte von Jason und Troja dargestellt, auf die Helden, auf die sich das burgundische Haus zurückführte. In der Saalmitte stand, mit neun Stufen den königlichen Rang des burgundischen Hauses symbolisierend, die berühmte burgundische Kredenz. Auf ihr wurde goldener und silberner Hausrat von nie gesehener Pracht präsentiert. Darunter waren drei goldgefaßte Einhörner, die – so schätzten Kenner – ein Fürstentum wert waren. An achtzehn Tafeln wurde den Gästen aufgetragen und zweiundvierzig Speisen serviert. Das ganze wurde untermalt vom Sang und Klang der burgundischen Kapelle.

Die Deutschen erwiderten den Prachtempfang auf ihre Weise durch ein großes Stechen und Rennen nach deutscher Art. Da staunten die Burgunder wohl über die Stärke der deutschen Turnierkämpfer. Die baumdicken Turnierlanzen zersplitterten an den schweren Rüstungen der Kämpfer, und ihre Bruchstücke flogen durch die Lüfte. Was nutzte es da, wenn sich die eleganten, modisch kurzgeschorenen Burgunder über die Deutschen, ihre langen Haare, die sie nach bäuerischer Art offen trugen, mokierten. Die Art dieser unwiderstehlichen Kämpfer war sowohl beeindruckend wie bedrückend.

Als die großen Festlichkeiten zu Ende waren, begaben sich die hohen Herren am 9. und 10. Oktober in die Verhandlungen. Mit Erstaunen mußten beide Seiten feststellen, daß all die großen Darbietungen nichts erreicht hatten. Daß der Kaiser die Forderungen des Burgunders nach der römischen Krone nicht erfüllen wollte und konnte und der Herzog in seiner Starrheit an seinen Vorstellungen festhielt. Besondere Verbitterung empfand der Kaiser, daß der Herzog jetzt auch noch die böhmische Kurwürde forderte, um von dieser Position noch hartnäckiger die römische Krone einzuklagen.

Alledem begegnete der so oftmals unterschätzte Kaiser damit, daß er die anwesenden Kurfürsten und Fürsten von den Vorschlägen unterrichtete und so eine gewisse Öffentlichkeit herstellte. Dabei gewann er natürlich das Vertrauen der hohen Herren, die ja auch nicht einen Burgunder als römischen König oder Kurfürsten sehen wollten. Nun drängte Karl der Kühne auf ein burgundisches Königreich und verlangte die Belehnung mit Savoyen und des Herzogtums Geldern.

Er drohte mit Abbruch der Verhandlungen, ließ seinen Troß packen und wollte so die Zustimmung des Kaisers erzwingen. Der hatte seine Position festgeschrieben, denn auch ihn lockte die burgundische Hochzeit. Der Herzog schraubte seine Forderungen nun, da er scheinbar auf die römische Krone verzichtet hatte, immer höher. Er forderte jetzt ein Königtum über alle burgundischen Länder und die Herrschaft über die Bistümer Lüttich, Utrecht, Toul und Verdun, weiter über Friesland, Kleve, Geldern, Savoyen und Lothringen. Damit aber schoß der Herzog weit über alle Möglichkeiten hinaus. Er forderte nicht nur die Belehnung durch den Kaiser, sondern vom Kurfürstenkollegium die sogenannten »Willebriefe«, eine Bestätigung des kaiserlichen Willens durch die Kurfürsten. Eine solche Einschränkung Seiner Kaiserlichen Majestät wollte Friedrich III. nicht hinnehmen, ebenso die Kurfürsten, die darin eine Anmaßung des Burgunders in Reichsangelegenheiten sahen. Wörtlich äußerte der Kaiser, »er wolle über seine Macht nicht disputieren lassen«, und verließ am 7. November erzürnt die Verhandlung.

Auch die rauschenden Feste, die der Herzog vom 19. bis zum 22. November für die deutschen Kurfürsten, Fürsten und Herren veranstaltete, änderten weder deren Meinung noch die des Kaisers. Am 25. November verließ Friedrich III. mit seinem Sohn und seinem Gefolge Trier und ließ den Erzbischof von Mainz seine offenen Rechnungen bezahlen, für die dieser gebürgt hatte.

Als Boten des Burgunders ihn zur Umkehr bewegen wollten, sagte er unwirsch: »Nichts da, nichts da, alles sind nur leere Phrasen; an einem Tag verspricht der Herzog etwas, am anderen Tage ist es wieder nichts.«

Dann bestieg er eilends sein Schiff und fuhr mit seinem Sohn und seinem engeren Gefolge die Mosel abwärts.

Von einer Flucht Friedrichs III. moselabwärts, wie es verschiedene Historiker darstellen, kann keine Rede sein. Vor der Weltöffentlichkeit schien es, daß der Burgunder eine Niederlage erlitten hatte.

Daß das bei einem ehrgeizigen, ja ehrversessenen Manne wie Herzog Karl zu Reaktionen führen mußte, ist klar. Im Erzbistum und Kurfürstentum Köln war zwischen Domkapitel und Erzbischof Ruprecht von Wittelsbach (1462–1478, † 1480) ein Streit ausgebrochen. Herzog Karl der Kühne stellte sich auf die Seite des Erzbischofs und trat als dessen Patron auf. Man stelle sich vor, ein burgundischer Herzog wirft sich zum Schutzherrn eines rheinischen Erzbischofs und Kurfürsten auf. Dies war ein krasser Einbruch in deutsches Reichsrecht.

Im Dezember 1473 hatte der Herzog Partei für den Erzbischof und Kurfürsten ergriffen, und im Sommer 1474 marschierte er, ein Mann der Tat, in das Kurfürstentum Köln ein. Damit war Kaiser Friedrich III. zum Eingreifen verpflichtet. Wie sehr die Tat des Herzogs das Machtgefüge des Reichs traf, zeigt sich darin, daß der Kaiser zum Reichskrieg gegen Karl den Kühnen aufrief, und der Zuspruch im Reich war so groß, daß es dem Kaiser gelang, die Stände zu bewegen, ihm ein Reichsheer zur Verfügung zu stellen. Der deutsche Riese war langsam erwacht, und nun schob sich ein beachtliches Reichsheer gegen den Burgunder, der, nachdem er Köln nicht hatte nehmen können, die Stadt Neuss zum Ziel seiner Angriffe machte.

Er ließ eine gewaltige, hölzerne Belagerungsstadt errichten, wie vormals 1248 Kaiser Friedrich II. vor Parma. Von diesem festen Punkt aus unternahm er sechsundfünfzig vergebliche Angriffe auf Neuss, wie Jean Molinet († 1507) berichtet: »vor Wut schäumend wie ein Eber«. Aber auch die Wut führte nicht zum Fall von Neuss, und der Burgunder mußte sich unter dem Eindruck des langsam heranziehenden Reichsheeres zurückziehen.

Der Untergang Karls des Kühnen und des burgundischen Hauses braucht hier nicht mehr geschildert zu werden. Er ist im Vorherigen ausdrücklich behandelt.

Aber die Weltgeschichte hat auch liebenswerte Randnotizen. Die Fürstenversammlung, die unter dem Vorsitz des Kaisers die Aufstellung des Reichsheeres beschloß, äußerte gleichzeitig den Wunsch, daß der fünfzehnjährige Erbprinz Maximilian nicht an dem Feldzug teilnehmen sollte. Galt es doch, dies junge und edle Blut nicht leichtfertig in die Gefahren eines Feldzugs zu entsenden.

Er wurde dem Schutz des Bischofs von Augsburg unterstellt und ritt mit einer Eskorte von sechzig brandenburgischen Reitern nach dessen Residenz zu Dillingen, wo er unter Anleitung des Dipold Stein von Reißenburg in den schwäbischen Reichsforsten seiner Jagdleidenschaft frönen konnte. Dazu unter Anleitung des Dipold, der als großer Nimrod galt, die hohe Kunst des Waidwerks zu vervollkommnen. Die Jagdleidenschaft der mittelalterlichen Fürsten erinnert oftmals an krankhaften Wahn. Dem Ritter galt als der eigentliche Lebenszweck der Krieg, der Sieg und damit Ruhm und Ehre.

Die Jagdleidenschaft war eine standesgemäße Ersatztätigkeit, wennschon ein Krieg und damit ritterlicher Kampf nicht möglich waren.

Vielleicht aber begann auch hier, in diesen Vortagen des Lebens, die zarte Liebe zu der Rosina von Kraig, einer Jungfrau, die zum Hofstaat von Maximilians Schwester Kunigunde gehörte. Vergessen hat Maximilian die Rosina von Kraig nie. Während er in den Niederlanden regierte, bemühte er sich, die ehemalige Geliebte gut zu verheiraten. Jedenfalls war dieser Aufenthalt in den schwäbischen Reichsforsten das letzte tiefe Atemholen, bevor die Weltgeschichte und ihre Zwänge nach dem jungen Prinzen griffen.

Das sichtbare Zeichen war der Tod Herzog Karls des Kühnen vor Nancy. Als der Herzog am Tag der Schlacht, dem 5. Januar 1477, in prunkvoller Rüstung auf sein Streitroß stieg, bereit, zu siegen oder zu sterben, verfügte er voller Vorahnung, daß im Falle seines Todes die Trauung seiner Tochter Maria mit Maximilian rasch zu vollziehen sei. Es war gut, daß des Herzogs Wille hier so klar vorlag. Denn um das Fräulein von Burgund drängten sich viele Prinzen. Der hervorragendste war der französische Dauphin. Aber auch der Herzog von Kleve und der von Geldern versuchten ihr Glück. Die Stimmung am burgundischen Hof gibt Commynes, der Zeitgenosse und ehemalige Vertraute des Herzogs Karl, wenn er auch die Seiten gewechselt hatte, am besten wieder:

»Die ernsthaftesten Bewerber nach Macht und Ansehen waren der französische Dauphin, hinter dem die große Macht Frankreichs stand. Allein er hatte den Nachteil, zu jung zu sein. So formulierte die erste Hofdame des Fräuleins von Burgund, Frau von Hallwin: ›Eines Mannes bedürfen wir, nicht eines Kindes. Unser Fräulein ist nunmehr in die Jahre gekommen und eine mannbare Jungfer geworden, und das ist zu des Landes Nutz und Frommen.‹«

Dies war nicht nur die Meinung der vielen, sondern vor allem der dritten Gattin Karls des Kühnen, Margarete von York. Sie war Marias Stiefmutter, identifizierte sich aber so mit dem burgundischen Haus und ihrer Stieftochter Maria, daß sie in dieser Zeit als die kompetente Sprecherin des burgundischen Hauses angesehen wurde.

Die alte Frau, wie Maximilian seine Schwiegermutter nannte, und Maria entschieden sich für den Kaisersohn Maximilian, weil sie hier die Kraft und die Macht vermuteten, die das Haus Burgund vor dem Zugriff Frankreichs retten könnte.

Auf lange Sicht hatten die beiden burgundischen Damen in ihrer Beurteilung der politischen Lage und der Zukunftsaussichten sicher recht, zunächst aber galt es, einen mittellosen Kaisersohn materiell so auszustatten, daß er sich in Burgund, und in diesem Fall speziell in den Niederlanden, sehen lassen konnte. Deshalb gingen Boten des Fräuleins von Burgund nach Köln, um den Kaisersohn Maximilian auszustatten.

Philipp von Commynes urteilt hart und sicher auch zu parteiisch, wenn er in seinen Erinnerungen schreibt: »Denn sein Vater ist ja der vollendetste, knauserigste Filz gewesen, der zu unserer Zeit gelebt hat.« Sicher ein hartes, wahrscheinlich ein allzu hartes

Urteil des Herrn von Commynes, denn das Haus Habsburg besaß damals noch nicht das an Silber reiche Tirol.

Es war zwar in den Händen eines Habsburgers, nämlich des Erzherzogs Sigmund von Habsburg und Tirol, eines Mannes von maßloser und krankhafter Verschwendungssucht. Erst Maximilian gelang es, den hochverschuldeten Mann zum Rücktritt zu bewegen, so daß seit 1490 Tirol in der Macht des kaiserlichen Hauses war.

Trotz aller Vorwürfe gegen Friedrich III. hatte er sehr rasch nach dem Tode Karls des Kühnen eine Gesandtschaft nach Gent geschickt, die der Erbin Maria folgenden Brief überreichte:

»Zwischen Kaiserlicher Majestät und Eurem gestrengen Herrn Vater, Herzog in Burgund, ist mit Eurem Wissen und Bewilligung beschlossen worden, daß Ihr mit Herrn Maximiliano in den Stand der heiligen Ehe eintreten sollt. Also beweisen und bezeugen es die Briefe hie von Eurer eigenen Hand.« – Sie wiesen sie vor. – »Zur Besiegelung dieses Bundes war auch der Diamant geschickt und geschenkt. In Kaisers Namen ist unsere demütige Bitt', möcht' dem gnädigen Fräulein nicht zuwider sein, gehorsam dem Willen und Versprechen von dero Herrn Vater das Wort einzulösen und vor versammelter Gemeinde kundzutun, ob Euer Ehrenwert den Brief geschrieben oder nit und ob's Euer fester Wille ist, die Versprechung zu halten.«

Da entgegnete das Fräulein, ohne zu zögern: »Ja, so ist mein Wille. Ich hab' auf Geheiß und auf Wunsch meines lieben Vaters den Brief aufgesetzt und verfaßt, und was darin geschrieben steht, ist recht und verleugne ich nicht, und den Adamas* hab' ich auch geschickt.«

Die Antwort der Maria von Burgund war eine mutige Tat, denn die junge Herzogin sah sich zu Recht von allen Seiten bedroht. Der französische König war bereits in Teile ihres Staates mit der Behauptung einmarschiert, es handle sich um die Rückgabe französischer Lehen an die französische Krone. Ihre eigenen Stände, die wohl in ihr ihre natürliche Herrin sahen, versuchten die Wiederherstellung der Privilegien zu erzwingen, die

* Diamant.

die burgundischen Herrscher, allen voran Karl der Kühne, ihnen beschnitten hatten.

Nun ging die Unruhe im Land um, ja, in Wirklichkeit war es Rebellion. Maria versuchte, durch Steuererleichterungen den Druck zu mindern. Aber sie wurde gezwungen, ein Privileg zu erteilen, das den Ständen einen großen Verfassungsspielraum gab und das manche Historiker, ob zu Recht oder Unrecht, mit der »Magna Charta« der Engländer verglichen. Maria mußte mit ansehen, wie ihre hohen Beamten, treue Diener des Hauses Burgund, vor ihren Augen gefoltert und dann aufs Schafott geführt wurden. Maria lebte in Gent wie eine Gefangene. Ihre Stiefmutter, Margarete von York, hatte man von ihr getrennt und nach Mechelen auf ihren Witwensitz vertrieben.

Damals schrieb Maria ihrem Bräutigam Maximilian, »er möge unverzüglich kommen, denn sonst müsse sie Dinge tun, die sie freiwillig niemals täte«. Durch Marias Entschlossenheit wurde am 21. April 1477 die schicksalsschwere burgundisch-habsburgische Heirat »per procura« geschlossen.

Die Meldung von der vollzogenen Heirat schlug wie eine große Beruhigungswelle über die burgundischen Staaten. In Brügge, wo Maria weilte, liefen die Kinder jubelnd durch die Gassen und riefen »Kaiser, Kaiser« und »Maximilian, Maximilian«, so berichtet Pirenne. Die niederländischen, sprich die burgundischen Generalstände hatten einer habsburgischen Heirat ihrer jungen Herzogin zunächst ablehnend gegenübergestanden und waren eher einem französischen Ehebund zugeneigt. Doch bald zeichnete sich ab, daß der französische König die burgundischen Staaten seinem eigenen Königreich einverleiben wollte. Hier stieß französisches Hegemoniedenken hart gegen den Freiheitswillen der flämischen Städte.

Als der Heiratsvertrag bekannt wurde, ließ der französische König seine Truppen marschieren. Er hoffte, vor dem Eintreffen der Reichsarmee die Länder Artois, Hennegau, Flandern, Brabant und Luxemburg zu unterwerfen. Doch er scheiterte an einer ihm unbekannten Eigenschaft, der Treue der burgundischen Länder. War die Hand der burgundischen Herzöge auch hart gewesen, so war doch eine bestimmte Anhänglichkeit an die natürliche Erbherrin Maria vorhanden, das »Seigneurs naturell«. Der Begriff war in der Lehnsbildung des Mittelalters entstanden und auch noch im sechzehnten Jahrhundert von hoher Bedeutung. Erst die Französische Revolution sollte in der Nacht des 4. August 1789 mit dem Gedanken der seigneuralen Herrschaft brechen.

König Ludwig griff zu den grausamsten Methoden, um die burgundischen Länder unter seine Kontrolle zu bringen. Als dies alles nicht nach seinen Wünschen gelang, entschloß er sich zu einer Sensen- und Sicheloffensive. Er organisierte ein Heer von viertausend Schnittern, ließ die gesamte Ernte des Artois, des Hennegaus und Flanderns wegführen, um so die burgundischen Lande auszuhungern. Doch er erreichte mit seinem Tun das Gegenteil. War vorher die Stimmung frankophil, so wurde sie jetzt kaiserlich. Gegen solche Tyrannei schien nur die Macht des Reiches antreten zu können.

Kaiser Friedrich III. mühte sich sehr, eine ansehnliche Streitmacht für den Sohn zusammenzubringen. Aber auf mehr als tausendzweihundert Reiter soll er es nicht gebracht haben. Da war es doch gut, daß die Herzoginmutter, Margarete von York, dank ihres Realitätssinns durch gesicherte Boten hunderttausend Gulden nach Köln bringen ließ, wo man den Kaisersohn und Retter erwartete. Erst am 24. Mai 1477 konnte sich Maximilian aus seinen österreichischen Verpflichtungen befreien und den Weg in das hoffende und bangende Burgund antreten. Er reiste über Graz, Salzburg, Frankfurt und Köln in die Niederlande. Erst am 3. Juli 1477 traf der Prinz in Köln ein. In so vielen Städten sollte er gefeiert werden, nahm Geldgeschenke entgegen, deren er so dringend bedurfte. In Köln empfing ihn eine burgundische Gesandtschaft, die dem Prinzen finanzielle Mittel zur Verfügung stellte, damit er sich auch militärisch bewegen konnte.

Wenn man von der Reisebegleitung des Erzherzogs berichtet, so hört sich das gewaltig an. Maximilian war in Begleitung von Mainz, Trier, Metz und Sachsen, von Kleve, Anhalt, Hessen und Baden, aber es waren doch nur tausendzweihundert Reiter an seiner Seite. Das war also die Macht und die Herrlichkeit, mit der das Reich seinen Kaisersohn ausstattete, um Burgund und die reichste Braut Europas heimzuführen. Und dennoch, der arme junge Fürst wurde geliebt. Der Adel seiner Erscheinung war ein Pluspunkt, den ihm die Götter geschenkt hatten.

Jan Molinet, Dichter und Chronist, schreibt über ihn empathisch und euphorisch: »Ein Volk, das im Dunkeln wandelt, sieht ein großes Licht und braucht den Bibelvers, um seine Hymne über die kaiserliche Abkunft und die Schönheit Maximilians zu beginnen.« Niemals sei ein so schöner Prinz gesehen worden, niemals habe die Sonne so hell über den Städten Burgunds geschienen, mit erhobenen Armen habe man dem Herrn gedankt; Tausende und Abertausende seien von Tränen überströmt gewesen, und manche hätten gesagt, hier erfülle sich die Sehnsucht ihrer Herzen, und man habe gerufen: »Es lebe Burgund, es lebe der da gekommen ist! Es lebe Maximilianus!«

Am Abend des 18. August 1477 zog Erzherzog Maximilian in der Begleitung weißgekleideter Bürgergarden in die flandrische Hauptstadt Gent ein. War dies noch das Gent, das gegen seine junge Herzogin rebelliert hatte, das ihre engsten Mitarbeiter vor ihren Augen hinrichten ließ? War dies Gent?

Selten hat sich ein Meinungs- und Stimmungsumschwung so schnell vollzogen. Sicher war es Maximilian, der die Herzen so spontan eroberte. Sein ganzes Leben lang ging von diesem Jüngling und später von dem gereiften Manne ein Glanz aus, dem sich seine Mitmenschen nicht entziehen konnten.

»Der bestgewachsene Prinz Europas!« ruft Jean Molinet aus. Der Prinz, der da im silbernen Panzer auf weißem Zelter einritt, war wie eine Verkündigung besserer Zeiten. Und unser unerschütterlicher Jean Molinet formuliert: »Der Prinz, an dem die Natur nichts vergessen habe, Statur und Glieder von so edlen Maßen, wie es die antiken Meister nicht besser hätten treffen können, die goldblonden Haare, nach deutscher Mode lang, aber nicht zu lang, sind von einer kostbaren Fürstenkrone umfaßt, in seinem Auftreten ganz Herr. Jetzt werde sich die Prophezeiung der Sibylle erfüllen, in der sich der junge Adler (Maximilian) mit der jungen Löwin (Maria) verbinde, um ihren hemmungslosen Jäger (Ludwig XI.) zu überwinden.«

Gleich nach diesem gewaltigen Auftritt eilte Maximilian durch ein Spalier brennender Fackeln nach Ten Walle, dem Hof der Herzogin.

Bevor wir einen alten Hofbericht über die Hochzeit vorlegen, wenden wir uns einer alten Sage zu. Es ist eine Sage, vielleicht auch nur ein Märchen, aber schön ist es, daran zu glauben, zu hoffen, daß so etwas auf dieser Welt möglich sei: Man erzählte sich, der silberne Prinz habe die Herzogin von Burgund im Kreise ihrer Damen und Hofschranzen erblickt, sei vom Pferd gesprungen, habe die Burgunderin bei der Hand gefaßt und sei mit ihr in die Burg entsprungen. Sie stand da, in ihrer Holdseligkeit, in ihrer Hoffnung auf den Retter, die Hoffnung jeder Jungfrau im Herzen von der großen, himmelstürmenden Liebe und in ihrem großen Reichtum, der ja bekanntlich sowohl ein Kosmetikum ist als auch als ein Aphrodisiakum gilt. Maria stand da und lächelte. Und dieses Lächeln traf ihn ins Herz. Er würde es nie mehr verlieren. In der Burg fanden sie schnell ein Zimmer, und es soll zwei Tage und Nächte gedauert haben, bis sie wieder die Welt betraten.

Die Fürstenehen im Mittelalter bis in die Neuzeit hatten nichts mit Liebe, aber alles mit Pflicht zu tun. Und hier war es zwei Liebenden gelungen, die Mauern der Konventionen zu durchbrechen und ganz ihrem Herzen folgend sich dem inneren Gesetz ihrer Liebe zu unterwerfen.

Erfreuen wir uns noch eine Weile in Gedanken an dem holden Traum und wenden uns dann den Hofberichten über die denkwürdige Hochzeit zu: Gent, 18.–24. August 1477

»(…) Darnach am Montag Agapiti (18. August 1477) sind wir gen Gent gekommen zu meines gnädigen Herrn (Maximilian) Gemahl (Maria von Burgund). Es ist eine große Stadt, wohl eine halbe Meile lang, größer denn Venedig; dawohl sind wir wohl empfangen worden, und es sind uns entgegengeritten bei fünfhundert Mann zu Roß, alle in weiß, die Gassen mit Tüchern umhangen, und an den Tüchern haben Zettel gehangen, daran geschrieben stund: ›tu es dux princeps noster, pugna prelium nostrum‹ (›du bist uns Führer und Fürst, kämpfe unseren Kampf‹), und an einer anderen: ›est omnia que dixeris nobis, faciemus‹ (›alles, was du willst, werden wir tun‹).

Als meines Herren Gnaden in sein Herberg kam, zog sich Seine Gnaden ein anderes Kleid an. Da es spät war, ritt Seine Gnaden in die Burg, da war für die alte und junge Frau (Herzoginwitwe Margarete von York und Maria von Burgund) gegen Seine Gnaden auf einen Gang aus einem Zimmer gegangen, da küsset mein gnädiger Herr die alte Frau zuerst, darnach seinen Gemahl und die von Ravenstein (Anna von Kleve), die mit im Zimmer war.

Da ist einer aus meiner alten Frauen Rat aufgestanden und hat viel Worte von der Morgengabe gemacht. (...) Darauf schenkt mein gnädiger Herr der Jungfrau ein Kleinod im Wert von viertausend Gulden. (...) Darauf hat mein gnädiger Herr mit der alten und jungen Frau gegessen. Dabei waren auch die Bischöfe von Metz und Trier und der Markgraf Christian von Baden. Nach dem Nachtmahl ist mein gnädiger Herr wieder in seine Herberge geritten, und zwar gegen Mitternacht. Am Eritag danach, nach Unserer Lieben Frauen Tag Assumptionis (19. August), ist mein gnädiger Herr um fünf Uhr aufgewesen und in die Burg geritten mit wenig Leuten, und in der Burgkapelle war ein Legat (Julius della Rovere, der spätere Papst Julius II.) und hat Herzogin und Herzog zusammengegeben. Da hat mein gnädiger Herr der Herzogin dreizehn Stück Gold gegeben, und viele schöne Gebete wurden gebetet und gelesen, als man sonst pflegt zu tun. (...) Darnach haben sie beide für den Altar knien müssen, hat man ein schön Tuch über sie gehalten, und darüber hat der Legat viel schöne Gebete gesprochen. Danach ist der Legat gekommen zum »osculum pacis«*, und mein gnädiger Herr hat wieder vor den Altar treten müssen, damit der Legat ihn küßte. Dann ist mein gnädiger Herr zu seinem Gemahl gegangen (Maria von Burgund) und hat sie auch geküßt. Als die Messe ein End gehabt hat, hat der Legat ein Semmel genommen und hineingebissen, dann meinem gnädigen Herrn gegeben. Dieselbe Semmel hat mein gnädiger Herr seinem Gemahl geben

* Friedenskuß.

müssen und also miteinander gegessen. Darnach wurde in ein Trinkgefäß roter Wein eingeschenkt, hat mein gnädiger Herr zuerst getrunken, darnach sein Gemahl. Darnach haben gesessen an einer Tafel die alte und die junge Frau, die Bischöfe von Trier und Metz, Markgraf Christoph von Baden und der Graf Waldemar von Anhalt. Zu der Nacht hat man Herr und Frau zusammengelegt.«

Und nun folgt eine bürokratische Auflistung all der Dinge, die das Hofzeremoniell dem Fürsten auferlegte. Zum Schluß werden dann in wenigen lapidaren Sätzen die Dinge vermeldet, die von wirklicher Bedeutung sind:

»Als er hinauf ist gekommen mit den Fürsten, hat er einen Eid schwören müssen, die von Gent bei ihren Statuten zu halten. (...) Und sobald er geschworen hatte, ist er auf sein Pferd aufgesessen und zu einem großen Platz geritten. Da haben die von Gent meinem gnädigen Herrn geschworen, gehorsam und treu zu sein und ihn zu ihrem Fürsten und Herrn anzunehmen.«

Der Heiratsvertrag zwischen Maximilian und Maria von Burgund war unterschrieben und letztlich durch den Vollzug der Ehe politische Wirklichkeit geworden. Der Vertrag selbst ist ein Advokatengebräu, das praktisch alle Erbrechte beim Todes eines Partners annulliert und nur die jeweiligen Kinder zu Erben einsetzt. Beide Eheleute verzichten zugunsten ihrer Kinder auf ihre jeweiligen Erbrechte.

Maria von Burgund hat später durch eine großartige Schenkung diesen Vertrag beiseite gewischt und ihren geliebten Maximilian zum Universalerben eingesetzt im Vertrauen darauf, daß jeder Überlebende für die gemeinsamen Kinder sorgen werde. Eines der seltenen Beispiele in der Geschichte, daß echte Gattenliebe solche juristischen Kombinationen überwindet.

Knapp einen Monat nach dem Heiratskontrakt vom 18. August 1477 schreibt Maria am 19. September 1477 dieses Vermächtnis für ihren Gemahl, den Herzog Maximilian von Österreich:

»Maria von Gottes Gnaden Herzogin von Österreich, Burgund, Brabant und Lothringen, Steiermark, Kärnten, Krain, Limburg, Luxemburg und Geldern, Gräfin von Flandern, Tirol,

Pfirt, Burgund, Artois, Holland, Seeland, Namur und Zupthen, Pfalzgräfin von Hennegau, Markgräfin des Heiligen Reiches in Burgau, Landgräfin im Elsaß, Herrin zu Friesland, auf der Windischen Mark, zu Porderone, Salins und Mecheln. Zu ewigem Andenken daran.

Da Unser durchlauchtigster und hochgestrenger Herr, Herr Maximilian, Herzog von Österreich, Burgund und so weiter, Graf von Flandern und Tirol und so weiter, Unser hochgeliebter Gemahl, Uns mit ehelicher Liebe und frommer Zuneigung behandelt und bereit ist, zur Verteidigung und Wiedergewinnung Unseres gesamten Erbes und Unserer gemeinsamen Herrschaft die Wechselfälle des Krieges auf sich zu nehmen und sich gegen Unsere Feinde dem Kriegsglück zu stellen, machen Wir den Gegenwärtigen und Zukünftigen bekannt, daß Wir in Anbetracht der Erhabenheit, Tüchtigkeit und Hochherzigkeit seines Geschlechts und in dem Willen, seiner Liebe zu Uns Dank zu erweisen und die Gefahren, deren er sich aussetzt, anzuerkennen, zugleich auch seine Anhänglichkeit an Uns, an Unsere Herrschaften und Untertanen von Tag zu Tag wachsen lassen, diesem Unserem hochgestellten Herrn, Herrn Maximilian, wenn Wir zu seinen Lebzeiten bei noch bestehender Ehe kinderlos sterben sollten, folgendes gegeben, überlassen und geschenkt haben und ihm für den Todesfall durch diese Urkunde geben, überlassen und schenken: alle Fürstentümer und Herrschaften sowie all Unser bewegliches und unbewegliches Hab und Gut, gegenwärtiges und zukünftiges; Wir geben diesem Herrn aus sicherem Wissen, besonderer Gnade, fürstlicher Macht und voller Gewalt die Befugnis, zu schalten und zu walten, Nutzungen zu haben und frei zu verfügen für sich, seine Erben und Nachfolger und die, die jetzt und künftig eine Vollmacht haben.

Wir gewähren ihm dabei, nützliche und unmittelbare Maßnahmen zu vollziehen sowie die Befugnis, kraft eigener Vollmacht in den Besitz dieser Fürstentümer und Güter einzutreten und sie dabei anzunehmen.

Wir versprechen dabei mit Unserem fürstlichen Wort, die gesamte Schenkung für den Todesfall als rechtskräftig, rechtswillig und rechtsgültig anzusehen und zu halten, nicht zuwiderzuhandeln noch gegen die anzugehen, weder von Uns aus nicht gegen jemand anderen. Voraussetzung dafür bleibt, daß Wir die freie Möglichkeit zum Beurkunden haben werden, daß Wir Schriftstücke und letztwillige Verfügungen werden abfassen, Erben einsetzen und Fideikommisse für fromme Zwecke bis zur Höhe von zweihunderttausend rheinischen Gulden hinterlassen können. Und wenn wir etwas als Erbe, Legat oder Fideikommiss vergeben, wird Unser genannter Herr Maximilian verpflichtet sein, die den Erben, Legataren und Fideikommissaren zu vergeben und Unser Testament zu erfüllen.

Und damit die ganze Schenkung sich auf größere Rechtskraft stütze, ersuchen und erbitten Wir den erlauchtigsten Herrn, Unseren Vater und Schwiegervater, Herrn Friedrich, von Gottes Gnaden Römischer Kaiser, zu allen Zeiten Mehrer des Reiches, er möge die Schenkung gewährleisten und mit seiner Urkunde bestätigen. Deshalb bitten Wir Unsere Legatare und Fideikommissare, falls es wieder welche geben sollte. Wir befehlen aber Unseren Lieben und Getreuen, Unseren Räten und Schatzmeistern, den Rechnungsführern, die beauftragt sind mit der Durchführung und Leitung aller Unserer Finanzen, ferner den übrigen Justitiaren, Unseren Amtsleitern und deren Stellvertreter und einem jeden von ihnen, gegenwärtigen und zukünftigen, sowie auch Unseren anderen Untertanen, soweit es sie betrifft, und tragen ihnen strengstens auf, daß sie diesen Unseren hochgestrengen Herrn, Herrn Maximilian, dessen Erben und Nachfolgern und die, die jetzt und künftig eine Vollmacht haben, diese Unsere Vergabung und Schenkung für den Todesfall frei und friedlich verwenden und genießen lassen und auch nicht dulden, daß irgend etwas dagegen versucht und bewerkstelligt wird.

Wenn von jemandem etwas dagegen unternommen werden sollte, so soll man es nach Einsichtnahme in dieses Schriftstück unverzüglich in seinen früheren und gebührenden Stand zurückerstatten oder bald zurückgeben, zurückführen oder zurückerstatten lassen.

Diese von Uns eigenhändig unterzeichnete Urkunde haben Wir, damit sie in ewiger Kraft dauerhaft bleibe, durch Anbringungen Unseres Siegels bestätigen lassen. Gegeben in der Stadt Brügge am 17. September im Jahre des Herrn 1477.

Maria	Margarete
von meiner eigenen Hand	von meiner eigenen Hand

Diese Schenkung ist so, wie vorausgeschickt durchgeführt worden, was ich, Georg von Heßler, apostolischer und der Kaiserlichen Majestät Pronotar, bezeuge, das heißt der erlauchten Frau Herzogin Margarete, die hier unterschrieben hat, wie des Ritters Honoris de Irlariis und anderer. Verhandelt und geschehen am Tage, zu der Zeit und dem Ort wie oben angegeben.

Vermerk auf der Rückseite:

VERMÄCHTNIS DER FRAU MARIA
FÜR HERZOG MAXIMILIAN VON
ÖSTERREICH, IHREN GEMAHL.
1477
BURGUND

Erbe und Auftrag

Wer immer die Geburt der Weltmacht Habsburg bestimmen wird, muß auf die Urkunde, das Vermächtnis Marias von Burgund, zurückgreifen, auf jenen 17. September des Jahres 1477, an dem Maria von Burgund ihrem Gatten, Maximilian von Habsburg, zum unbeschränkten Erben all ihrer Güter auf Erden einsetzte. Nicht auf dem Schlachtfeld ist die Weltmacht Habsburg entstanden, sondern aus der Liebe zweier Menschen zueinander.

Aufgrund dieses Vermächtnisses wurden ihre Kinder und Kindeskinder die Herren der Welt in einem Reich, in dem die Sonne nicht unterging.

Aber die Geschichte des Hauses Habsburg wurde nicht ohne Blut geschrieben. Auf vielen Schlachtfeldern mußte Herzog Maximilian dieses Vermächtnis kämpfend durchsetzen. Als Urfeind hatte er den mächtigen, listenreichen König Ludwig XI. von Frankreich und vor allem im Inneren seiner Länder den Widerstand der burgundisch-niederländischen Stände gegen den neuen Herrn, von dem man befürchtete, daß er in der Tradition der burgundischen Herzöge die Freiheiten, vor allem der freiheitsstrotzenden Städte Flanderns, beschneiden würde. Aber noch war das Leben von Frieden und Liebe bestimmt. Zwar drohte die Macht des französischen Königs an den Grenzen, aber die burgundischen Stände respektierten noch in der Person der Herzogin Maria die natürliche, von Gott gegebene Herrscherin, den Seigneur naturell.

Die Empfindungen dieser Tage und Wochen hat Maximilian in seinem Brief vom 8. Dezember 1477 an seinen Freund Sigmund Prüschenk niedergeschrieben:

»Lieber Herr Sigmund: Es fügt sich, Euch wissen zu lassen, daß es mir von Gottes Gnaden wohl ergehet. Die große Sehnsucht, die ich habe, ist die, daß ich meinen lieben Herrn und Vater bei mir in Person hier hätte, so hoffte ich, mich aller meiner Feinde zu erwehren. Ich habe ein schönes, frommes und tugendhaftes Weib, so daß ich zufrieden bin und Gott danke. Sie ist so lang wie die Leyenbergerin*, vom Leibe her klein, viel kleiner als die Rosina**, und schneeweiß; ein braunes Haar, ein kleines Nasl, ein kleines Häuptel und Antlitz, braune und graue Augen gemischt, schön und lauter, dazu das untere Häutchen am Auge ist etwas gesenkt, gleich als ob sie geschlafen habe, doch es ist nicht wohl zu merken. Der Mund ist etwas hoch, doch rein und rot. Sonst sind viel schöne Jungfrauen hier, als ich mein Lebtag beieinander gesehen habe, und alle sind fröhlich.

Das Frauenzimmer ist bei Tage nicht versperrt, die Nacht über ist das ganze Haus voller Jungfrauen und Frauen, wohl an die vierzig. Sie können auch den ganzen Tag überall im Hause herumlaufen. Die alte Frau, unsere Mutter***, ist eine feine, schöne Frau von guten Maßen und lustig und gut. Hätten wir Frieden, wir säßen im Rosengarten. (Die Rose war schon in antiker Zeit eine symbolträchtige Figur. Seit dem frühen Christentum galt sie als Symbol des Paradieses. Maximilian sagt hier seinem verehrten Freund Prüschenk, daß, gäbe es die Kriegssorgen nicht, er mit seiner Frau im Paradies lebte.) Man sagt wohl nicht zu Unrecht, daß eine gute Ehe sich auf die Gleichheit der weltlichen und geistigen Interessen gründet.«

So schreibt Maximilian an seinen Freund Sigmund Prüschenk, Reichsfreiherr von Stettenburg:

»Mein Gemahl ist eine vollkommene Waidmännin mit Falken und Hunden. Sie hat ein weißes Windspiel von großer Schnelligkeit, das liegt meistenteils alle Nacht bei uns. Hier legt sich jedermann um zwölf Uhr zum Schlafen nieder, zum Morgen aber steht man um acht Uhr auf. Ich aber bin der ärmste Mensch, daß ich nicht essen, schlafen, spazieren noch stechen**** vermag durch alle übrigen Geschäfte (darunter versteht Maximilian wohl Regierungsgeschäfte).

* Luxemburgerin.
** Seine Jugendliebe, die Hofdame bei seiner Schwester Kunigunde war.
*** Herzoginwitwe Margarete von York.
**** Turnieren.

Datum: Brügge in Flandern, an Unserer Lieben Frauen Conzeptionis, 1477. Per manum propiam*.«

Aber der Rosengarten erfüllt sich nicht. Zu sehr haben die Habsburger durch die burgundische Heirat die Machtverhältnisse in Europa verändert. Somit konnte auf die Dauer kein Friede sein.

Der eingeschworene Feind von Habsburg/Burgund war und mußte der französische König sein, vor dessen Grenzen sich ein neues Machtgefüge zusammenballte. Wie schwach das Gefüge war, das wußte der schlaue Franzose nicht. Es mußte einfach aus der Konstellation heraus Gegnerschaft entstehen.

Die habsburgische Umklammerung Frankreichs war kein Traumgebilde, sondern prägte jahrhundertelang die habsburgisch-deutsche Politik gegenüber Frankreich, bis Frankreich unter Ludwig XIV. zur großen Gegenoffensive gegen die deutschen Lande antrat.

Maximilian stützte sich auf die starke, aber zersplitterte Macht der niederländischen Städte, die zwar reich waren, aber zahlungsunwillig. Der Hofhistoriograph Burgunds, Georges Chastellain (*1414, † 1475), genannt »L'Adventureus«, hat schon recht, wenn er schreibt: »Die flandrischen und holländischen Länder konnten sich eher als alle anderen Gegenden der Erde das gelobte Land nennen. Nicht genug kann man ihre Macht, ihren Reichtum, den Überschwang an Gütern und an Kaufmannsware rühmen.«

Aber das gleiche Volk, das den jungen Maximilian so begeistert begrüßt hatte, war ein Volk von Krämern und Kaufleuten, die streng ihrem Vorteil folgten und sich nicht durch außenpolitische Händel im Geldverdienen stören ließen. Nach Karls des Kühnen Tod hatten sie der schwachen Tochter Maria von Burgund wieder das große Privilegium abgetrotzt, das ihnen das Recht gab, über die Geldverteilung an die Herzöge zu bestimmen. Natürlich tat sich Maximilian, im absolutistischen Glauben groß geworden, schwer, mit solch selbstbewußten Standesherren umzugehen. Schließlich gelang es ihm doch, einiges Geld von

* Eigenhändig.

den niederländischen Ständen zu erhalten. Seine Rufe an den kaiserlichen Vater um Waffenhilfe jedoch blieben ungehört. Befand sich doch der so sehr herbeigesehnte kaiserliche Vater selbst in größten Nöten. Der ungarische König Matthias Corvinius hatte Wien nach harter Belagerung erobert, der Kaiser mußte mit leeren Kassen Unterkunft in Linz und Gmunden suchen und bei Städten, Herren und Abteien kleinere Summen borgen, um seinen Hof aufrechtzuerhalten. Da war kein Raum, dem bedrängten Sohn zu helfen.

Und hier sind wir bei einem Grundübel der Habsburger, vor allem Maximilians.

Wenn von klugen Leuten seine Regierung kritisiert wird, so darf man davon ausgehen, daß in den meisten Fällen Geldmangel seine politischen Aktionen behinderte.

Dazu kam die ritterlich-habsburgische Erziehung, die von einem Kaisersohn Freigebigkeit forderte und nicht Knausrigkeit, die man seinem Vater Kaiser Friedrich III. so übel anrechnete.

Anders so Maximilians großer Gegenspieler, König Ludwig von Frankreich. Geldmittel standen der Krone von Frankreich reichlich zur Verfügung. Er war zu dieser Zeit der einzige, der sich ein stehendes, immer verfügbares Heer, bestehend aus Ordonnanzkompanien, leisten konnte. Eine Ordonnanzkompanie bestand aus einem Drittel Lanzenreitern und zwei Dritteln Bogenschützen. Ihre personelle Größe lag zwischen hundert und dreihundert Kämpfern.

Aber es kam nicht auf die Mannschaftsstärken, sondern auf die absolute Verfügbarkeit der Truppe für den Herrscher an. Verläßliche Bündnispartner boten sich für Maximilian nicht an.

England, das einmal der klassische Bündnispartner der Burgunder war, stand quasi im französischen Sold. Der englische König selbst bezog eine französische Jahrespension von fünfzigtausend Gulden jährlich.

So raffte Maximilian sein weniges zusammen, versetzte seinen und seiner Gemahlin Schmuck, sogar den goldenen Prunkmantel seines toten Schwiegervaters Karls des Kühnen. Da selbst der Orden vom Goldenen Vlies nicht mehr unbedingte Gefolgschaftstreue gebot, hatte sich Maximilian eine neue Waffengattung geschaffen: die Landsknechte! Von dieser Truppe aus Söhnen des Landes erhoffte sich Maximilian große Treue und Kampfbereitschaft. Sie waren nach Schweizer Vorbild geschaffen. Die Landsknechte waren formiert in Fähnlein von fünfhundert Mann unter dem Befehl eines Feldhauptmanns. Maximilian, der zuerst diese Truppe aus Landeskindern geschaffen hatte, trug nicht umsonst den Namen »Vater der Landsknechte«. Die Landsknechte waren mit langen Spießen bewaffnet und bildeten die sogenannten Gewalthaufen. Nach allen Seiten, wie ein Igel vor Lanzen starrend, waren sie dennoch von großer Beweglichkeit und führten schließlich zum Ende der Ritterheere.

Doch auch die Landsknechtheere waren Söldnertruppen und kosteten Geld, und über ihnen sowie dem Leben Maximilians standen die ehernen Worte Machiavellis: »Pecunia nervus belli«.

Ludwigs XI. Taktik bestand darin, in die burgundischen Länder einzufallen und, wenn der Gegner Stärke zeigte und eine Schlacht annahm, sich zurückzuziehen. Der König von Frankreich liebte keine großen Schlachten. Nein! Nicht aus Friedensliebe, sie kosteten ihn zuviel Geld, und er haßte das Element des Zufalls und des unberechenbaren Glücks. Sein Ziel war schon erreicht, wenn er den Gegner zum Aufmarsch seiner Truppen gezwungen hatte. Das kostete Geld, und das war, er wußte es genau, bei dem Habsburger knapp. Der Lehnsadel stand nur in bedingter Treue zum Herzog, und der Druck der Soldzahlungen reduzierte auch Maximilians Kampfeifer.

So zog er sich nach Wochen ruhmloser Scharmützel und mit einem doppelbödigen Waffenstillstand auf seine Burg zurück, wo die liebenden Arme seiner Frau ihn erwarteten. Diese Liebe war im Leben Maximilians, das reich an Demütigungen und Niederlagen war, das große und tragende Erlebnis.

Beide, Maria wie Maximilian, waren schöne Menschen. Kinder der höchsten Aristokratie Europas. Sie lebten nach den gleichen Ritteridealen. Maria war eine hervorragende und couragierte Reiterin. Sie liebte die Jagd mit einer fast männlichen Leidenschaft. Vergessen wir nicht, Maximilian bekennt gegenüber seinem Freund Sigmund Prüschenk, Freiherr zu Stettenberg und Graf von Hardegg, darüber hinaus Hofmarschall des Kaisers

Friedrich III.: »Mein Gemahl ist eine ganze Waidmännin mit Falcken und Hunden.«

Neben der gleichen ritterlichen Erziehung, der gegenseitigen Anziehungskraft zweier schöner Körper, verbinden sie die gemeinsamen Interessen, darunter die Jagdleidenschaft. Es ist rührend mitzuerleben, wie sie sich gegenseitig Sprachunterricht erteilen. Es ist mehr als das schulische Erlernen einer Sprache, es ist ein sich gegenseitiges Geben des Wortes. So lernen sie, mit den Worten des anderen zu denken und zu empfinden.

Aber nach seiner Heimkehr erwartet ihn bald ein großes, elementares Lebensgefühl. Maria offenbart ihm, daß sie guter Hoffnung ist. Dieses Kind muß ein Junge, ein Sohn – was sonst – sein! So schreibt er wieder dem getreuen Prüschenk: »Ich erwarte einen schönen Sohn von meinem Gemahl, die alle Tage niederkommen kann. Alle Frauen und Ärzte sagen, es soll ein junger Herzog werden.« Und am 22. Juli 1478 schenkte Maria von Burgund ihrem Mann einen Sohn, einen Thronfolger!

Jubelnd schreibt Maximilian wieder an Prüschenk, in der Gewißheit, daß seine Nachricht direkt den Kaiser erreicht: »Ich bin gar froh, daß ich einen Gesellen hab' an meinem Sohn.« Burgund feiert die Geburt des Prinzen, man knüpfte mit seinem Namen an altburgundische Traditionen an, und man taufte ihn auf den Namen des Großvaters, Philipp der Gute. Es hatte eine tiefe Bedeutung, wenn das Volk den kleinen Philipp »notre seigneur naturell« nennt. Das heißt, der junge Herzog wurde rückhaltlos als der natürliche Herr Burgunds betrachtet. In allen Städten Flanderns feierte man die Geburt mit Messen, in denen ehrfürchtige Tedeen gesungen wurden.

Feierlich hielt das Herzogspaar seinen Einzug in Gent. Maximilian ließ sich das Kind in den Sattel reichen und hielt es auf seinem Arm bis zum Fürstenhof. Zur Taufe trug ihn »Madame la Grande«, die Herzoginwitwe Margarete von York. Als die Amme schließlich dem Volke den nackten Säugling zum Ausweis des männlichen Geschlechts zeigte, nahm der tosende Jubel in Gent kein Ende.

Aber jeder Jubel verrauscht, und die harte Politik des Tages zwang Maximilian wieder in den Sattel. Es kam am 7. August

1479 zur Schlacht von Guinegate. Nachdem Ludwig XI. Dôle, die Hauptstadt von Hochburgund, genommen und verbrannt hatte, überfiel er Mitte Juni 1479 Douai, ließ die gesamte burgundische Bevölkerung vertreiben, siedelte Franzosen dort an und nannte den Ort jetzt »Francisia«. Dies war ein Fanal, auch in Flandern. Zu deutlich hatte der Franzose seine Absichten gemacht.

Maximilian war jetzt des Plänklerkriegs leid. Er suchte die große und entscheidende Feldschlacht. Er eilte von Geldern herbei an die südliche Grenze und besichtigte im Raum von St. Omer seine Heeresmacht. Sein Heer, gebildet aus niederländischen, deutschen, eidgenössischen und englischen Kriegsscharen, belief sich auf über zwanzigtausend Mann. Er warf seine Truppen vor Therouanne, um nun die Franzosen zur Entscheidungsschlacht zu zwingen. Jetzt rückte König Ludwigs Feldherr, Philipp d'Esquerdes, mit einem Heer von über zwanzigtausend Mann heran.

Die Franzosen verfügten über die stärkere Reiterei und über die bessere Artillerie, die damals wohl beste der Welt. Im Kriegsrat überwand Maximilian alle Bedenken und setzte sich mit seinem Willen zur entscheidenden Schlacht durch.

Seine Feldobristen waren der Marschall Polheim und Eberhard von Trarberg. Man wollte dem jungen, genialen Fürsten kriegerische Erfahrung und Bedächtigkeit zur Seite stellen. Aber es war gerade Maximilians Jugend, seine Phantasie, sein vielleicht tollkühner Mut, der ihn gegen den Rat der Obristen siegen ließ. Maximilian gliederte sein Heer in fünf Treffen, zwei Treffen zu Fuß und drei zu Pferde. Vorgeschoben vor diese Treffen waren englische und deutsche Bogenschützen, Hakenbüchsen und leichte Feldgeschütze. Damit ließ er das Feuer eröffnen. Im Mittelfeld war die Hauptmasse seiner Krieger, die flandrischen Knechte zu Fuß, die Bürgergarden der großen Städte mit ihren sechs Fuß langen Spießen und die flandrischen Bauern, bereit zum härtesten Kampf. Gleich dahinter der Erzherzog mit dem burgundischen Banner, hoch zu Roß und umgeben von seinen Hauptleuten Romont, Nassau und Zollern und Jan van Dadizeele. Die Flanken des Hauptheeres wurden abgedeckt von zwei Geschwadern Reiterei.

Während sie so zum Streite bereit waren, erschienen auf den gegenüberliegenden Hügeln von Guinegate in blitzenden Waffen und glänzenden Harnischen die französischen Truppen. Und in diesem Augenblick erschien die Sonne über den Feldern Guinegates und gab ein glänzendes Furioso des künftigen Siegs. Maximilian hat zeitlebens diese Sonne nicht vergessen; und noch im *Weiß-Kunig* erinnert er sich daran. Genauso, wie Napoleon die Sonne von Austerlitz nie vergessen konnte. Maximilian, ein Mann, der solche Stimmungen auffangen konnte, richtete sich im Sattel auf und beschwor seine Krieger, gleich ob Ritter oder Mann, für die gerechte Sache Burgunds ihr Leben einzusetzen. Er schilderte noch einmal die französischen Grausamkeiten und gelobte feierlich vor seinen Truppen und im Angesicht Gottes für den Fall eines Sieges ein Fastenopfer. Dann sprang er in großer Geste vom Pferd, brach in die Knie und betete mit seinen harten Kriegsgesellen das Gebet vor der Schlacht. Dann küßte er den Boden, der ihn aufnehmen solle, wenn er im Kampfe falle.

Die den Erzherzog Umstehenden, aber auch die von ihm entfernteren Truppen empfanden, daß dies mehr war als die glänzende Attitüde eines Feldherrn, und wurden sich bewußt, in eine historische Stunde einzutreten. Wie eine Flutwelle setzte sich die kämpferische Haltung der Männer fort, und überall brandete der Ruf auf: »Saint Georges! Vivent l'Austriche et Bourgogne!«, und die Flamen riefen mit Donnergrollen: »Flandre au lion!« Und Jean Molinet will wissen, daß einige Ritter die Armrüstungen ablegten, um mit nackten Armen in die Schlacht zu ziehen.

Inzwischen waren die Franzosen mit ihrer überlegenen Kavallerie herangebraust, und in sengender Hitze begann die Schlacht. Die französischen Reitergeschwader fegten die vorgeschobenen deutschen und englischen Schützen hinweg, und die vorgezogenen Feldgeschütze fielen der französischen Attacke zum Opfer. Vor den lanzenstarrenden Karrees der flandrischen und deutschen Kriegsknechte drehte die französische Reiterei ab und stürzte sich mit Elan auf die burgundische Reiterei des linken Flügels, die sie mit Wucht zusammenschlug. Im Eifer der Verfolgung – oder war es die Gier nach reicher Beute – jagte die französische Kavallerie der fliehenden burgundischen Reiterei nach.

Sogar der französische Heerführer d'Esquerdes folgte seinem Beutetrieb und ließ sich hinreißen, als Feldherr den Kampfplatz zu verlassen.

Maximilian bewährte sich in dieser dramatischen Situation. Inmitten der an ihm vorbeijagenden Reiterei sprang er vom Pferd und zwang seine Adelsgenossen, das gleiche zu tun. Mit dem Schwert in der Hand stand er unter seinen Landsknechten und hatte befohlen, die Troßwagen nach vorne zu bringen und aus ihnen Wagenburgen zu bilden. Inmitten dieser fahrenden Burgen befanden sich die Landsknechte mit ihren todesstarrenden Spießen. Der Erzherzog kämpfte inmitten seiner adeligen Genossen zu Fuß mit seinen Knechten. Ein Wunder! Wann hatte es das in der Zeit der Rittergesellschaft je gegeben, daß der Adel vom Roß stieg, um gemeinsam mit seinen Kriegsknechten zu kämpfen?

Maximilian hatte die Schlacht noch nicht gewonnen, aber inmitten von Chaos und Untergang sein Heer stabilisiert. Während die französische Reiterei ihren Sieg durch ihre Habgier verschenkte, schoben sich die waffenstarrenden Igel der Burgunder nach vorne und eroberten verlorenes Terrain. Die Masse des französischen Heeres wurde langsam zurückgedrängt, die verlorene Artillerie zurückerobert, während Engelbert von Nassau die Reste der burgundischen Reiterei mit starker Hand zusammenfaßte, so daß er nach Anbruch der Nacht und nach einer blutigen Schlachterei das Schlachtfeld behauptet und nun seinerseits französische Artillerie und den Troß erbeutete. Als die französischen Reiter mit Beute vollgeladen zum Schlachtfeld zurückkehrten, fanden sie es vom burgundischen Feind besetzt. So zogen sie ihrem geschlagenen Heer in Richtung Hesdin nach.

Ein großer Tag, der Tag von Guinegate. Ein Herzog, der doch der letzte Ritter sein wollte, steigt vom Pferd und erkämpft mit seinen Landsknechten den Sieg über eine überlegene Reiterei und läutet ein neues Zeitalter im Heerwesen ein. Der Tag von Guinegate war Maximilians Tag, war Maximilians Triumph. Sein Mitstreiter Jan van Dadizeele urteilt: »Er bewahrte inmitten der schlimmsten Verwirrung die Kaltblütigkeit eines alten Feldherrn.«

Maximilian ließ auf dem Schlachtfeld sein Nachtlager aufschlagen, das Ruhebett seiner Ehre oder wie die Franzosen sagen: »au lit d'honeur«. Bevor er sich aber zur Nachtruhe hinlegte, schlug er, der Besieger der Ritterheere, noch siebzehn flandrische Edelleute zu Rittern.

Am anderen Morgen zählte man die Toten. Es fanden sich angeblich dreizehntausend tote Franzosen auf dem Schlachtfeld, aber nur fünftausend Niederländer.

Im Lande läuteten die Glocken. Dankmessen und Prozessionen wurden gehalten. Aber für Maximilian bedeutete dies alles noch viel mehr als eine gewonnene Schlacht. Sein Traum hatte sich erfüllt. Der junge Weiß-Kunig hatte die Hand seiner Königin Ernreich errungen. Er hatte ihre Länder vom Feinde befreit, er hatte die große, oftmals erträumte Schlacht geschlagen, er hatte den Sieg getrunken und sich im Ruhme gebadet.

Nun machen die kleindeutschen Historiker des neunzehnten Jahrhunderts, diejenigen also, die das kleindeutsche Bismarckreich unter Führung Preußens wollten und nicht ein großes Deutschland unter der Führung Österreichs, Maximilian den Vorwurf, die Ruhmsucht habe ihn beherrscht und er wollte, den Siegeslorbeer auf dem Haupte, in Gent einziehen und seinen Sieg in der Liebe seiner Frau Maria feiern.

Weit gefehlt! Weder Ruhmsucht noch Liebesrausch riefen Maximilian nach Gent, sondern seine leeren Kassen. Seine Truppen folgten dem Rückruf ihrer Landstände, und für die Söldner war kein Geld mehr vorhanden. Ein weiterer Vormarsch nach Frankreich hinein wäre unter solchen Vorzeichen der Untergang Burgunds und auch vielleicht der Untergang Maximilians gewesen. Hier erweist sich der oftmals als Phantast verschriene Habsburger als der wirkliche Realist, und der Vorwurf der politischen Phantasterei fällt auf ihre Urheber zurück.

Statt dessen stürzt sich Maximilian, man staunt, in die Verwaltungsarbeit, die ihm so gar nicht liegt. Er arbeitet sich durch die politischen, sozialen und wirtschaftlichen Gegebenheiten seiner vielen verschiedenen Länder und versucht sich in dem Gestrüpp von Privilegien, Gerechtsamen, Parteiungen und Abhängigkeiten durchzuwühlen. Da waren so unterschiedliche Länder, Herzogtümer, Grafschaften und Baronien. Unterschiedlich in Sprache, Gesittung und sozialen Verhältnissen. Da wurde welsch, flämisch und deutsch gesprochen. Da waren verschiedene Währungen zu beachten. Dann gab es unterschiedliche Lehnsverhältnisse. Die reichsten Provinzen Borgogne, Flandern und Artois unterstanden lehnsrechtlich der Krone Frankreichs, wenn auch Philipp der Gute diese Rechte zerrissen hatte. Andere, durch Erbschaft oder Eroberung errunge Provinzen wie Limburg, Brabant, Holland und Seeland waren Lehen des Reichs, ohne daß sie sich je unter die Reichslehnschaft gestellt und den Kaiser als Lehnsherrn akzeptiert hatten.

Wochenlang ritt Maximilian zu seinen »guten Städten«, um sich persönlich ein Bild von der wirtschaftlichen und gesellschaftlichen Lage zu machen. Er kümmerte sich intensiv um die Belange der Hafenstadt Antorf*. Die Renaissance war die Zeit der großen Entdeckungen und der neuen Seewege. So entwickelte sich Antwerpen in wenigen Jahrzehnten zum wichtigsten Handelsplatz und überflügelte Brügge, das bislang der größte Stapelplatz der Hanse gewesen war. Maximilian förderte durch persönliche Handschreiben die Interessen der Antorfer Kaufleute und Händler, so daß sie an dieser Küste einen guten Namen hatten.

Aber solange König Ludwig XI. in Burgund zündelte, rasche Vorstöße unternahm und sich ebenso rasch zurückzog, war an den ersehnten und so notwendigen Frieden nicht zu denken. So ritt der Erzherzog sofort nach Gent zurück, den kleinen Prinzen Philipp, den »seigneur naturell«, vor sich im Sattel wie ein Symbol der Einheit der burgundischen Länder. Unter dem Eindruck eines drohenden französischen Gegenstoßes und den immer härter werdenden französischen Ausschreitungen bewilligte das reiche Gent dem Herzog nochmals einen größeren Betrag. Auch hatte Maximilian seine besten Truppen aus Geldern in Eilmärschen herangeführt, so daß er über ein Feldheer von achtundzwanzigtausend Mann gebot. Nun war die Zeit gekommen, den entscheidenden Schlag gegen Frankreich zu führen.

* Antwerpen.

Bereits im September brach Maximilian mit seinem Heer ins Artois ein und eroberte einige Raubburgen. Den Hauptmann der Festung, Malonny, ließ Maximilian brutal aufhängen. Der König von Frankreich beantwortete dies, indem er fünfzig burgundische Gefangene ermorden ließ. So wuchsen auf beiden Seiten der Widerstand und das Maß an Grausamkeiten. Der Schweizer Chronist Anselm entrüstet sich darüber: »Eine unmännliche Wildheit an unbewehrten Gefangenen, doch gewöhnlich bezahlt wütende Rache mit noch größerer Rache. Vernunft und Maß sind edel, aber selten bei den Edlen, so ihre Unvernunft und Unmaß für recht gehalten oder gelitten wird. Ein ungezähmter Fürst, ein ungezähmter Hengst. Ein ungezähmter König ist wie ein gefräßiger Hund.«

Während Maximilian sich in sinnlosen Scharmützeln verschwendete, sandte der französische König Säcke von Gold nach Burgund. Er hatte sich vor allem einen einflußreichen Genter Strumpfwirker und Schöffenschreiber namens Coppenholz gekauft, einen Mann, der das französische Gold äußerst wirksam einzusetzen wußte, einige burgundische Feldhauptleute abspenstig machte und die flandrischen Stände mit goldenen Argumenten bewegte, ihre Truppen, Artillerie und Reiterei abzuziehen.

Die Stände empfahlen dem Herzog den Wüstungskrieg, der ja billiger war als ein Heer mit Reiterei und Artillerie. Gleichzeitig bedeutete aber eine Wüstung Krieg gegen das eigene und das gemeine Volk. Das wollte der Erzherzog nicht.

Nun verstärkte Frankreich den Seekrieg. An den Küsten Flanderns, Seelands und Hollands erschien die französische Flotte. Man kaperte die holländischen Getreideschiffe und Heringsflotten. Schlimmer aber war wohl die Behinderung des niederländischen Seehandels mit England. Zudem brachte der Winter 1479/80 mit seiner unbeschreiblichen Härte Teuerung und Hungersnot über das Land. Auf dem Reichstag zu Nürnberg im Oktober 1479 wurde deshalb jede Hilfe für einen Krieg gegen Frankreich abgelehnt.

Da stand er nun, der Kaisersohn, von dem man sich einstmals alles erhofft hatte: Geld und Sieg gegen Frankreich. Aber die deutschen Stände, die überdies zum großen Teil nicht erschienen waren, sahen in dem Krieg gegen Frankreich weniger eine Sache des Heiligen Reiches denn des Hauses Habsburg. So hatte Maximilian auch noch mit dem Widerstand und dem Verrat der eigenen Leute zu tun.

In dieser Zeit schien dem Erzherzog ein Hoffnungsschimmer: Herzog Franz von der Bretagne rückte näher an Maximilian heran. Die Bretagne war der letzte selbständige Staat auf dem Boden Frankreichs. Ein Bündnis Bretagne–Burgund, das wäre die tatsächliche Einkreisung gewesen. Die Vehemenz, mit der sich die französische Krone dagegen wehrte, ist verständlich. Doch Margarete, Herzogin von York, arbeitete im Verein mit der burgundischen Diplomatie daran, ein neues Bündnis zu schmieden; ja, sie bot dem trägen König Eduard IV. Frankreichs Krone sogar auf dem Serviertеller an.

Aber es ist schwer, einen Mann zu überzeugen, der jährlich fünfzigtausend Gulden Pension – so nannte man das vornehm – vom König von Frankreich bezog. Doch der lebens- und genußfreudige englische König riet zum Frieden. Zur Entspannung der Situation kam hinzu, daß auch der König von Frankreich einer Krankheit verfiel, die seine Aggressivität minderte. So sah es trotz allem gar nicht so schlecht für Habsburg und Burgund aus.

Der Tod der Herzogin von Burgund

Da geschah, was nicht geschehen durfte! Maria, die einen Thronfolger und die Tochter Margarete geboren hatte, machte einen ihrer stürmischen Ausritte. Sie war schwanger.

An der Seite Maximilians stürzte die ansonsten exzellente Reiterin, ihr Pferd geriet in einen Baumwurzelstrunk. Die Herzogin griff hart in die Kandare. Das war zuviel für das verängstigte Tier, es stürzte und begrub seine Reiterin unter sich. Prüde, wie die Zeit ob Courtoisie und Minnesang war, verbarg man schamhaft, daß die gestürzte Herzogin eine Frühgeburt erlitten hatte. Nun lag die arme Frau auf einem Schmerzenslager besonderer Art. Einmal der Verlust eines Kindes, zum anderen schwere innere Blutungen führten nach wenigen Tagen zum Tode.

Es war ein emotionaler Schlag von besonderer Härte. Er traf Maximilian, der die einzige Frau verlor, die er im Leben rückhaltlos geliebt und bei der er immer Liebe gefunden hatte. Er traf aber auch die Menschen der burgundischen Lande. Hatten namentlich die flämischen Städte sich nur schwer unter fürstlicher Hand beugen können, so hatte man doch das Gefühl, den nobelsten Herrschern Europas zu dienen. Fürsten, die eine ritterliche Kultur geschaffen hatten, die fast ganz Europa nicht nur anerkannte, sondern auch lebte. Nun hatten die Niederlande ihren »seigneur naturell« verloren. Einen Herrscher, dem zu dienen sicherlich der Wille Gottes war. Wenige Jahre später wird Luther, dieser gewaltige Christ und Sprachschöpfer, den Deutschen zurufen, daß alle Gewalt von Gott ausgehe und nicht der Priester, sondern der Fürst der große Transformator zwischen Gott und Menschen ist.

So wie das burgundische Volk einst Maximilian zugejubelt hatte, so wandte es sich jetzt von ihm ab. Was nützte es, daß Maria von Burgund drei Tage vor ihrem frühen Tode Maximilian zum Vormund ihrer Kinder bestellte und ihn ausdrücklich zum Regenten ernannte? Was nützte es, daß Maria am 27. März die Ritter vom Goldenen Vlies an ihr Sterbelager rief, um sie zu bitten, besondere Treue gegenüber ihrem Gemahl walten zu lassen? Hatte die feinfühlige Frau in ihren letzten Stunden empfunden, daß die Niederlande sich von dem Österreicher, von dem Habsburger, abwandten? Ergreifend, wie sie ihren Lieben zuruft: »Lebe wohl, Maximilian! Wir werden bald für immer voneinander scheiden müssen. Lebt wohl, meine Kinder, bald werdet ihr Waisen sein. Ich muß mich meinem Schicksal fügen und denen folgen, die mir im Grabe vorangegangen sind.« Sie empfahl sich allen, bat um Verzeihung für jegliches Unrecht und starb am gleichen Tage.

Das Leichenbegräbnis, oder im damaligen Sprachgebrauch das »Leichengepränge«, das Maximilian seiner geliebten Frau bereitete, war einzigartig, und es ist nicht bekannt, ob jemals vor ihr eine Fürstin ein solches Begräbnis gehabt hatte. Fünfzehntausend Menschen aus allen Ständen sollen ihr die letzte Ehre erwiesen haben: zweitausend Priester und Ordensleute in Schwarz mit Kerzen, tausend Ritter in schwarzen Klagekappen, sechzehn Grafen und Kammerherren, welche die Bahre trugen; die Wappenherolde der burgundischen Länder, Beamte und Offiziere, Erzherzog Maximilian mit den Prinzen von Geblüt; fünfhundert adelige Damen, tausend vornehme Bürger, dreitausend Bürgerfrauen und schließlich die Masse der kleinen Leute. Dieses Leichenbegängnis war mehr als die Beerdigung einer geliebten Fürstin, mit Maria von Burgund wurde die burgundische Epoche zu Grabe getragen.

Kaum war Maria von Burgund beerdigt, da rissen die Genter die Führung im Widerstand gegen Maximilian an sich. Die ganze Enttäuschung der niederländischen Stände darüber, daß der Zauberprinz, der Kaisersohn, ihnen den Frieden nicht gebracht hatte, schlug jetzt durch.

Namentlich die Genter, von denen es heißt, daß sie noch nie einen Herrn geliebt hatten, verweigerten den Gehorsam, stellten die Steuerzahlungen ein und sagten ihm ziemlich unverblümt, er möge dahin gehen, woher er gekommen war. Die Stände drängten auf eine Heiratsverbindung der kleinen Prinzessin Margarete mit dem französischen Dauphin. So erhoffte man sich den Frieden mit Frankreich und war bereit, der jungen Margarete eine unverhältnismäßig große Aussteuer mitzugeben. Sie offerierten dem König Ludwig als Morgengabe die Länder Burgund, Artois und die Freigrafschaft Burgund, die Reichslehen war. Philipp von Commynes berichtet uns, der französische König sei bei der Nachricht vom Tode der Maria aus dem Bett gesprungen und fiel augenblicklich in Bouchain ein, brach den Frieden im Lütticher Kirchenland und überzog Seeland und Holland erneut mit Krieg. Im Mai 1482 versammelten sich die niederländischen Stände, und der Herzog mußte es hinnehmen, daß man die Heirat seiner Tochter Margarete mit dem französischen Thronfolger als zwangsläufig sah. Die Stände gingen von Alost, in dem sie Maximilian ihren Willen aufgezwungen hatten, direkt zum französischen König und handelten über den Kopf des Herzogs im Dezember 1482 den Frieden von Arras aus. Darin wurde bestimmt, daß die Tochter Margarete an den König von Frankreich ausgeliefert wurde, wo sie Anne von Beaujeu, des Königs Tochter und künftige Regentin, zur Königin von Frankreich erziehen sollte. Das war damals das übliche Vorgehen, um die Prinzessinnen in ihrem neuen Heimatland, dem sie einmal als Königin vorstehen sollten, die notwendige Erziehung zu geben. Und Anne von Beaujeu war eine großartige Erzieherin.

Anders Maximilians Sohn Philipp. Die Genter hatten Maximilians Vormundschaftsrechte zerrissen und sich und die niederländischen Stände selber zur Erziehung und Vormundschaft berufen. Am 1. März 1483 mußte Maximilian in der St.-Johannes-Kirche zu Gent in Gegenwart seiner Kinder diesen Frieden beschwören. König Ludwig feierte den Friedensvertrag auf seinem Krankenbett. Dies war der größte Triumph seines Lebens. Burgund, das letzte der Frankreich bekämpfenden Länder, war in den französischen Einheitsstaat eingegliedert. Im Bewußtsein seiner großen Tat starb er, aber er starb in Ängsten. Ein vor dem Tode sich windender und winselnder Mann.

In Maximilians Heimat sah es nicht besser aus. Sein Vater, Kaiser Friedrich III., war auf der Flucht vor seinen Freunden und floh über Wien, Graz, Linz nach Innsbruck. Wie sollte er dem bedrängten Sohne zu Hilfe kommen? In dieser Zeit äußerster Bedrängnis zeigt sich Maximilians wahrer Charakter. Obwohl ein Fürst ohne Land, ohne Heer und ohne Geld, ja, sogar ein Vater ohne Kinder, schreibt er seinem Freund Prüschenk: »Oh, lieber Herr Sigmund, wo sind die Zeiten, wo ich geglaubt, es koste mein Herz und mein halbes Leben, die liebe, alte Rosina zu verlassen? Nun ist mir über die Wunde ein so gutes Häutel gewachsen, daß niemand erkennen kann, wo es geblutet hat. Aber das, was ich jetzt geschlagen bin, das wird man bald kennen an den grauen Haaren und meinem harten Sinn, den ein Mann bekommen muß, wenn man ihm also grausam aufgespielt hat.« Aber er ertrinkt nicht in der Verzweiflung: »So will ich vertrauen auf Gott den Allmächtigen und mich meiner Sache wehren nach Kräften.« Und er vollzieht an sich mit Härte und Disziplin seinen Wahlspruch: »Wer sich im Unglück beugt, ist nie aufrecht gestanden.«

Mit diesem Mut der Verzweiflung geht Maximilian neu ans Werk. Wer diesen listenreichen, wagemutigen Fürsten und seine Kriege betrachtet, kann schwer von Leichtfertigkeit und Ziellosigkeit sprechen. Der Erzherzog reitet selbst in seine Städte, damit sie das Geld aufbringen, das er so notwendig braucht, um ein Heer aus eidgenössischen und österreichischen Söldnern aufzustellen. Dabei stellt er fest, daß die nördlichen Provinzen, der Hennegau, große Teile von Brabant ihm treu zur Seite stehen, wenn er, Maximilian, burgundische Politik betreibt. Deutsche Heerführer, wie der getreue Markgraf Christoph von Baden, stehen ihm mannhaft zur Seite. Das Wunder des Umschwungs gelang Maximilian nicht nur aufgrund der neuen Geldquellen, sondern hier müssen der Charme und die Durchsetzungskraft seiner Persönlichkeit die Herzen gelenkt haben.

Die Stadt Utrecht wurde belagert und schließlich genommen. Die Führer der Bürgerschaft mußten barfuß und mit Stricken um den Hals um Frieden und um Gnade bitten. Aber kaum rief der Krieg Maximilian an andere Schauplätze, da erhoben sich die drei flandrischen Glieder und sagten sich von Maximilian wieder los. Sie erkannten weder seine Regentschaft, und was ihn am meisten erbitterte, die Vormundschaft über seine Kinder an. Geschürt wurden die Aufstände von Frankreich, das seit dem Tode König Ludwigs XI. von seiner Tochter Anne von Beaujeu regiert wurde. Anne war eine bedeutende Frau und geistige Erbin ihres Vaters. Der hatte sie »die am wenigsten törichte Französin« genannt, was aus dem Munde des Menschenverächters Ludwig XI. vielleicht sogar ein Kompliment gewesen sein mag.

Die französische Regentin Anne mischte sich, wie vom Vater erlernt, sofort in die burgundische Innenpolitik ein. Drohend schrieb sie dem Erzherzog, er möge sich nicht unterstehen, die Vormundschaft über seinen Sohn Philipp auszuüben. Um ihren Worten Nachdruck zu verleihen, schickte sie den Marschall Philipp von Crevecour an die Grenze. Dadurch ergab sich für Maximilian fast ein Zwang, Flandern unter seine Gewalt zu bringen.

Wenn Geld fehlt, muß Phantasie her. Vor dem starken feindlichen Stützpunkt Dedermonde wandte er eine Kriegslist an. Er verkleidete Soldaten als Mönche und Nonnen, denen sich die Stadt ungehindert öffnete, und die frommen Besucher erwiesen sich bald als beinharte Soldaten, die die Tore öffneten und so Maximilian, der mit einigen hundert Reitern eindrang, einen schnellen Sieg ermöglichten.

Das Phänomen der zerbröckelnden Macht ist ein geschichtlich bekannter Faktor. Gleichermaßen wird dem Tapferen, der nicht verzagt, oft unerwartete Hilfe von Mächtigen zuteil. So huldigte der alte Feind, Graf Aremberg, »der Eber der Ardennen«, dem Erzherzog und zahlte zweiunddreißigtausend Gulden in die immer knappe Kriegskasse des Habsburgers. Schließlich aber ergaben sich auch Brügge und Slys mit ihren eigenen Flotten, die Maximilian zwei erprobten Piratenführern unterstellte. Diese moralisch zweifelhafte Methode übernahm ein gutes Jahrhundert später die englische Königin Elisabeth (1558–1603) in ihrem Kampf gegen Spanien, als sie erfolgreiche Piraten als Admirale einstellte, um mit ihnen Spanien zu besiegen und das britische Weltreich aufzubauen.

Das armierte Gent leistete in der Hoffnung auf das Eintreffen der Franzosen unter Marschall Crevecour trotzig Widerstand. Aber die Dinge nehmen oftmals einen Lauf, den die mächtigen

Planer nicht voraussehen. Die französischen Truppen benahmen sich in der Stadt so schlecht, raubten, schändeten und boten die ganze Bandbreite von Gewalttaten einer entfesselten Soldateska. Begleitet von den Flüchen der empörten Genter, mußte der Marschall mit seinen Franzosen die Stadt verlassen.

Ein Wunder schien geschehen. Was Maximilian nicht gelungen war, die französische Soldateska hatte es bewirkt. Die Genter kapitulierten und waren sogar bereit, Maximilians Vormundschaft anzuerkennen und ihm endlich seinen Sohn auszuliefern. Dem Feldzeugmeister von Flandern, de Koppenol, war die Flucht nach Frankreich gelungen. Ein anderer Haupträdelsführer, Wilhelm van Ryms, wurde dem Henker überliefert. Ein enger Berater des Erzherzogs, der Drost von Brabant, Engelbert von Nassau, hatte gnadenlose Härte gefordert, »damit die eckigen Köpfe der Genter geschliffen würden«. Maximilian aber ließ anfangs Milde walten, vor allem, um für seinen Sohn Philipp, den kommenden Herrn der Niederlande, kein Klima des Hasses zu erzeugen.

Aber am fünften Tag nach der Gnadenbezeugung brach ein Aufstand in der Stadt los, die Zünfte marschierten mit ihren Bannern und Waffen in den Fürstenhof, und Maximilian mußte seine deutschen Truppen einsetzen, um in der Stadt den Aufstand niederzuschlagen.

Nun schlug Maximilian mit aller Härte zu. Die Haupträdelsführer verfielen dem Schafott. Vor allem nahm er der Stadt alle bei Marias Tod erpreßten Privilegien. Die flanderschen Städte zahlten eine unerhörte Kriegskontribution von siebenhunderttausend Gulden. An seinen Freund Sigmund Prüschenk schrieb Maximilian, und man merkt ihm seine Befriedigung an: »Ich habe viele schöne Städte genommen und viele meiner Feinde bezwungen und vernichtet. So habe ich doch viel Kälte und Mühe erlitten und viele schöne Pfennige verbraucht.« Einer der schönsten Erfolge und Geschenk des Schicksals war für Maximilian das Wiedersehen mit seinem Sohn Philipp, der schon jetzt den Ehrennamen »der Schöne« trug.

Stumm vor Rührung standen sich Vater und Sohn gegenüber, inmitten des Hofes. Es gab kaum eine Stunde, in der sich die so lange Getrennten und dennoch tief Verbundenen allein, Auge in Auge, gegenüberstanden.

Maximilian bestimmte, daß sein Sohn Gent verlassen sollte, um am Hofe seiner Schwiegermutter, der Herzogin von York, zu leben und Erziehung zu genießen. Dann war seine Sorge, dem Sohn würdige und kenntnisreiche Erzieher zu geben. Er berief ein Consilium, bestehend aus den Herren Philipp von Kleve, dem niederländischen Kanzler Carondolet und Engelbert von Nassau. Zu ihnen gesellte er den hochgebildeten burgundischen Hofchronisten Olivier de la Marche.

Es schien eine Zeit der Fülle und des Glücks. Nur ein Schatten fiel darauf. Am 22. August 1485 hatte König Richard III. von England* in der Schlacht bei Boswick Leben und Thron verloren. Und damit fehlte Maximilian sein bester Bündnispartner gegen Frankreich.

Sein beweglicher Geist, andere mögen das phantastisch nennen, beschäftigte sich mit der Kombination einer eigenen englischen Thronkandidatur über die portugiesischen Ansprüche seiner Mutter, ja, er dachte daran, König Eduards älteste Tochter zu heiraten oder gar den jetzt in England regierenden Tudors einen yorkischen Thronprätendenten entgegenzustellen. Pläne, die den Beifall der großen alten Dame Burgunds, Maximilians Schwiegermutter Margarete von York, fanden – einer Fürstin von hohem Wirklichkeitssinn.

Aber das Schicksal wies Maximilian einen anderen Part im Drama seines Lebens zu.

* Shakespeares großer Schurkenkönig.

Römischer König und bretonische Heirat

Die Lage im Reich war bedrohlich. Kaiser Friedrich III., als des Heiligen Römischen Reiches Erzschlafmütze von seinem Volke beschimpft, befand sich auf der Flucht vor den Truppen des Usurpators Matthias Corvinius, der bis vor Wien gestürmt war und nach dreimonatigem Widerstand die mutige Stadt brach.

Der Kaiser des Heiligen Römischen Reiches war mit seiner Tochter Kunigunde auf der Flucht, ohne Geld und Truppen. Trotzdem dachte dieser merkwürdige, mitunter schlaff erscheinende Mann keine Sekunde daran, auf seinen kaiserlichen und königlichen Anspruch zu verzichten. Wenn auch der Schmähmund des Volks aus seinem AEIOU den Satz umgeprägt hatte in: »Allererst ist Österreich verloren«. Friedrich lebte zutiefst in den Worten des Papstes, der erklärt hatte: »Die Macht der römischen Majestät ist ewig und die Christenheit mit Recht ihm untertan. Kein Gesetz kann ihn richten, niemand darf wagen, die Haltung zu tadeln, die Beweggründe anzuzweifeln dessen, der allein Gott verantwortlich ist.« Und keine Demütigung und keine Erniedrigung konnten den ansonsten wenig dynamischen Mann in der Größe und Erhabenheit seines Amtes beirren. Man sieht, Größe und Würde kommen in verschiedenen Gewändern daher.

Die deutschen Kurfürsten dachten darüber anders als Kaiser und Papst. Sie suchten einen Kaiser, der stark genug war, das Abendland zu verteidigen.

Daß sie, die Kurfürsten, einen wesentlichen Anteil an des Reiches Schwäche trugen, sahen sie nicht, da der Mensch eben den Balken im eigenen Auge nicht erkennt. Man konspirierte in den Erzstiften Mainz, Köln und Trier und an den kurfürstlichen Residenzen in Sachsen und Brandenburg über die Frage: »Kann der gewählte römische Kaiser, der seines Amtes unwürdig ist und wider die Interessen der teutschen Nation handelt, kraft unserer kurfürstlicher Machtvollkommenheit abgesetzt werden? – Können wir ihm einen Stellvertreter in der Person eines römischen Königs zur Seite stellen?«

Der Vatikan winkte ab. Er war in Vergangenheit und Gegenwart immer im Bündnis mit den bestehenden Mächten. Zwar konnte die Geschichte aufzeigen, daß es bis zum Interregnum schon zu Lebzeiten des Kaisers römische Könige gegeben hatte. Zwar gab es einen feinen Unterschied, den man gerne übersah: Die gewählten römischen Könige waren als Söhne der amtierenden Kaiser gewählt, um die Dynastie zu sichern und nicht um dem Kaiser einen Koadjutor an die Seite zu stellen.

So kam es zu dem logischen Schluß, Friedrichs Sohn Maximilian, jetzt im frischen Siegeslorbeer seiner niederländischen Erfolge, zum römischen König zu berufen. Denn er hatte als Feldherr die Fähigkeit, die Grenzen zu sichern und so die kurfürstliche Krämerrechnung, aus den Mitteln der reichen Niederlande den Krieg zu bezahlen, scheinbar aufgehen zu lassen. Kaiser Friedrich zauderte, denn dieser Habsburger war ja nicht dumm. Er merkte schon, daß man hier ein Instrument schaffen wollte, seine kaiserliche Macht einzudämmen. Schlußendlich konnte er sich aber nicht gegen den eigenen Sohn stellen, und so billigte er die Königswahl seines Sohnes.

Also fuhren die Abgesandten der Kurfürsten nach Mechelen, wo Maximilian bei der liebenswerten Margarete von York seinen Hof hielt. Maximilian erkannte die Größe der Aufgabe, aber auch die Tücke der Kurfürsten. Zwar konnte die römische Königskrone für ihn nicht, wie es der englische Kardinal Wolsey einmal formuliert hatte, die Herrschaft über die Welt bedeuten, aber sie konnte doch in der Herrschaftsgestaltung der habsburgischen Länder ein einigendes Band, eine von Gott gesegnete Autorität sein.

Doch bis zur Wahl in Frankfurt und zur Krönung in Aachen blieb noch ein langer Weg. Die Meilensteine, die oftmals nicht Steine, sondern Blockaden waren, waren die Gier und Vorteilssucht der Kurfürsten, aber auch der übrigen Stände. Die deutsche Königskrone wurde nicht mehr im Kampf errungen, sondern erkauft, erhandelt und ervorteilt, wie es auf einem orientalischen Basar nicht schlimmer sein konnte.

Alle forderten Geld. Am hemmungslosesten Kurfürst Albrecht Achilles von Brandenburg. Da es ihm nicht nur ums Geld ging, sondern auch um seine Aufwertung im Reich, versprach Maximilian, der nach dem Tode seiner geliebten Frau Maria ein kühles Herz hatte, dessen Tochter Dorothea zu ehelichen. Dann wurde die Frage einer neuen Reichsordnung aufgeworfen, an der aber keiner der Fürsten interessiert war, denn eine Reform mußte, ob am Anfang oder am Ende, eine Minderung der partikularen kurfürstlichen Machtpositionen beinhalten. Da war aber auch der alte, mißtrauische Vater, der der Einengung seiner kaiserlichen Rechte nicht zusehen wollte.

Doch als sich jetzt nach acht Jahren der Vater und der Sohn gegenüberstanden, siegten Vater- und Sohnesliebe über die engherzigen Bedenken.

Der Maximilian, der vor acht Jahren in die Niederlande gezogen war, war ein Jüngling gewesen, ähnlich seinem *Theuerdank*. Nun stand vor dem Vater ein Mann von sechsundzwanzig Jahren, der sich als siegreicher Feldherr in einer feindlichen Umwelt behauptet hatte. Und dieser junge Mann von königlicher Haltung, von bestechender Liebenswürdigkeit, gereift durch Kampf und Leid, er wußte das Herz des Vaters für sich einzunehmen. Er gelobte der Kaiserlichen Majestät, »ein gehorsamer Sohn und allezeit getreuer Untertan zu sein«, und verpflichtete sich, »daß er an keinem Ort, weder in den Erblanden noch im Reich, die kaiserlichen Machtbefugnisse beirren oder mindern werde«.

So berief man schließlich nach gemeinsamem Willen für Ende Januar 1486 einen Fürstentag nach Frankfurt ein, um dort die Königswahl zu vollziehen. Am 16. Februar war dann der große Tag gekommen. Man hatte sich im Vorfeld auf Maximilian geeinigt. Vorher hatte der Kaiser an Mainz und Kurpfalz die Regalien verliehen und ihnen damit erst die Teilnahme an der Wahl ermöglicht. Das Weltgeschehen Königswahl konnte beginnen. Neben dem Kaiser und König die Kurfürsten, alle in prangenden Gewändern und auf edelsten Pferden, das Heer der Begleitung und der militärischen Eskorten. Neben dem streitbaren Kurfürsten von Sachsen sein Bruder Albrecht, der den bezeichnenden Namen »der Eiserne« trug. Er selbst und die zweihundert Ritter seiner Begleitung, die im schwarzen Harnisch einen düsteren Glanz verbreiteten. Herzog Albrecht von Sachsen hatte als des Erzherzogs Feldmarschall seinem Herrn getreue und unerschütterliche Waffendienste in den schweren Kämpfen in den Niederlanden geleistet, und um seinen Namen lag der eherne Ruhm des Siegers.

Dem Volk stockte der Atem, als es den pockennarbigen, gewaltigen Erzbischof von Mainz, den Führer der Reformbewegung, erblickte. Er hielt den Blick abgewandt, schaute durch das staunende Volk hindurch, ganz dem Jenseits und seinen großen Plänen für das Diesseits zugewandt.

Der alte Kurfürst Albrecht Achilles von Brandenburg wurde in einer Sänfte herangetragen. Als er sich vor den nahenden Majestäten vom Sitz erhob und sich verneigte, murmelte er mit schmerzverzerrtem Gesicht: »Dies ist mein letzter Dienst an dem Kaiser und dem Römischen Reich, aber ich tue ihn gern.«

Ein kaum vorstellbares Schaugepränge, was sich in den Straßen und auf den Plätzen Frankfurts und Aachens vollzog. Verschwendung war ein Kennzeichen der damaligen Ritterkultur. Insofern war Maximilian nicht Ausnahme seiner Zeit, sondern ein Symbol.

Joachim Bumke berichtet uns in seinem Werk »Höfische Kultur«, »daß ein Ritter, um seinem Fest ein besonderes Gepränge zu geben, auf einem Acker Goldstücke ausschüttete, die dann wie in einem lustigen Spiel gesucht wurden«.

Alle Vorfragen zur Königswahl waren geklärt. Die Handsalbungen und Privilegienverteilung geschehen. Doch der große Erfolg der Wahlversammlung war Maximilian selbst. In einer großen Rede eroberte er die Herzen seiner Zuhörer, entwarf Visionen einer neuen, besseren Reichsordnung, und manchem Zuhörer war es, als sehe er eine neue Zeit heraufziehen. Auch Maximilian war tief gerührt. Zwar hatte er oft erfahren, daß er mit seinem Charme und seiner angeborenen Herzlichkeit Menschen bezaubern konnte. Daß es ihm aber möglich war, die Herzen einer großen Versammlung der höchsten Herrn im Römischen Reich für sich zu gewinnen, war wohl seine erste Erfahrung. Der Wahlakt vollzog sich in der Liberey. Der kleine Raum genügte, da ja nur der Kaiser, Maximilian und die sieben Kurfürsten als Handelnde nötig waren. Maximilian wurde einstimmig gewählt. Dem Kaiser standen Tränen in den Augen. Nach so vielen Fehlschlägen, Demütigungen und Enttäuschungen und trotz der Schelte der ganzen Welt war es ihm gelungen, der Dynastie Habsburg das Kaisertum zu erhalten, so daß bis zum Jahre 1806, also dreihundertzwanzig Jahre lang, die Kaiserkrone immer auf dem Haupte eines Habsburgers glänzen sollte. So hatte seine Politik doch zu den Zielen geführt, die er mit AEIOU so einfach und zwingend formuliert hatte. Das Ergebnis der Wahl wurde vom Hohen Chor »urbi et orbi« verkündet. »Fast taumelig ward den Zuschauern auf dem Lettner bei Klange der Trompeten und Pfeifen«, schrieb Johannes Kremer, der Diener des Frankfurter Ratsschreibers. »Am Morgen des 28. März 1486 sah man von Frankfurt aus eine große Flotte den Rhein abwärts ziehen, hin nach Köln, um von dort den Krönungszug nach Aachen anzutreten. Vorher machte die Krönungsgesellschaft einen Halt in Rhense, wo sich Maximilian nach uraltem Brauch auf den steinernen Königsstuhl setzte, wie es die fränkischen Könige vor ihm getan hatten. Am 31. März traf man in Köln ein und zog von dort über Düren nach Aachen. Am 4. April gelangte der Krönungszug vor die Stadt Aachen. An den Stadttoren wurde das Wahldekret ausgewiesen, dann erst öffneten Bürgermeister und Torwächter die Tore. In großer Prozession wurden Kaiser und König von Klerus und Bürgerschaft eingeholt, wo Maximilian das in Gold gefaßte Kaiserhaupt Karls des Großen küssen mußte. Dann machte sich der Krönungszug in die Liebfrauenkirche auf, um zu dem Gnadenbild zu beten. Nunmehr führte man Kaiser und König in ihre Herberge.

Der Krönungszug in Gold, Silber, Hermelin und Samt war mehr als eine Versammlung von Fürsten und Edlen. Es war schließlich der gesamte christlich-kaiserliche und fränkische Kultus, der den geistigen Inhalt des Heiligen Römischen Reiches ausmachte. Der 9. April war als Krönungstag festgelegt. Aus Nürnberg waren die gewichtigen Ratsherren mit den Krönungsinsignien voll bürgerlichem Selbstbewußtsein und durchdrungen von der Wichtigkeit ihrer Aufgabe angereist.

Dann schritt Maximilian die sieben Stufen zum Throne Karls des Großen empor, sicher eine der wichtigsten Zeremonien. Zuerst reichte der Erzherzog seine Hände zur Salbung, dann wurden ihm Mantel und Rock über der Brust geöffnet und Augen, Mund und Ohren – »der Sinne Gewalt, dem Menschen untertan zum königlichen Amt berufen« – mit dem heiligen Öl gesalbt. Nun wurde er mit den goldenen Krönungsgewändern bekleidet, die mit symbolhaften Bildern geschmückt waren. Dann erhielt er das mit Edelsteinen geschmückte, funkelnde Schwert des großen Karl, das Zepter und den Reichsapfel. Jetzt traten wieder drei Erzbischöfe in ihrer Eigenschaft als Priester und Kurfürsten in Erscheinung und setzten dem Erzherzog die silberne Krönungskrone auf. Dann beantwortete der insignierte König die Königsfragen: »Ob der Gewählte den überlieferten katholischen Glauben halten, die heilige Kirche schützen, das Reich gerecht regieren, die Rechte des Reiches wahren, Witwen und Waisen schirmen, der römischen Kirche und dem Papst treu und gewärtig sein will?«

»Volo, das will ich getreulich vollbringen, so wahr mir Gott helfe und alle Heiligen«, gelobte der König, und seine sonore Stimme hallte wider im Oktogon des Marienmünsters. Am Ende aller Krönungszeremonien erhielten zweihundert Mitkämpfer, die in schimmernder Rüstung um ihren neuen König versammelt waren, den Ritterschlag, darunter so hochgestellte Herren wie Pfalzgraf Philipp, die Herzöge von Sachsen und Jülich, Albrecht Markgraf von Baden, Wilhelm, Landgraf von Hessen und der junge Herzog Karl von Geldern.

Diese Zeremonie macht eines deutlich, man konnte ein hochgeborener Herr sein, aber das war kein eigenes Verdienst, sondern das Schicksal angeborenen Standes. Das Rittertum aber war nicht vererbbar, es mußte durch jeden Träger neu erworben werden.

Im Aachener Rathaus wurde das Königsmahl abgehalten, wobei die Kurfürsten die Erzämter ausübten. In der Ecke des großen Saales stand nach burgundischem Brauch die große Kredenz, auf der es nur Gold- und kein Silbergeschirr gab. Kaiser und

König saßen acht Stufen überhöht unter goldenen Baldachinen und unter ihnen die Edlen des Reiches, die nicht von Gold, sondern von Silber aßen. Über fünfzig Gerichte wurden aufgetragen, darunter allein dreißig Fleischgerichte. Vor dem Mahl wurde dem König feierlich das große und das kleine Reichssiegel überreicht, der gab es weiter an seinen Kanzler, den Erzbischof von Mainz, der sie sich um den Hals hängte und während des ganzen Mahles trug.

Aber auch des Volkes wurde gedacht. Am Marktplatz drehten sich gebratene Ochsen am Spieß, und aus den Brunnen floß goldener Rheinwein.

Der alte Kaiser war mit Zugeständnissen gegenüber den Kurfürsten immer zurückhaltend gewesen. Es ging ihm ums Bewahren und weniger ums Neuerwerben. Der junge König jedoch benutzte freigebig, wie es seine Natur war, das Füllhorn Seiner Gnaden. Am 2. Mai 1486 bestätigte er dem Erzbischof Berthold von Mainz alle Privilegien seines Erzstiftes. Gleichzeitig gewährte er ihm Aufschub aller Forderungen und erneuerte ihm die Gerechtsame des Erzkanzleramtes. Damit übergab er die Stadt Mainz völlig in die Hand des Erzbischofs. Diese Summe von Zugeständnissen wird nur dann sinnvoll, wenn man davon ausgeht, daß Maximilian die Verdienste Bertholds von Henneberg bei der Königswahl belohnen wollte. Der ganze Vorgang aber hat sich hinter dem Rücken des alten Kaisers vollzogen.

Indessen wurde Maximilian sehnsüchtig in seinen Erblanden erwartet. Bereits von Frankfurt aus hatte er den Ständen Niederösterreichs mitgeteilt, daß er baldigst an der Spitze eines Reichsheeres erscheinen wolle, um den Usurpator Corvinius aus seinen Erblanden, vor allem aus Wien, zu vertreiben. Es sind uns Stimmen erhalten, wie die des Wiener Arztes Tichtel, der da schrieb: »Wie lange willst Du noch zögern, Herzog von Österreich? Schäme Dich, schäme Dich.« Ein anderer Österreicher erklärte, daß die Anwesenheit des Erzherzogs Maximilian wichtiger sei als viertausend Mann an Kriegsvolk.

Aber ein politisch erfahrener Mann wie Albrecht Achilles von Brandenburg setzte dagegen, daß Maximilian vor allem in

Flandern sein und seiner Kinder Erbe gegen die Anmaßung der Stände mit ihrer wankelhaften Treue verteidigen müsse. Erst dann könne er die Landräuber aus Österreich vertreiben.

Und auch der hinterhältigen Dame Anne von Beaujeu sei nicht zu trauen, die den Machtzuwachs ihres burgundischen Nachbarn durch sein Königtum im Reich wohl nicht hinnehmen werde.

Ja, wo sollte Maximilian nicht überall eingreifen! Er stand in der Lage eines Mannes, dessen Haus an allen vier Ecken brennt, und der sich nun fragt, an welcher Ecke er denn nun beginnen solle, den Brand zu löschen.

Er entschloß sich zum Kampf gegen Frankreich, das ihm nach dem Frieden von Arras als der wichtigste und schädlichste Feind des Reiches, namentlich des Hauses Habsburg erschien. Er versicherte sich der zweifelhaften Hilfe Englands, das unter der klugen Regierung Heinrichs VII. seinen Aufstieg als Wirtschaftsmacht vollzog. England begann, seine Rohstoffe selbst industriell zu verarbeiten und dies nicht mehr auf andere Länder, wie zum Beispiel Flandern, zu verlagern. So entstand die große, blühende Tuchindustrie Englands.

Dieses England im Kampfe gegen Frankreich an sich zu binden, erschien Maximilian so erstrebenswert, daß er die Vorteile der flanderschen Städte aus dem Auge verlor. Als die englische Tuchindustrie sich in Antwerpen etablierte, hatte Maximilian zwar einen freundlich gesinnten Partner gewonnen, in Flandern und seinen großen, handelsstarken Städten aber erbitterte Feindschaft gesät. Sein Vater, der Kaiser, riet ihm dringend, in seine Erblande zu kommen, wo das Volk von ihm die Befreiung durch den ungarischen Usurpator erhoffte. Aber vor Maximilians Auge hatte sich ein gewaltiges Traumgebilde aufgebaut.

Herzog Franz von der Bretagne war gestorben und hatte eine begehrenswerte Erbtochter, Anna, hinterlassen. Nun hätte wohl jeder erwähnenswerte Prinz die bretonische Erbtochter freien können, nur einer nicht, Maximilian von Habsburg. Der Habsburger als Herr der Bretagne, das war für Frankreich eine nicht hinnehmbare Zumutung. Besonders in diesem Tun wurde Maximilian Traumtänzerei und zügellose politische Phantasie vorgeworfen! Aber sind nicht alle großen Ideen in ihrem Kern phantastischer Natur? War der Alexanderzug nicht der Gipfel politischer Phantasterei?

War die Idee des Christoph Columbus, mit drei kleinen Caravellen ins offene Weltmeer vorzustoßen, um den Seeweg nach Indien zu entdecken, etwa nicht phantastisch?

Alle großen Ideen der Menschheit sind, wenn sie scheitern, phantastisch, und wenn sie gelingen, verneigen wir uns in Ehrfurcht. Nähme man der Menschheit ihre großen Ideen, auch ihre nicht verwirklichten, was bliebe übrig als ein großer blutiger Kramladen. Und wäre die Idee der bretonischen Heirat Maximilians mit der Erbtochter der Bretagne gelungen, so wären die Machtverhältnisse in Europa grundlegend verändert worden und dem Lauf der Geschichte ein anderer Weg gewiesen.

Frankreich wäre aufgeteilt worden zwischen Habsburg und England, und Habsburg-Burgund wäre die bestimmende Hegemonialmacht in Europa geworden.

Es gab schon gute Gründe für Maximilian, die Hand der Herzogin Anne und zugleich das Herzogtum Bretagne zu erwerben.

Endlich wären auch Kräfte und finanzielle Mittel freigeworden, um die Ungarn zu vertreiben, und es wäre an einen Türkenfeldzug und auch an einen Kreuzzug zu denken gewesen, ein Ziel, das Maximilian bis zum Ende seiner Tage verfolgte. Zwischen einer Einigung und einem Interessenausgleich Burgunds mit Frankreich waren Ströme von Blut geflossen, die unüberwindlich schienen.

Und dann Burgund und die Niederlande selbst. Hatte man dort nach Maximilians Königskrönung gehofft, daß Geld aus den Erblanden und Österreich fließen würde, so sah man sich bitter enttäuscht.

Nein, Maximilian forderte neues Geld von Flandern und Burgund. Als nun Maximilian eine Steuer in Höhe von neunhunderttausend Gulden forderte, war das der berühmte Tropfen, der das Faß zum Überlaufen brachte. Man plante, Maximilian in einen Hinterhalt zu locken. Der, gutgläubig und von der Durchsetzungskraft seiner Person überzeugt, schlug alle Warnungen in den Wind. Sein »lustiger Rat«, Kunz von der Rosen, treuester Begleiter und Freund von Jugend an, ritt an seiner Seite durch das Kreuztor in Brügge ein und schüttelte drastisch den Kopf, als ob er nicht mehr auf seinen Schultern sei, und riet seinem Herrn, gleich wieder durch das Genter Tor aus Brügge herauszureiten. Und nun antwortete Maximilian: »Wer nicht alles wagt, muß sich vor jedem fürchten.« Wahrlich, die Antwort eines Ritters, aber auch die eines Staatsmannes?

In den Städten wühlten venezianische Kaufleute im Auftrag Frankreichs gegen Maximilian. Und es wurde das böse Wort infiltriert, das bis zum heutigen Tage das Denken der Menschen vergiftet: »Huomo morto non fe guerra!«*

Als Maximilian seine Truppen in die Stadt einziehen lassen wollte, waren die Tore mit der fadenscheinigen Behauptung, daß verdächtige Reiterscharen vor der Stadt streifen würden, vor denen man sich schützen müsse, geschlossen.

Der andere Tag brachte die Antwort. Zweiundfünfzig Gilden mit ihren Bannern und zweiundfünfzig Kanonen marschierten in die königliche Pfalz ein.

Immer noch glaubte Maximilian, daß der Adel und das Bürgertum auf seiner Seite stünden. Er lehnte in der Sicherheit seines Gottesgnadentums jegliche Forderungen ab, worauf der Pöbel in Erscheinung trat. Maximilian, der ein Blutvergießen vermeiden wollte, trat zu Fuß, begleitet von den Herren Polheim und Mengoval, in die tobende Menge. Aber er mußte erkennen, daß die verhetzte Masse keinen rationalen Überlegungen zugänglich war. Am Abend des 6. Februar – der König wollte sich zu Bett begeben –, brach der rasende Pöbel in den Königshof ein. Diesmal trat Maximilian sogar ohne jede Begleitung in die tobende Menge und fragte: »Warum der Tumult?«

Der Stadthauptmann drängte sich vor und fragte den König, ob es stimmte, daß der Markgraf von Antwerpen her heranrückte, um die Stadt zu stürmen, in Brand zu setzen und die Bürger zu massakrieren. Danach gelang es dem Stadthauptmann, die Ruhe wiederherzustellen. Am anderen Morgen erschien er wieder beim König und bat ihn, er möge sich auf dem Marktplatz

* »Ein toter Mann kann keinen Krieg mehr führen.«

zeigen und den anderen Bannerherren die beruhigende Mitteilung machen, die er am vergangenen Abend gegeben habe.

Der König, tief getroffen in seinem Gottesgnadentum, überwand sich, ging hinaus auf den Markt, nur in Begleitung des Herrn Polheim und dreier anderer Herren, und erklärte dem nächststehenden Zunftmeister, es handle sich nur um Gerüchte, deren einziger Zweck es sei, die Stadt in Aufruhr zu versetzen. Noch während der König sprach, sah er, daß die Zugänge zum großen Markt besetzt und geschlossen wurden und daß er Gefangener seines eigenen Volkes war. Wohlmeinende veranlaßten den König, den militärisch ungesicherten Königshof zu verlassen und in die Kranenburg überzuwechseln. Ein festes, vergittertes Haus, das einem Gewürzhändler gehörte. Der König konnte durch die vergitterten Fenster schauen und sah, was sich auf dem großen Markt vollzog. Er glich einem Heerlager.

Die Bürger von Brügge, obwohl sie ihren König festgesetzt hatten, waren trotz allem vernünftige, auf Ausgleich bedachte Bürger. Anders die Genter, deren Masse man jedoch den Zutritt in die Stadt verweigerte, doch war es einigen hundert Leuten gelungen, durch die Tore zu kommen und zusammen mit den französischen Agenten, die mit Gold nicht sparten, die Bevölkerung aufzuhetzen.

Der König schmuggelte einen Brief an seinen kaiserlichen Vater aus der Stadt heraus. Dieses Schreiben schildert die Zustände in der Stadt und die Seelenhaltung Maximilians besser, als andere Worte es könnten:

»Gnädigster Kaiser! Meine willigen Dienste zuvor. Mein Anliegen muß ich mit eigener Hand auf das kürzeste mit großer Not zu erkennen geben. Meiner Schätzung nach wird der Leib meines Sohnes (Erzherzog Philipp) verschont, aber ich muß sonder Geld ihn an das Regime übergeben und den Zorn bestehen. Auch wollen sie mir Gift geben und mich damit töten. Hilft Gott von hinnen, will ich bereit sein, Eurer Majestät und dem Reich zu dienen. Weiß nicht, ob meine Meister mir Geld geben, daß ich von hinnen kann, oder sie werden mich töten. Dann bin ich bezahlt. Sie tun alle meine Leute von mir. Das ist der letzte Brief, ein für allemal.«

Auch in der persönlichen Bedrängnis verlor der König nie seine Würde, nie seine ruhige Überlegenheit. Er verstand es, sich auf alle Anklagen offensiv und argumentativ zu verteidigen. Hohe Beamte wurden ihrer Ämter enthoben, und man versuchte, neue Erfüllungsgehilfen der Revolution, denn das war ja wohl dieser Aufstand, ihm an die Seite zu stellen.

Darauf antwortete der König beredt: »Es scheint mir nicht schicklich, meine Diener aus fremder Hand zu nehmen, denn allein ich weiß, wessen das Land bedarf. Heute lächelt die Fortuna Euch, aber bedenkt, wie schnell das Rad sich wenden kann. Nicht leicht findet ihr einen, der redlicher für die Provinzen sorgt als ich im Namen des Herzogs, meines Sohnes. Für Burgund habe ich auf den Schlachtfeldern gekämpft, für Burgund elf Jahre mich abgemüht. Und auch diesmal komme ich nicht als Widersacher, sondern als Freund zu meinen Untertanen. Auch stehe ich nicht allein. Bin ich heute in Eurer Gewalt, so wird das Reich nicht zögern, seinen König zu befreien. Läßt der Kaiser Euch seine Hand fühlen, so gedenket dieser Stunden.«

Es wurde von den Rebellen unermüdlich bedrängt, auf die Vormundschaft, das heißt auf die Regentschaft, zu verzichten. Das Recht der Steuererhebung sollte ihm genommen werden, er sollte das Land verlassen und den Frieden von Arras, der ja ein Frieden zugunsten Frankreichs war, wieder als rechtens annehmen.

Hinter dem lärmenden Pöbel von Brügge und Gent stand ein zu allem entschlossener Gegner: Frankreich! Anne von Beaujeu, die Regentin Frankreichs, hatte von ihrem Vater nicht nur die politische Kraft und Verschlagenheit geerbt, sondern auch den nie zu stillenden Haß gegen das Haus Habsburg. Eine kuriose Lage, wenn man bedenkt, daß Maximilians Tochter Margarete von Österreich Königin von Frankreich war. Die Ehe war »per procura« geschlossen, damit rechtskräftig, wenn sie auch wegen der Jugend der beiden Eheleute nicht vollzogen war. Aber in den Fragen der Staatsräson wurde ja nie Rücksicht auf Recht oder gar auf Gefühle genommen.

Am 1. Mai 1488 wurde der Bund der Generalstaaten zur Ausübung der höchsten Gewalt und zur Aufrechterhaltung ihrer

Freiheiten beschlossen. Man lockte den König mit Geld. Gegen eine Zahlung von hundertfünfzigtausend Gulden Entschädigung sollte er unter Eidesleistung auf jeden erdenklichen Einspruch verzichten, vielmehr sollte er auf Papst, Kaiser und Fürsten einwirken, dieser Vereinbarung zuzustimmen.

Maximilian vereinsamte. Seine Vertrauten, sein Kanzler Carondolet, Wolfgang von Polheim und Veit von Wolkenstein, Jean de Maingoval, Melchior von Maasmünster und Johann Dechitz, wurden unter den Augen des Königs abgeführt. Während auf dem Marktplatz – der König konnte das Geschehen durch die Gitter verfolgen – die Zimmerleute ein hohes Schaugerüst bauten, darauf eine Streckbank, auf der einige der Räte des Königs unter dem viehischen Gebrüll des Pöbels gefoltert wurden, bis sie erklärten, sich verschworen zu haben, königstreues Kriegsvolk in die Stadt zu holen, um die Bürger zu züchtigen. Maximilian mußte das ganze grausame Schauspiel mit ansehen und das Gnadengeschrei der Gefolterten anhören. Nach weiteren Folterungen wurden wenige Tage später zehn von ihnen enthauptet. Außer der Isolierung von seinen Getreuen kam hinzu, daß die Welt um ihn herum stumm geworden war. Vom kaiserlichen Vater kam keine Antwort. Vom Sohn, dem Herzog und Regenten der Niederlande, auch kein Wort. Die Botschaften des Vaters wie des Sohnes waren von den Brügger Wachen abgefangen worden, und Maximilian konnte sich zu Recht vereinsamt fühlen.

Herzog Philipp hatte an den Kurfürsten von Köln eine Botschaft geschickt und ihm von der unhaltbaren Lage des Königs berichtet. Als endlich die näheren Umstände bekannt wurden, griff langsam die Empörung um sich, und man erkannte, daß es sich nicht nur um die Brüskierung des Hauses Habsburg handelte, sondern um die Beleidigung des ganzen Reiches in der Person des Königs. Die Humanisten sprechen voller Empörung über die Schmach von Brügge. Wiwold von Schaumburg, der wenige Jahre später des Königs Tochter Margarete vor französischem Schimpf bewahrte, überstieg sich sogar und verglich die Leiden Maximilians mit den Leiden Jesu am Kreuze.

Langsam organisierte sich der Widerstand gegen die flämischen Rebellen. Erzherzog Philipp befahl dem Generalkapitän von Flandern, Philipp von Kleve, den Aufstand der Rebellen niederzuschlagen. Philipp von Kleve eroberte zunächst den wichtigen Seehafen von Brügge, Sluis, und schnitt damit den Nachschub über das Meer ab. Dann verheerte Philipp von Kleve das Umland der flanderschen Städte, aber viel gewichtiger war, daß die großen Handelskompanien, nicht nur die Deutschen, sondern auch die Spanier, die unsichere Stadt verließen und ins friedlichere Antwerpen zogen. Die Bemühungen des Kaisers um einen Kriegszug für den bedrängten Sohn taten die deutschen Stände auf dem Tag zu Würzburg, namentlich die deutschen Kurfürsten, als eine Sache des Hauses Habsburg ab.

Hingegen zeigte der schwäbische Bund mehr Reichsverständnis, so daß der Kaiser schließlich mit elftausend Knechten und viertausend Reitern zu Felde ziehen konnte. Als er Köln erreichte, erhöhte sich seine Truppenkraft auf zwanzigtausend Mann. Das war im Mittelalter ein großes, bedrohliches Heer.

Hatte Maximilian nichts davon gehört, oder hatte man es ihm verschwiegen? Oder war sein Gemüt durch die Isolation, durch die dauernde Folge der Schicksalsschläge so verdüstert, daß er die Welt nicht mehr so sah, wie sie war?

Am 16. Mai 1488 zogen die Zünfte mit allen ihren Bannern und Standarten zum Marktplatz, auf dem eine Schaubühne mit Altar und einem Thron errichtet war. Hier sollte Maximilian den schicksalsschweren Eid leisten, mit dem sich das Haus Habsburg aus der Geschichte Burgunds verabschieden sollte. Aber es mußte doch unter dem Eindruck der Verhältnisse, dem nahenden Reichsheer, der Tatsache des päpstlichen Bannes über die Niederlande und auch das Entsetzen der gefürsteten Häupter Europas, daß an einen von ihnen Hand angelegt worden war, ein Gesinnungswandel unter der Bevölkerung Brügges eingetreten sein. Als Maximilian, aus der Kranenburg kommend, den Marktplatz betrat und sich auf dem errichteten Thron niederließ, jubelte das Volk ihm zu und warf sich ihm zu Füßen. Und unter der Devotion der Bevölkerung las ein flämischer Notar ein Pergament vor, über das man lange mit Maximilian verhandelt hatte. Hell klang die Stimme des Notars über den Marktplatz, über die Stände von Brügge und Gent und auch zum Thron des Königs empor: »Maximilian, gewester Herr und Herzog, willigt in eine volle gegenseitige Vergebung ein. Im weiteren verspricht der Fürst, daß er die Grafschaft Flandern binnen weiterer vier Tage verlassen und binnen weiteren vier Tagen aus den Niederlanden zu ziehen. Er läßt sich fünfzigtausend Pfund ausbedingen. Nach Unterzeichnung dieses Vertrags und Siegelung mit Petschaft beider Städte soll die Freilassung des gewesten Herzogs von Burgund erfolgen.«

Der König gelobte nun in die Hand des Bischofs den Friedenseid und schwor, ihn in Treuen zu halten und auf keinerlei Weise, weder mit Waffen noch mit Diplomatie noch mit juristischen Anfechtungen, dagegen zu verstoßen. Und nun kam ein Zufall, der keines Menschen Schuld noch seiner Voraussicht unterstand. Der Herzog Philipp von Kleve, bislang Maximilians treuester Schwertarm in den Niederlanden, schwor, verspätet eintreffend, den flanderschen Ständen, für die Erfüllung des Vertrags zu bürgen, dem Eidbrecher aber mit Blut und Gut zu widerstehen.

Dieser Eid sollte viel Leid über das Land bringen.

Der König bestieg dann das Pferd und ritt durch das Heiligkreuztor davon.

Außerhalb der Stadt, oder besser, der Stadt entronnen, rief der König noch einmal die Vertreter von Brügge zu sich und sagte ihnen: »Ihr Brüggelinge habt mich zu einem Frieden gezwungen, der nach Eurem Willen gemacht wurde, ich habe versprochen, ihn einzuhalten, aber Bedingungen zugefügt, und ich werde ihn nach Möglichkeit einhalten. Aber ich glaube, daß mein Vater, die Kaiserliche Majestät, ihn nicht bestätigen wird. Er steht jetzt mit einem mächtigen Heer in Brabant, daher rate ich Euch, alle Sorgfalt anzuwenden, um ihn zu versöhnen.«

Und genauso kam es auch! Als Maximilian bei der Majestät in Löwen ankam, erklärte diese, Maximilian habe gemäß Krönungseid und in seiner Eigenschaft als Reichsfürst dem Römischen Reich gegenüber höhere Pflichten, als den flandrischen Städten zu gehorchen, und forderte von ihm die Züchtigung der flämischen Rebellen. Auf dem Feld zu Ardenberg wurde ein Kriegsrat abgehalten. Zwei Doktoren der Rechte bewiesen, daß der Eid als erzwungen und nicht als bindend angesehen werden könnte. Als Begründung gaben sie an: »Die flandrischen Städte haben ihr Versprechen, dem König zu Brügge Sicherheit zu geben, gebrochen, des ferneren ist er wider das Völkerrecht gefangengesetzt, der von ihm beschworene Vertrag ist wider das Recht der Goldenen Bulle, denn es ist nicht statthaft, ohne Willen und Wissen des Reichs Landesteile einer fremden Macht zuzuwenden, zudem haben die flandrischen Städte wider den Willen des Herrn freventlich Hand an ihn gelegt. Danach ist alles, was der König gezwungen, zugesagt, als null und nichtig und kraftlos anzusehen, und er ist den eidbrüchigen Flamen nicht das geringste zu leisten schuldig.«

Es war eine schwere innerliche Entscheidung für Maximilian, den erpreßten Eid zu brechen. Aber schließlich war seine Verpflichtung als römischer König und die Treue gegenüber dem Kaiser wichtiger als der erzwungene Eid.

Mit Macht brach jetzt das Reichsheer in Flandern ein. Gemäß dem Brauch der Zeit wurden ganze dörfliche Landschaften dem Erdboden gleichgemacht. Das System der Wüstung wurde Prinzip. Maximilian versuchte sich für menschlichere Wege einzusetzen. Doch die Verbitterung war zu groß. Hinzu kam, daß Maximilian seine Söldner nicht bezahlen konnte und Plünderungsfreiheit geben mußte, um die Söldnerverbände im Heer zu halten. Maximilian selbst verbrachte Wunder an Tapferkeit, so daß man fast meinen könnte, er habe damals den Tod gesucht.

Neben allem Staatsgeschehen vollzog sich eine menschliche Tragödie. Der Freund vieler Schlachten, ja man könnte sagen Maximilians Schwertarm in Flandern, Philipp von Kleve, fühlte sich seinem ritterlichen Schwur verpflichtet. Er sah ihn Maximilian den Eidesbrecher des Vertrags von Brügge und stellte sich nun nicht nur an die Seite der Flamen, sondern wurde ihr genialer Heerführer und Vereiner der so oftmals gespaltenen flämischen und niederländischen Völker. Philipp von Kleve eroberte das königstreue Brabant und den Hennegau. Er stürmte Löwen, zog vor Brüssel, verstärkte den Widerstand der Genter, öffnete in Seeland die Schleusen und warf den entsetzten Deutschen die entfesselte Wut des Meeres entgegen. Als der Kaiser über ihn die

Reichsacht verhängte, fühlte er sich endgültig aller Lehnsverpflichtungen entbunden.

Als der Herbst kam, zerfiel das Reichsheer. Mit den fallenden Blättern zogen die des Krieges müde gewordenen Mainzer, Pfälzer und Würzburger wieder nach Hause. Auch der Kaiser war den Anstrengungen des Kriegszugs nicht mehr gewachsen. Als Siebzigjähriger, müde und verbraucht, zog er über Köln nach Innsbruck, um die Tiroler Frage zu befrieden. Maximilian blieb alleine zurück. Die kalte Luft der Einsamkeit war um ihn. So zog er Weihnachten zwar bettelarm, aber immer noch voller Träume ins Reich zurück. Zwölf Jahre hatte er dem burgundischen Traum geopfert. Zwölf Jahre, in denen er blendende Schlachten geschlagen, aber auch die größten Demütigungen erlitten hatte. In einem Brief an die Stände des Hennegau erklärte er, bald wiederzukommen, wenn er auf dem Reichstag zu Speyer, der dann nach Frankfurt verlegt wurde, die Macht des Reiches aktiviert hatte, um die trotzigen flandrischen Städte und Stände niederzuwerfen. Aber – er wußte es nicht – es wurde ein Abschied für immer. Seine Stellvertreterschaft übergab er in die treuen Hände des Herzogs Albrecht von Sachsen, eines Mannes von vorbildlicher Reichs- und Königstreue. Anders als die meisten deutschen Fürsten, die von Reichsverdrossenheit und Eigennutz glänzten, war er ein leidenschaftlicher Vertreter einer starken Reichsgewalt. In vielen Kriegen und Kämpfen hatte er sich hervorgetan, und der Mann erklärt sich am besten mit seinen eigenen Worten: »Lieber sollen alle sächsischen Fürsten nach Brot gehen, als daß ein römischer König Hunger leide.« Ein anderes Wort von ihm: »Ich bin bereit, alles, was ich an Geld und Gut besitze, nötigenfalls zu Geld zu machen, um meinem Herrn und König Dienste zu leisten, von denen man noch in hundert Jahren sprechen wird.« Eine Kämpfernatur von verwegener Tapferkeit, kampfgestählt und erprobt, lebt er seinen Wahrspruch: »Gottes Freund, aller Welt Feind«.

Er übernahm nun das Kommando in den Niederlanden und verdiente sich erneut den Namen, den er schon in den Ungarnkriegen erworben hatte: »Schild des Römischen Reiches«.

Albrecht von Sachsen war nicht nur ein gewaltiger Held, sondern auch ein Meister des Kleinkriegs. Wir würden heute sagen:

ein Meister des Partisanenkriegs, zu dem sich die schwer überschaubaren Niederlande mit ihren Kanälen und Grachten, mit ihrer Buschlandschaft, anboten. Zunächst gelang es ihm, aus dem zusammengewürfelten Haufen, aus dem seine Truppen bestanden, ein einiges Heer mit Mut und Kampfgeist zu formen, das Instrument seiner Taten. In einem zähen und hinterhältigen Krieg gelang es ihm, Position um Position, Stadt um Stadt zu erobern. So erreichte er das, was dem Reichsheer nicht gelungen war, mit Ausdauer, Energie und Härte.

Die Niederlande waren nicht nur in ihrer wirtschaftlichen Entwicklung, sondern auch in der Ausformung der sozialen Verhältnisse dem Reich überlegen. Was die künftigen Bauernkriege im Reich vorwegnahmen, der Kampf der Armen, der Bauern gegen die Reichen, vor allem gegen die Feudalherren, das fand hier statt. Hier nannte sich die Aufstandsbewegung nicht Bundschuh, sondern der Brot- und Käsekrieg der Hoeks gegen die Kabeljaus. Philipp von Kleve verband sich mit den Hoeks, Albrecht mit den Kabeljaus. Albrecht von Sachsen blieb Sieger und konnte seinem königlichen Herrn die besiegten Niederlande zu Füßen legen.

Aber auch die politische Großwetterlage hatte sich geändert. Der junge König Karl von Frankreich war mündig geworden. War er auch äußerlich eine bizarre Erscheinung, ein großer Kopf auf einem buckligen Rumpf, so war sein Herz dennoch erfüllt von den Ideen der Zeit, von Rittertum und Heldentaten, mit denen er sich einmal verewigen wollte. Er war der Macht seiner älteren Schwester, Anne von Beaujeu entglitten und versuchte eine eigene Politik. Italien war das Ziel seiner Vorstellungen. Hatten dort nicht die großen Vorgänger, Karl der Große und Karl von Anjou, ihrer Zeit das unvergängliche Siegel ihrer großen Taten aufgedrückt?

Aber bevor der Weg nach Italien frei war, mußte der Schutt einer jahrzehntelangen französisch-burgundischen Politik beiseite geräumt werden. Die Kleinkriege in den Niederlanden versprachen weder Geld noch Ruhm. Karl schickte eine Friedensgesandtschaft nach Deutschland, die dem König Maximilian den unglaublichen Vorschlag machte, alle französischen Truppen aus Flandern und Brabant abzuziehen und sogar französische Hilfe zu leisten, um die Gebiete Habsburg zu unterwerfen. Die aufständischen Städte fühlten sich nicht zu Unrecht verlassen und verraten. Sie mußten eine hohe Kriegsentschädigung zahlen und die Vormundschaft Maximilians anerkennen. Auf dem Markt zu Brügge erschienen die rebellischen Stände Flanderns, um im härenen Gewand Abbitte zu leisten. Die Kranenburg, in der König Maximilian so schmähliche Stunden erlitten hatte, mußte abgerissen werden. An ihrer Stelle wurde eine Sühnekapelle errichtet.

Margarete von Österreich und Philipp von Burgund

Während der junge König des Heiligen Römischen Reiches Deutscher Nation zurück nach Deutschland und weiter in seine Erblande ritt, wollen wir einen Blick auf das Leben seiner Kinder, Philipp und Margarete, werfen. Philipp war unter dem Druck und Zwang der Stände einem Regentschaftsrat unterstellt und seine Schwester Margarete mit dem Dauphin von Frankreich »per procura« verheiratet.

Margarete wurde am französischen Königshof mit allen Ehren einer künftigen Königin von Frankreich empfangen und behandelt. Die Erziehung übernahm Anne von Beaujeu, die kluge Tochter König Ludwigs XI. Sie hatte nicht nur des Vaters politisches Genie geerbt, sondern auch die Fähigkeit, ihre Vorstellungen schnell und nachdrücklich umzusetzen. Einen Adelsaufstand des französischen Hochadels schlug sie rasch und energisch nieder. Aber nicht nur das, sie wußte auch die Rebellen wieder an den Thron und in die Treue des Königs beziehungsweise seiner Regentin zu binden. Für Margarete war sie eine liebevolle Erzieherin. Margarete hatte gleich ihr einen raschen Verstand, verbale Schlagfertigkeit und dazu die Fähigkeit, die Wahrheit ohne Verletzungen zu sagen.

In Amboise, dem großartigen Schloß an der Loire, das damals allerdings mehr Burg und Wehrbau war, verlebte Margarete eine glückliche Jugend. Der Chronist Molinet schreibt: »Das war in dieser Welt das Paradies auf Erden.« Das französische Königshaus hatte zu dieser Zeit Fürstenkinder aus vielen Häusern des europäischen Hochadels unter der Aufsicht von Anna von Beaujeu versammelt, um hier eine Pflanzstätte französischer Lebensart und Gesittung zu schaffen.

Aber noch etwas anderes erlebte die aufgeweckte Margarete. Die Art und Weise, wie die Regentin mit dem Aufstand der

Orléans, Karl von Angoulème und dessen Vetter Ludwig von Orléans, fertig wurde. Sie verschanzten sich auf ihren Besitzungen und leisteten der Regentin Widerstand. Sie hatten aber Anne von Beaujeu verkannt, die mit stählerner Härte und geschmeidiger Intelligenz reagierte. Sie brach den Widerstand der Vettern und fügte sie wieder in das Treueverhältnis zum königlichen Throne ein.

Margarete, in der Anne wahrscheinlich eine Verwandte im Geiste sah, vermittelte ihr die Einsicht, sich nie auf den ehrgeizigen und ruhmsüchtigen Adel zu verlassen, sondern auf das Bürgertum, namentlich, wenn es durch Bildung und Ausbildung Magisterwürden erlangt hatte. Die gleiche Erkenntnis würde Margarete später unter einer anderen Regentin machen.

In die Idylle von Amboise platzte die Nachricht, daß sich der römische König Maximilian, Margaretes Vater, mit der Herzogin Anne von der Bretagne verlobt hatte. Wenn er die Hoffnung gehegt hatte, daß Frankreich diese Provokation Maximilians, der ja immerhin Schwiegervater des Köngis von Frankreich war, hinnehmen würde, so hatte er sich grundlegend geirrt. Inwieweit Maximilians Vorhaben phantastisch war, darüber haben wir uns ja schon ausgelassen.

Tatsache war, daß diese Verlobung Frankreich aufschreckte und daß die habsburgische Einkreisung von Frankreich kein Schreckbild mehr war, sondern gegebene Wirklichkeit. Maximilians Vertrauter, Wolfgang von Polheim, hatte in aller Heimlichkeit die Ehe mit der Herzogin Anne von der Bretagne »per procura« geschlossen. Dazu hatte er in Stellvertretung seines königlichen Herrn das Beilager vollzogen, indem er das rechte, bis zum Knie entblößte Bein für einen Augenblick unter die Bettdecke der Herzogin geschoben hatte. Drei Monate konnte die kleine, erst fünfzehnjährige Herzogin die Verlobung geheimhalten, dann trat sie damit an die Öffentlichkeit.

Stolz signierte sie ihre Dokumente schon als Anne, römisch-deutsche Königin. Sie sah sich schon als erste Dame des Reichs an der Seite eines Mannes,. der in Sieg und Niederlage noch immer als das Idealbild des Ritters galt. Verzweifelt wartete sie auf die Ankunft ihres Mannes, natürlich begleitet von starker Heeresmacht. Aber nichts geschah. Allein sah sich die kleine Herzogin, allein und verlassen. Ihre große Gegnerin Anne von Beaujeu, obwohl sie die Regentschaft schon an ihren Bruder, König Karl VIII., abgegeben hatte, dirigierte noch die Geschehnisse.

Sie ließ ihren königlichen Bruder in die Bretagne einmarschieren, es aber mit dieser Manifestation der königlich-französischen Macht bewenden. Allein gelassen vom angetrauten Gemahl, von königlich-französischer Macht umringt, mußte Anne wohl verhandlungsbereit sein. Als dann der französische König Karl sie um eine Unterredung bat, wird sie mehr freudig als verzagt zugestimmt haben. Der neue Eheanwärter Karl VIII. war kein strahlender Held, aber eine gegenwärtige Möglichkeit. Die Unterredung dauerte Stunden. Da war die Frage der mit Maximilian geschlossenen Ehe, die für Anne als gläubige Katholikin nicht ohne Bedeutung war. Aber dank der schwesterlichen Diplomatie der Anne von Beaujeu konnte der junge König den vorsorglich erwirkten päpstlichen Dispens vorweisen, den Frankreich dem schwachen Papst Innozenz VIII. abgerungen hatte.

Unter dem Datum des 13. November 1492 haben wir die Urkunde des Johannes Brette, Kanoniker der Kirche von Tours, Generalvikar in geistlichen und zeitlichen Angelegenheiten des ehrwürdigen Herrn Robertus, von Gottes Gnaden Erzbischof von Tours: »... Wir geben durch die Reihe der folgenden Urkunden bekannt, daß der erlauchte Fürst Karl VIII., König von Frankreich, und die erlauchte Fürstin Anne, Königin von Frankreich ... uns aus eigenem freiem Willen, beide der Reihe nach, einige Urkunden aushändigten, die Dispens, Absolution, Bericht und Mandat betreffen, die mit ihnen über die Ehehindernisse, Blutsverwandtschaft, öffentliches Ansehen und Gerechtigkeit gemacht und vom jüngst verstorbenen Papst, unserem Herrn Innocenz VIII., seligen Gedächtnisses, ihnen gewährt worden sind unter dem Datum des Jahres des Heils 1491 ... Die beiden und jeder von ihnen haben uns dargelegt, daß sie durch persönlichen Auftrag diese päpstliche Urkunde erwirkt haben, die nicht von anderen Dispensurkunden abweicht, die ihnen in dieser Sache schon vor der Hochzeit gewährt worden sind. Weil aber in der päpstlichen Dispensurkunde bekanntlich die Klausel eingefügt worden war, ›vorausgesetzt, daß die erlauchte Herrin Anne deswegen nicht geraubt worden ist‹, hat die erlauchte Herrin Anne zum Beweis und zur Rechtfertigung die Klausel im Kindbett nach der Geburt des erlauchten Dauphins Karl IX., ihres derzeit einzigen Sohnes, mit eigener Stimme folgendes erklärt: Aus eigenem und freiem Willen, keineswegs gezwungen oder verführt, sondern in ehrenvollem Schmuck, wie dies erlauchten Königinnen gebührt, bezeugt sie, zwar darniederliegend, aber mit persönlichem, leiblichem Eidschwur, daß sie wegen des Abschlusses der vorgenannten Ehe, wie dies in der päpstlichen Urkunde enthalten ist, niemals geraubt worden sei, sondern die Stadt Rennes im Herzogtum Bretagne und das Herzogtum aus freiem und eigenem Willen und Vorsatz, die genannte Ehe freiwillig einzugehen; sei sie zu unserem erlauchten Herrn und König gegangen.«

Man sieht, die Regie der Anne von Beaujeu hatte alles weit vorausgedacht und ihrem königlichen Bruder den Weg geebnet. Erwähnt werden muß noch, um ein klares Bild der Anne von der Bretagne zu gewinnen, daß es dieser erstaunlichen Frau gelang, nach dem Tode ihres Gatten Karl VIII. die Gattin ihres angeheirateten Vetters, König Ludwig XII., und so zum zweiten Mal Königin von Frankreich zu werden.

Während Anne von der Bretagne im Glück stand, tat Margarete einen tiefen Fall, ja fast einen Sturz. Doch hatte sie von ihrem Vater eine bestimmte Unbeugsamkeit geerbt. Als man sie mit einem französischen Adeligen minderen Ranges verheiraten wollte, um ihre riesige Mitgift für Frankreich zu erhalten, wurde sie ganz Fürstin. Mit voller Souveränität erklärte sie, daß eine solche Ehe nicht in Frage käme. Mit der ihr eigenen Entschlossenheit hatte sie den Lebensabschnitt Frankreich hinter sich gelassen. Maximilian kämpfte jetzt darum, die Mitgift seiner Tochter zurückzuerhalten. Während er mit einem kleinen, aber tüchtigen Heer in die Freigrafschaft Burgund einritt, zog sich Frankreich zurück. Denn sein junger König träumte große Träume von Ruhm und Sieg in Italien, und dazu brauchte er Frieden an seiner Ostgrenze.

So wurde Margarete mit Glanz von Frankreich verabschiedet. Der Leiter ihrer Königseskorte war der Jugendfreund Ludwig von Orléans, der künftige König Ludwig XII. Aber die Liebe zu Frankreich war in Margarete erloschen. Als sie auf ihrer Rückreise in die burgundische Heimat durch Melun kam, spendierten ihr die Bürger der Stadt ein Faß Wein.

Als man ihr entschuldigend erklärte, daß der Wein infolge mangelnder Sonne in diesem Jahr nicht so gut sei, entgegnete sie: »Das ist kein Wunder, daß in einem Jahr, in dem sogar die ›serments‹* nichts taugen, auch die ›sarments‹** sauer geblieben sind.«

Ansonsten blieb sie sehr zurückhaltend. Kein böses Wort über ihren ehemaligen Ehemann. Ja, als man sich auf Wunsch des französischen Königs am Stadttor von Baugy traf, berichtet uns der Historiker Jean Lemaire die Begebenheit.

Anfangs sei Margarete kühl und abweisend gewesen. Als sie dann aber erlebte, wie schmerzlich berührt sich der König zeigte, als er von seiner blonden Liebe Abschied nehmen mußte, sagte sie tröstend: »Sire, wegen Eurer Jugend kann niemand mutmaßen, daß Ihr an dem, was sich ereignet hat, schuld habt.« Und selber überwältigt von dem Leid dieser Stunde, fügte sie unter Tränen hinzu: »Dies ist über mich gekommen, ohne daß ich daran schuld bin.«

Als die beiden jungen Leute sich in ihrem Abschiedsschmerz nicht trennen konnten, trat der Seigneur Dunois, einer der Hauptinitiatoren der bretonischen Heirat, hinzu und schalt den jungen König, so lange mit der Prinzessin zusammenzusein und in Gegenwart von Damen zu weinen.

Auch der Abschied Margaretes von ihrer Hofdame der Madame de Segr'ee, die sie während all dieser Jahre mütterlich betreut hatte, war schwer. Doch die lebenserfahrene Frau gab der Prinzessin folgende Worte mit auf den Weg: »Madame, Ihr sollt Euch nicht kränken. Ihr seid die Tochter eines großen Königs und die Schwester eines großen Prinzen. Es kann nicht fehlen,

* Geschworene Eide.
** Weintrauben.

daß auch Ihr eine große Prinzessin werdet, und statt des einen Königs werdet Ihr einen anderen bekommen.«

Bis Brüssel war Erzherzog Philipp seiner Schwester entgegengeritten. Und die Chronik berichtet: »Und er tat ihr soviel Ehre an, als sei sie noch immer die Königin von Frankreich.«

Aber der Vater, der Held ihrer Mädchenträume, hatte nicht kommen können, die Tochter in die Arme zu schließen. Er weilte in Linz, am Krankenbett seines neunundsiebzigjährigen Vaters, des Kaisers, um ihm in den letzten Stunden beizustehen. Außerdem waren die Türken in Kroatien, Krain und der südlichen Steiermark eingefallen, und die Gegenwart des römischen Königs war notwendig.

Margarete hatte früh gelernt, Staatsinteressen vor die eigenen Interessen zu stellen. So fuhr sie glücklich weiter nach Mechelen, wo die große alte Dame des burgundischen Hauses, die Engländerin Margarete von York, Hof hielt. Viel Glück hatte Margarete von York in ihrem Leben nie erfahren, denn ihr Ehemann, Karl der Kühne, war ein Mann ohne rechtes Verständnis für Frauen. So hatte sie die in ihr lebende Güte dazu verwandt, den Kindern des Hauses Burgund, zuerst Maria, dann Philipp und jetzt ihrem Patenkind Margarete, mütterliche Liebe zu schenken.

Bald wurde bekannt, daß der alte Kaiser gestorben war und Maximilian nun unumschränkter Herr sei. Und nach langem Warten kam doch die Nachricht, daß der geliebte Vater den Rhein hinunterreise und über Köln Maastricht und dann die Niederlande erreichen werde.

Aber bevor Margarete in das burgundische Hofzeremoniell eingezwängt wurde, erreichte sie, daß sie den Vater, frei vom Hofzeremoniell, treffen durfte. Und bald stand nun Maximilian, der heißersehnte Vater, der erblühenden Tochter gegenüber, die Petrus Matyr d'Anghiera »ein Mädchen so blond wie ein Weizenfeld« genannt hatte.

Und Margarete stand vor dem Vater, dem Helden so vieler Schlachten. Und auch das gehört zum Mysterium dieses Mannes, den auch in Kampf und Niederlage der Nimbus des Siegers nicht verließ. Sie standen sich beide beglückt gegenüber und wußten, daß die Liebe in ihren Herzen zueinander nicht geringer geworden war, und die Tochter war entzückt, daß ihr Traum der Wirklichkeit entsprach.

Die folgenden Monate waren geprägt von Festen, Turnieren und Mummereien, wie Margarete sie selbst am französischen Hof nicht erlebt hatte. Das war Burgund! Das war ihr Vater, das war der römische König. Großartig und einzigartig in der Welt!

Dann führte Maximilian einen kurzen und erfolgreichen Feldzug gegen Nimwegen und brachte das immer revoltierende Gent unter seine Gewalt.

Nunmehr übergab er dem Sohn, Philipp dem Schönen, am 9. September 1494 in Löwen, der Hauptstadt Brabants, die Regentschaft. Das Volk jubelte. Die Städte schmückten sich wie zum Brauttag, als der junge Herzog mit dem König seine Provinzen bereiste. Nun war die alte Forderung endlich erfüllt, Burgund hatte wieder seinen angestammten Herrn, seinen »seigneur naturell«.

Der in unwandelbarer Treue zu Maximilian und seinem Haus lebende Generalstatthalter Albrecht von Sachsen hatte seinen Schwur erfüllt und seinem Herrn das burgundische Erbe zu Füßen gelegt. Nach erfülltem Schwur ließ er sich den langen, eisgrauen Bart scheren, so wie er es gelobt hatte. Maximilian stellte seinem sechzehnjährigen Sohn einen Kronrat zur Seite, dessen Vorsitz Engelbert von Nassau übernahm, und so durfte Maximilian hoffen, seine Welt geordnet zu haben.

In der Folge der sich überschlagenden Feste feierte Burgund, feierte Habsburg sich selbst. Der englische Schriftsteller John Paston schrieb über die burgundischen Hoffeste: »Ich habe niemals von etwas Gleichartigem gehört, es sei denn an König Artus' Hof.«

Während all dies in Burgund geschah, rüstete Karl VIII. zu seinem Italienfeldzug. Es war ein Feldzug, gesponnen aus Ritterträumen, Ruhm und Ehre, was bei einem jungen Mann, dickbäuchig, mit Spinnenbeinen und einem Wasserkopf, der, seit er König war, die erstaunliche Feststellung machte, daß seine Befehle ausgeführt wurden, nicht verwunderlich ist. Wir vertrauen uns der Beurteilung des königlichen Kammerherrn Commynes an, der da schreibt: »Da der König weder mit Geist noch mit Geld noch mit sonstigen zu solchem Beginnen notwendigen Sachen versehen war, gelangte er lediglich mit Gottes gnädigem Beistand zu glücklichem Ziele. Die, welche ihn in diese Falle führten, waren der Seneschall von Beaucaire und der Generaleinnehmer Briconnet, zwei Männer, die in keiner Weise Erfahrung besaßen. Desto sichtbarer offenbarte unser Herrgott seine Macht. Unsere Feinde galten noch dazu für sehr gewitzt und kundig im Kriegswesen und reich und versehen mit guten Hauptmännern und klugen Räten.«

Die Aktivitäten des französischen Königs riefen sofort seine Gegner auf den Plan. Zunächst Maximilian, der alle Städte am Rhein aufsuchte, um Geld für einen eigenen Feldzug nach Italien aufzutreiben. Auch Spanien wurde aufgeschreckt, das jetzt erkannte, daß Frankreich dabei war, die Vormachtstellung in Europa anzustreben. Unter dem Druck all dieser Ereignisse, die von Frankreich ausgelöst waren, schlossen sich Deutschland-Habsburg, Spanien, Venedig, Mailand und der Papst unter dem Namen »Heilige Liga« zusammen.

Aber unter diesem lauten und harten Treiben entwickelte sich in der Stille eine Konstellation, die einmal die Welt beherrschen sollte. Schon 1491 war von den katholischen Königen Ferdinand von Aragon und Isabella von Kastilien ein Plan zur Verbindung der spanischen Kronen mit dem Haus Habsburg aufgetaucht. Damals hatte Frankreich dies durch den Vertrag von Barcelona verhindert. Nunmehr, nach dem Einfall der Franzosen in Italien, sahen sich die katholischen Könige von allen Vertragspflichten befreit und schickten Gesandte nach Worms zum römischen König, der dort Reichstag hielt. Die Gesandten waren mit weitreichenden Vollmachten ausgerüstet, um ein Ehebündnis des spanischen Thronfolgers Don Juan, Prinz von Asturien, mit der habsburgischen Prinzessin Margarete und der Prinzessin Juana – bekannt geworden unter dem Namen »die Wahnsinnige« – und dem Herzog Philipp zu schließen.

Maximilian traf sich mit seinem Sohn Philipp, um das spanische Projekt zu besprechen. Der junge Erzherzog hätte zwar gerne sein frohes und unbeschwertes Junggesellentum fortgesetzt, konnte sich aber über diese ernsthaften Vorschläge nicht hinwegsetzen. Die Zustimmung der Prinzessin Margarete wurde von den handelnden Männern vorausgesetzt. Man schickte in den ersten Tagen des Jahres 1496 einen Gesandten, den Bastard Philipp des Guten mit Namen Boudewijn nach Valladolid, um die Ehe des Erzherzogs mit der Prinzessin Juana »per procura« zu vollziehen.

Herzog Philipp ließ dann seine Schwester, die Prinzessin Margarete, vor seinen herrscherlichen Stuhl rufen und verkündete ihr den Willen des Vaters, des römischen Königs, und den seinen, des Herzogs von Burgund, daß sie, »Margarete, comtesse d'Artois, de Bourgogne palatin, d'Auxerrerois, de Maconnais, Dame de Salins, de Bar-sur-Seine et de Noyers«, mit dem Prinzen von Asturien, Don Juan de Castilia, die heilige Ehe einzugehen habe. Die Unterzeichnung der Verträge war schon auf den 20. Januar festgesetzt. Margarete nahm dies in gefaßter Haltung entgegen. In der Schule der Anne von Beaujeu hatte sie gelernt, daß eine Fürstentochter, so hoch sie auch stehen mochte, doch immer Objekt des Staatsinteresses war. Ohne Stocken dankte sie für die hohe Ehre und Auszeichnung und versicherte, sich alldem würdig zu erweisen.

Trotzdem bat sie sich einige Tage der Ruhe und Besinnung aus. Besinnung auf das Ahnenerbe, dem sie entsprossen und in das sie jetzt einheiraten sollte. Sowohl von burgundischer wie von habsburgischer Seite reichten die Blutbahnen in die Iberische Halbinsel hinein. War ihre Großmutter väterlicherseits nicht eine portugiesische Prinzessin gewesen? Und auch die burgundische Urgroßmutter Isabella, ebenfalls eine portugiesische Prinzessin, so tief war sie mit den spanischen Reichen verbunden.

Sie heiratete also nicht in irgendeine Fremde, sondern blieb in dem Rahmen, den die Ahnen vorgezeichnet hatten. Während Herzog Philipp der Schöne noch mit seinem Vater in Tirol weilte, um Hirsche und Gemsen zu schießen, traf ein Eilbote ein, der meldete, eine große spanische Flotte sei bei Vlissingen in die Schelde eingelaufen, an Bord die spanische Braut Juana.

Es konnte Wochen dauern, bis der Fürst aus Tirol in die Niederlande kam. Margarete sprang mit dem Enthusiasmus ihrer Jugend in die Lücke und lieferte der Schwägerin einen königlichen Empfang. Vor der blonden blühenden Prinzessin, mit den Farben der Jugend geschmückt, stand eine junge schwarzhaarige Schönheit mit weißer, fast durchsichtiger Haut. In schwarzen Brokat gekleidet, war sie eine wahrhaft königliche Erscheinung.

Margarete, die über Grundkenntnisse der spanischen Sprache verfügte, redete die Prinzessin in ihrer Muttersprache an. Die Freude darüber war übergroß, und die beiden jungen Frauen, von denen eine zu einem tragischen Schicksal und die andere zu einem fast heroischen Leben bestimmt war, fielen sich wie Schwestern in die Arme.

Als wenigen Wochen später Prinz Philipp der Schöne auf rasenden Rossen eingetroffen war, vollzog sich das habsburgische Wunder. So wie sich sein Vater vor zwanzig Jahren in Maria von Burgund verliebt hatte, so wurde auch Philipp der Schöne von der Liebe erfaßt und in seinem Innersten getroffen. Ein Kaplan mußte herbei, Hofzeremoniell hin oder her, der Priester stammelte seinen Segen, und dann verschwand das liebestrunkene Paar in das Paradies seiner Liebe.

Auch Juana war erfaßt. Nie mehr würde sie der Liebe zu Philipp entsagen können. Ja, das war er, der Ritter, der Edelmann, von dem jedes Mädchen träumt. Der Orden vom Goldenen Vlies zeichnete ihn aus und stellte ihn an die Spitze der abendländischen Ritterschaft. Dona Juana, die schöne junge Infantin von Spanien, verfiel einem Rausch der Liebe, von dem sie sich nie mehr trennen konnte und der sie in grenzenlose Eifersucht führte.

Aber jetzt war noch alles Jugend, Glück und Liebe. Juana empfand noch keine Fremde an der Seite des geliebten Mannes. Ein spanischer Beobachter dieser Tage schreibt in seinen Erinnerungen über das Leben in den Niederlanden: »Die Bevölkerung ist lebensfroh und geräuschvoll in Worten und Gesten. Sie lieben aber über alles, zu trinken und zu essen und als Zeichen ihres Wohlstands sich prächtig zu kleiden. Schon der Säugling in der Wiege bekommt Bier in seine Flasche, und wer mitternachts durch die Straßen geht, sieht zahlreiche Frauen, welche, eine Laterne in der Hand, ihre betrunkenen Männer in den Schänken suchen. Taufen, Hochzeiten, Begräbnisse, religiöse und politische Feste sind Gelegenheiten für Fressereien und Saufereien. Sie sitzen um große runde Tische, einer dicht neben dem anderen. Immer ein Mann neben einer Frau, halten sich gegenseitig in der Taille umschlungen, ein volles Glas in der Hand, trinken zwischen Schreien und Lachen, dann, ohne den Mund abzuwischen, küssen sie sich geräuschvoll auf die Lippen. Wer nicht betrunken ist, sagt man bei ihnen, ist ein Verräter.«

Aber die junge Herzogin Dona Juana sieht das alles nicht. Sie sieht nur einen einzigen, der für sie die ganze Welt ausmacht. Das junge Paar lebte in Brüssel, man nannte es die »prinzelijke stad«, weil es auf dem Schloßhügel von Borgendael, dem Sitz der Herzöge von Burgund, stand.

Margarete lebte an der Seite des Bruders und der Schwägerin, die sie liebevoll in das komplizierte burgundische Hofzeremoniell einführen sollte.

Sie selbst wartete auf den Tag, an dem Francisco de Roja im Auftrag der katholischen Majestäten eintreffen sollte, um mit ihr die Trauung »per procura« zu vollziehen, die sie zur Infantin machen sollte.

Wie alles unendlich Ersehnte ist auf einmal die Stunde schneller da als erwartet, in der sich das Erhoffte erfüllen soll. Am 5. November 1495 fand in Mechelen die Zeremonie im feierlichen burgundischen Stil statt. Unter einer grünen Seidendecke auf einem Prunkbett erwartete Margarete den spanischen Ritter, der stellvertretend für seinen königlichen Herrn den Eheakt erfüllen sollte. Zur symbolhaften Vollziehung des Beilagers mußte der Ritter sein rechtes Bein entblößen und es für einen Augenblick unter die Bettdecke der Braut stecken. Aber auch nach vollzogener Ehezeremonie mußte Margarete noch von Anfang November bis zum 22. Januar 1497 warten, bis sie in Vlissingen die Schiffe der spanischen Flotte betreten konnte, um zu dem fernen Ehegemahl zu fahren.

Zuvor hatte sie der geliebte Bruder in Antwerpen auf einem Empfang des burgundischen Hofes mit den liebevollen Worten verabschiedet: »Kleine Schwester, wir haben in unserem Leben immer nur wenige Stunden miteinander verbringen dürfen, aber die Stunden waren gut. Ich danke Euch dafür. Der Herr sei mit Euch.«

Margarete, aus der zuchtvollen Schule der Anne von Beaujeu, überwand die Tränen und antwortete: »Bringt mich nicht zum Weinen, vielleicht werde ich schon bald genug Salzwasser zu kosten bekommen. Grüßt Eure Herzogin. Ich wünsche Euch Glück, die Jungfrau segne Euch.«

Dann ging sie entschlossen, von einem Gefolge von hundert Personen begleitet, darunter ihre Ehrendamen, Sekretäre, Dudelsackpfeifer und Tamburinschläger, angeführt von Markgraf Philipp von Baden, auf das spanische Admiralsschiff.

Ihre scherzhafte Prophetie vom vielen Salzwasser sollte sich bewahrheiten.

Die ersten Tage der Seefahrt waren angenehm, aber kaum hatten sie die Straße von Calais passiert, packten sie die Winterstürme. Navigation war unmöglich, und die Flotte trieb auseinander. Dem Admiralsschiff, auf dem Margarete und ihr Gefolge untergebracht waren, gelang es schließlich, den rettenden Hafen von Southampton zu erreichen. König Heinrich VII. erfuhr von dem Unglück. Als Gatte seiner Frau Elisabeth von York war Margarete schließlich eine nahe Verwandte. Er holte sie nach Hampton Court und bot Margarete und ihrer Begleitung Sicherheit und Unterhaltung. Sicherlich hatten auch die guten Beziehungen zu Burgund und der gegenseitige Handel an der freundlichen Behandlung ihren Teil. Am 12. Februar wagte man die Weiterfahrt. Nach anfänglichem gutem Wetter schlug die Biscaya mit ihren Stürmen auf die spanische Flotte ein. So groß war die Not, daß man mitten im Sturm das Admiralsschiff verlassen mußte, um auf ein anderes Schiff zu steigen – bei stürmischer See ein gewagtes Ereignis.

Am nächsten Morgen waren die Schrecken des Sturms und der Nacht wie weggeblasen. Unter blauem Himmel segelte man mit guten Winden nach Santander, das von schützenden Bergen umgeben war. Am Morgen nach dem Sturm unterhielten sich die jungen Damen von Margaretens Begleitung, welchen Grabspruch sie bei ungünstigem Ausgang ihres Seeabenteuers wohl erhalten hätten. Margarete dichtete schnell:

»Hier ruht Margarete, das hochedle Mädchen,
das zwei Männer erwarb und doch als Jungfrau
starb.«

Im Hafen von Santander wurde sie vom Konnetabel empfangen, als sie die spanische Erde betrat, die ja die Erde ihres Königreichs war. Die katholischen Könige, vor allem Königin Isabella, hatten ihr eine Karawane von hundertzwanzig Maultieren entgegengeschickt. Alle Dinge der Welt, die das Leben verschönern und erleichtern können, waren hier vorhanden. Teppiche, Decken, Kissen, Waschzeug und vieles mehr standen für die junge Infantin bereit. Doch all das konnte die Härte der bevorstehenden Reise über das kantabrische Gebirge, das über eisige Ebenen nach Kastilien führte, nicht nehmen. Nachdem dieses Gebirge überwunden war, türmte sich vor ihnen die tausend Meter hohe »meseta« auf. Offen jagten die nördlichen Winde über die rauhen Hochebenen und wurden nur von den südlichen Winden durch das Guadarrámagebirge abgehalten. Das sind die kältesten Gebiete Spaniens. Margarete wurde erklärt, dies hier sei altes Ritterland. Kein Feind und keiner der Eroberer, die seit Jahrhunderten in die spanische Halbinsel eingebrochen waren, konnten dieses Land bezwingen. Seit dem Jahre 718 war dies kastilisches Königsland, Sitz des Königsgeschlechts: Darum führt jeder Thronfolger den Namen »Prinz von Asturien« als Erinnerung an die Härte und die Anfänge des Reiches. Nichts war den Kastiliern geschenkt worden, alles war im Kampf unter glühendem Himmel und nördlichen Eisstürmen von einem zähen, spartanischen Volk aufgebaut und von keinem Feind besiegt worden.

Und nun näherte sich ihrem eigenen Zug eine prächtig geschmückte Schar von Rittern, angeführt von König Ferdinand von Aragon und seinem Sohn, dem Infanten, Margaretens künftigem Gemahl. Neben dem zarten, träumerischen Prinzen von Asturien ritt die rauhe Reckengestalt König Ferdinands. Der Prinz schaute verzückt auf seine blonde Frau, von der Petrus Martyr schrieb:

»Indem man sie sieht, glaubt man, Venus selbst zu betrachten. Alles das, wodurch die Venus von Cythera den Mars entzückte, Jugend, Grazie und Schönheit, ohne die Kunst von Schminke und Farbe, alles das finden wir bei der, die uns die Belgier geschickt haben.«

Die neue Infantin gefiel dem Prinzen, dem König, den Edelleuten, aber auch dem kleinen Volk, das sich herandrängte, um diese Lichtgestalt aus dem fernen Lande zu bewundern. Sie zu sehen, vielleicht ihr Gewand zu berühren, war schon Teilhabe am Glück.

Dann tauchte Burgos auf, hochgetürmt auf Felsen von Granit und selbst Granit. Als Margarete vor König und Königin stand, kniete sie nieder und küßte den katholischen Majestäten die Hand. Die Könige, aber auch alles Volk waren entzückt von dieser Schwiegertochter und ihrer feinen und ergreifenden »gentilezza«. Und dann der Prinz: Er war kein dickbäuchiger, verwachsener Gnom mit einem Kürbiskopf, sondern ein zarter, träumerischer Jüngling, der auch ein Dichter hätte sein können. Wohlgefällig schauten König und Königin auf die starken Hüften der Prinzessin, da durfte man auf Kindersegen für Spanien und die Dynastie hoffen.

In aller Pracht und Herrlichkeit, die das spanische Königtum aufbieten konnte, fand am 3. April 1497 die Hochzeit in der Kathedrale von Burgos statt. Im magischen Halbdunkel der Kathedrale sprach der Erzbischof Jimenez die Bindungsworte über das Paar, die nur der Tod lösen konnte. Der Erzbischof war eine imponierende Erscheinung. Wir besitzen eine Personenbeschreibung über den Kirchenfürsten von Petrus Martyr: »Er ist ein Augustin an Kraft und Intelligenz, ein Hieronymus im Geiste der Demütigung, ein Ambrosius im Glaubenseifer.«

Die wochenlangen Feste endeten in einer Corrida de toros, dem spanischen Stierkampf. Der Stierkampf galt als Turnier, auf dem die Ritterschaft ihren Mut und die Beherrschung von Pferd und Waffen zeigen konnte.

Im Taumel der Feste fand das junge Paar dennoch zusammen. Margarete schrieb an den geliebten Vater: »Mein Gemahl ist edel und von so minniglichem Wesen, daß ich bald aller Ängste ledig wurde. Ich habe in diesen Tagen ein großes Wunder erlebt und weiß nun, wieviel Lieblichkeit in dem Wort Minne verborgen liegt. Weil ich aber darüber nicht mehr sagen kann, muß ich schweigen, so mir über dem Geschriebenen die Augen übergehen wollen. Aber ich weine nicht zu Leide.«

Obwohl auch in Kastilien die mittelalterliche Sicht der Prinzenerziehung darin bestand, den jungen Fürsten zu Kampf und Sieg auszubilden, waren dem »Don Juan« doch auch die Segnungen einer geistigen Erziehung zuteil geworden. Für Ritterspiel und Kampf war seine Gesundheit zu schwach, denn er war lungenkrank, so war er doch ein guter Lateiner geworden und ein Mensch musischen Wesens. Er sollte, so hoffte Isabella, dem Leben ein immerwährender Kampf gewesen war, ein Friedensfürst werden und so sein Volk beglücken.

Darum war der Königin diese blonde, kerngesunde Schwiegertochter gerade recht. Nicht nur, daß die Dynastie auf Nachwuchs rechnen konnte, nein, die Königin hoffte, daß die Kraft, der Lebensmut und die Freude der Schwiegertochter auf den Sohn übergehen könnten.

Und so schien es auch. Die Liebenden musizierten miteinander, betrieben literarische Studien und gaben sich vor allem der Liebe hin, und zwar so, daß die Ärzte fürchteten, dieser Liebesrausch könnte die körperlichen Kräfte des Infanten aufzehren. Aber Königin Isabella lehnte solche Überlegungen ab. Für sie kam die Liebe von Gott, und die Liebe konnte ihrem Sohn nicht schaden. Übergroß war das Glück, als Margarete erklären konnte, daß sie sich guter Hoffnung fühle. Die Schwiegermutter Isabella löste sogar ihren verpfändeten Schmuck aus, mit dem sie unter anderem Kastiliens Kampf gegen die Ungläubigen finanziert hatte, und beglückte damit die Schwiegertochter, allerdings mit der sicheren Gewißheit, daß diese Kleinodien an den spanischen Kronschatz zurückfallen würden.

Doch die Krankheit des Thronfolgers verschlimmerte sich, trotz Liebe und gelehrter Ärzte. Bald wurde es zur traurigen Gewißheit, daß der Tod Don Juans ein unabwendbares Schicksal war. Margarete wußte sehr bald, daß sie einen Sterbenden in den Armen hielt und daß ihrer Liebe die höchste Kraft abverlangt wurde, dem Liebsten einen leichten Übergang in die andere Welt zu ermöglichen. Der Prinz von Asturien zeigte sich tapfer und gefaßt. Er sagte dem Vater: »Ich füge mich dem unerforschlichen

Ratschluß Gottes. Ich beklage nicht, in der Blüte der Jahre zu sterben, da mir die Kürze des Lebens und der Ekel, den oft Greise darüber empfinden, bekannt sind.«

Die letzten Worte, die er zu Margarete sagte, sind nicht überliefert. So starb der Prinz von Asturien am 3. Oktober 1497 nach dem Empfang der Sakramente in der völligen Übereinstimmung mit seinem Schicksal in den Armen seiner jungen Frau. Margarete stürzte aus einer großen Liebe und spanischen Königsträumen zurück in den Alltag einer für sie traurig gewordenen Welt.

An ihrer Seite stand die liebevolle Schwiegermutter, Isabella von Kastilien. Auch wenn die Katholischen Könige in eine asketische und statuare Trauer verfallen waren, so blieb dennoch in ihnen die Liebe zu Margarete. Vor allem war Margarete ja noch guter Hoffnung und konnte der Dynastie noch immer den Thronfolger schenken.

Im übrigen erstarrte das Land in Trauer. Überall wehten schwarze Fahnen, die Häuser waren mit schwarzen Tüchern verhängt, und wer es sich finanziell erlauben konnte, ging in Trauerkleidung.

So wie uns das Mittelalter mit seiner Lebensfreude, mit seiner hinreißenden Liebe zu Spiel und Tanz erstaunen läßt, so andererseits auch die Maßlosigkeit der Trauer. Die völlige Hingabe an die Verweslichkeit des Menschen und die Darstellung des Todes und seiner Folgen konnten nicht drastisch und nach unseren heutigen Begriffen »unästhetisch« genug sein.

Margarete lebte diese Zeit der Trauer bei ihrer Schwiegermutter und erhielt bei ihr so etwas wie die Einführung in die Staatskunst. Ferdinand und Isabella hatten in sechsundzwanzigjährigem Kampf das vereinte Spanien geschaffen, die Araber vertrieben und durch Christoph Columbus neue Welten entdeckt. Wenn auch Isabella im Kampf unter ihren Truppen weilte, so war Ferdinand, von der Natur der Sache her, der Schwertarm, Isabella aber die große Diplomatin, der es gelang, das Trennende zu vereinen und das Vereinte zu erhalten.

Nun aber kam über Margarete und das Königspaar die letzte und schwerste Prüfung. Nach einer dramatischen und lebensgefährlichen Schwangerschaft gebar Margarete ein totes Söhnchen. Der Traum der katholischen Könige war zerbrochen.

Margarete wandte sich noch stärker der Schwiegermutter zu. Diese bediente sich der jungen, intelligenten Schwiegertochter als Sekretärin und Dolmetscherin. Dabei lernte sie, genau wie sie es bei Anne von Beaujeu gesehen, aber nicht intellektuell verarbeitet hatte, den Adel des Landes, immer streitsüchtig und auf eigenen Ruhm bedacht, kurz zu halten. Man lehrte sie, sich des Standes der neuen Klasse der »letrados«* zu bedienen, da diese nicht von Adelsdünkel besessen nach eigener Macht trachteten. Sie übernahm auch den Gedanken der spanischen Notifikation des Geschehens und der Ereignisse, der in dem Satz »Quod non est in actis non est in mundo«** Ausdruck findet. Man könnte dieses Wort als Geburtsspruch der österreichisch-habsburgischen Bürokratie ansehen.

Aber trotz der Liebe der Schwiegermutter, trotz der Beschäftigung mit politischen Dingen, die Liebe und Sehnsucht zur burgundischen Heimat blieb. Aus dieser Stimmung heraus schrieb sie dem geliebten Vater: »Nun bin ich wieder genesen und zum Weiterleben bestimmt. Mein Glaube ist aber größer als mein Leid, sonst könnte ich nicht fassen, daß mir alles genommen ist, Gemahl und Sohn, ehe ich das Glück der Liebe noch ganz erfahren habe. Nun bitte ich meinen gnädigen Vater, mir zu erlauben, daß ich Spanien verlassen darf. Ich möchte heim und in Eure liebe Nähe und dabei Trost finden.«

Aber Margarete mußte noch drei Jahre auf die Erfüllung dieser Herzenssehnsucht warten. Es war nicht so einfach, die Lebenswege einer Kaisertochter und eines toten spanischen Kronprinzen, die man einmal so kunstvoll zusammengefügt hatte, wieder zu entflechten. Witwenrente und Mitgift, aber auch die Erbansprüche des eigenen Bruders Philipp für seine Gattin Dona Juana mußten geregelt werden. Trotz allem Herzensleid waren die spanischen Jahre nicht ohne Gewinn für Margarete, die ja einmal eine der großen Regentengestalten des Abendlandes werden sollte.

* Gelehrte.
** Was nicht in den Akten steht, ist nicht in der Welt.

Zwei große Herrscherinnen waren Margaretes Erzieherinnen in der Kunst, den Staat zu leiten und zu lenken: Anne von Beaujeu, Regentin von Frankreich, und Isabella von Kastilien, die große Königin, die Spanien und Granada von den Mauren befreite und gemeinsam mit ihrem Mann Ferdinand von Aragon über dessen eigenen Ehrgeiz und den des machthungrigen Adels Spanien schuf, das sehr bald die Welt beherrschen sollte.

Die Liebe der Tochter Margarete gilt natürlich dem Vater, der das Reich gegen alle bösen Kräfte der Welt verteidigen muß. Sie erbte von ihm die Gegnerschaft gegenüber Frankreich, einmal aus eigenen entwürdigenden Erlebnissen, zum anderen aus Liebe zum Vater, dem dieses Land immer ein Hindernis auf dem eigenen Weg zur Macht war. Margarete aber lernte in Spanien auch die Macht des religiösen Fanatismus kennen, der in der Inquisition seinen blutigen Höhepunkt und in dem Großinquisitor Torquemada ihren abgründigsten menschlichen Ausdruck fand.

Im Herbst 1499 waren die Verhandlungen zwischen Habsburg und den katholischen Königen endlich zustande gekommen. Margarete behielt ihre persönlichen Hochzeitsgeschenke, so daß sie, wie Olivier de la Marche schreibt, »reich ausgestattet mit Gerätschaften und Kleinodien zurückkehren konnte«. Doch an barem Geld fehlte es ihr. Das Wort, das in unserer Zeit ein Kohlebaron prägte, »beim Geld hört die Gemütlichkeit auf«, galt auch damals. Obwohl sie von den katholischen Königen sehr geschätzt wurde, vor allem von Isabella, obwohl sie so beliebt war, daß sie, wie der Chronist berichtet, in fremde Städte nur in der Dunkelheit einreiten konnte, weil sie sonst von der Liebe des Volkes erdrückt worden wäre, das Geld für ihre Heimfahrt mußte sie borgen. Trotzdem, die blonde Königin blieb noch lange ein Traum der armen spanischen Menschen.

Es wurde Februar 1500, bis Margarete, die aufgrund ihrer Erfahrungen auf der Hinreise nach Spanien den Seeweg gemieden hatte, Paris erreichte. Hier erhielt sie die für die burgundische Dynastie glückliche Nachricht, daß ihre Schwägerin, Juana von Spanien, guter Hoffnung sei und daß sie, Margarete, als Patin vorgesehen war. Am 4. März erreichte Margarete Gent, gerade rechtzeitig, um ihr Patenkind Karl zur Taufe zu tragen. Sie konnte nicht wissen, daß dieses Kind das politische Ziel und der Inhalt ihres Lebens werden sollte.

Auf dem Schloß Quesnoy, das ihr Bruder Philipp ihr zur Verfügung stellte, versuchte sie, die Wunden zu heilen, die die spanische Hochzeit und die darauffolgenden Jahre ihr zugefügt hatten.

Die Tochter Habsburgs

Indessen arbeiteten die Kanzleien zu Gent und zu Innsbruck eifrig daran, die neu verfügbare Kaisertochter in das Koordinatensystem der habsburgischen Macht einzufügen. Maximilian durchforstete die Fürstenhöfe Europas, um einen würdigen und interessanten Ehekandidaten für die Tochter Margarete zu finden. Der König von Schottland war zu arm, der von Neapel nicht in einem heiratsfähigen Alter, der Sohn des Königs von England war bereits versprochen, der König von Polen ein »rien du tout«, also ein Habenichts an Vermögen, Macht und Ansehen, und der Ungar hatte eine Frau, und eine neue französische Ehe stieß bei allen Partnern auf unüberbrückbare emotionale Gräben. Maximilian glaubte, daß seine Tochter in Frankreich sicherlich vergiftet würde. Da tat sich mit dem Tode der kindlichen Gattin des Herzogs Philibert von Savoyen eine neue Kombinationsmöglichkeit im Spiel um die Macht auf.

Philibert, der auch das Attribut »der Schöne« trug, war ein stattlicher Mann, ein echter Ritter aus uraltem europäischem Hochadel. Stark, mutig und kämpferisch, konnte er an der Seite einer klugen Herrscherin zu einem europäischen Schwergewicht aufsteigen. Vor allem aber bei einer Heirat Savoyens mit Habsburg wurde man wieder mittelbarer Nachbar Frankreichs, und die politischen Gewichte Europas würden sich neu verschieben.

Es war die Stunde der Diplomaten, aber auch des Machtwillens Maximilians von Habsburg, der über das Leben der jungen Frau, die in den Wäldern von Schloß Quesnoy ihre Seele zu erholen hoffte, entschied.

Das Herzogtum Savoyen lag zwischen den beiden großen Rivalen Frankreich und Habsburg und wurde als Pforte oder als Sperriegel der Alpen gesehen. Es konnte Frankreichs Truppen den Weg nach Italien öffnen oder sperren, je nachdem, wer das

Sagen hatte. Herzog Philibert war ein Zweimetermann. Tollkühn auf Turnieren wie im Kampf, galt er als Idealbild eines ritterlichen Fürsten. Der Meinung der Zeit nach war er ein »seigneur à la mode française«. Erzherzog Philipp, um seine Meinung befragt, schrieb an den vertrauten Freund seines Vaters, den Freiherrn von Prüschenk: »Philibert ist nach seiner Leibesbeschaffenheit sehr hübsch und grad. Man schätzt ihn für den schönsten Fürsten Europas. Sollte er mein Schwager werden, so deucht mich das nicht ungereimt, und meine Schwester ist körperlich zumindestens wohlversehen.«

Nachdem auch der französische König Ludwig XII. der Verbindung feierlich zugestimmt hatte, allerdings mit der Klausel, daß sich Herzog Philibert von Savoyen nie mit dem Kaiser gegen Frankreich verbünden dürfe, schien der Weg zur Ehe frei. Vielleicht erinnerte sich Ludwig XII. an die blonde Margarete aus Flandern, mit der er als Kind an den Ufern der Loire zusammen gespielt hatte und für die er immer noch eine Vorliebe besaß. Er hatte Margaretes Ehrengeleit geführt, als sie, von Frankreich verraten, wieder in die Heimat abgeführt wurde. Viele solcher Momente bereiteten die Gefühlslage vor, die die savoyardische Ehe ermöglichen sollte.

Im Jahre 1501 legte Herzog Philipp seiner Schwester Margarete eine Erklärung vor, »daß sie diese Ehe ohne Zwang und Überredung eingehe«.

Aber Margarete war nicht mehr das kleine Mädchen, das man für kurze Zeit zur »petite reine de france« gemacht und wieder nach Hause geschickt hatte. Sie glich auch nicht mehr der Jungfrau, die einmal mit seligem Herzen nach Spanien gesegelt war, um ein kurzes, heftiges Glück zu erleben, und dann durch den plötzlichen Tod des geliebten Gatten in eine seelische Gruft gestürzt war. Nein, Margarete war eine selbstbewußte junge Frau, die nach eigener Gewissensprüfung den Mut gefaßt hatte, noch einmal das Schicksal und ein eigenes Glück zu erzwingen.

Kaiser Maximilian bemühte sich, den Schwiegersohn ebenbürtig zu machen, indem er ihn in den nobelsten Ritterorden des Abendlandes, den Orden vom Goldenen Vlies, aufnahm, in dem sonst nur Könige und allerhöchste Herren Mitglied waren.

Nun konnte der Ehekontrakt zwischen »Marguerite d'Austriche, princesse de douarière d'Espagne« und dem »très haut et puissant prince Philibert, par le grâce de Dieu duc de Savoye, de Chablais et d'Aoste, prince et vicaire du Saint Empire, marquis en Italie, prince de Piemont, comte de Genevois, de Romont et de Bàgé, Baron de Vaud, de Gex, de Faucigny et de Beaufort, seigneur de Nice, de Verceil et de Bresse« durch höchste savoyische und burgundische Adelige geschlossen werden. Es war ein kompliziertes Vertragswerk, denn die Witwenansprüche aus Spanien und ihr Erbe aus Flandern mußten berücksichtigt werden. Für den Fall einer Witwenschaft war das savoyardische Wittum als Versorgungsanspruch zu paraphieren. Der Dispens des Papstes wegen zu naher Verwandtschaft der Eheleute war einzuholen, denn immerhin waren Margaretes Großmutter und Philiberts Mutter Prinzessinnen aus bourbonischem Hause.

Bis zur Abreise blieb Margarete ein Monat Zeit. Ein Monat der Selbstbesinnung, der Selbstprüfung, aus der dann der feste Wille wurde, die Herrscherin eines kleinen Landes zu werden und nicht einer europäischen Großmacht, aber sie war innerlich entschlossen, aus diesem kleinen Land einen vorbildlichen Staat zu machen. In Brüssel verabschiedete sich Margarete von der geliebten Margarete von York. Sie wurde von ihrem Bruder bis zu der kleinen Stadt Hal begleitet, in der sie bei der Schwarzen Jungfrau Segen für ihre Zukunft erflehen wollte. Nun ging die Reise durch Vermandois, die Champagne, Bourgogne und die Franche-Comté: König Ludwig XII., der Kamerad aus Jugendtagen, ließ ihr bei der Überschreitung der Grenze zu Frankreich hin die Privilegien einer souveränen Fürstin überreichen. Eine Geste zwar, aber dennoch ein königlicher Gruß an eine edle Dame. In der Kathedrale von Reims hörte Margarete die Messe mit tiefem Ernst, auch wenn sie nicht mit königlichem Salböl erhöht wurde.

Ihr wurde ein triumphaler Einzug in Dijon, der einstigen Residenz der Burgunderherzöge, bereitet, wo ihr eine Liebe entgegenströmte, von der der Chronist Jean Molinet sagte: »Niemals wurde eine Fürstin mehr geliebt, mehr vermißt, lieber gesehen als von den Einwohnern von Dijon.«

In Dôle fand die offizielle Einholung der Braut durch den Großbastard René statt, und in Salins wurde die Ehe »per procura« geschlossen. Auch hier steckte der Großbastard René, der Halbbruder Philiberts, das entblößte Bein unter die Bettdecke Margaretens, um die symbolische Hochzeit zu vollziehen.

Es schien fast, als habe sich das Füllhorn des reinen Glücks über der Braut ausgegossen, und es war von tiefer Symbolik, daß die Eheschließung nicht mit großem Gepränge, sondern in der stillen Klosterkapelle von Romainmoutier stattfand, umgeben von wenigen Freunden des Paares und durchgeführt von dem schlichten Bischof Louis de Gorrevod. In den Niederlanden wurde aus Anlaß von Margaretens Eheschließung eine Goldmünze geschlagen mit der Umschrift »Victrix fortunae fortissima Virtus«*.

Und Margarete war der festen Überzeugung, das Glück in festen Händen zu halten. Ihr Ehemann war ein Ritter französischer Lebensart. Sein sonniges Lächeln war ansteckend und übertrug sich auf jeden, vor allem auf die etwas ernstere Ehefrau. Philibert, sorglos und großherzig, hielt mehr von schönen Frauen als von der Regierung seines Fürstentums. Bisher hatte sein älterer Halbbruder, der Großbastard René, ihm die Mühe abgenommen. Jetzt aber gab es auf einmal eine Ehefrau, die neben zwei großen Regentinnen groß geworden war und den Staat selbst zu lenken gedachte. Damit wurde der Großbastard René zu ihrem Feind, aber Margarete wußte ihm zu begegnen. Als René beim Herzog zur Beschwerde antrat, mußte er vernehmen, daß er aller Ämter enthoben, seine Besitztümer konfisziert waren und er selbst als ein namenloser Herr de Bresse das Land für immer verlassen mußte.

Der Großbastard floh an den französischen Hof, wo er auch in »Ehren« aufgenommen wurde, aber die Sympathie des Königs Ludwig XII. zu Margarete verhinderte allzu große Konspirationen gegen die Herzogin von Savoyen.

Bei Anne von Beaujeu und Isabella von Kastilien hatte Margarete gelernt, daß die Grundlage einer guten Regierung eine gute

* Die tapfere Tugend besiegt das Schicksal.

Beamtenschaft ist, die sich auf bürgerliche Gelehrte, namentlich Juristen, stützte, die dem Herrscher ergeben waren. Chef der Verwaltung, also Kanzler, wurde der piemontesische Jurist Mercurino de Gattinara. Bezeichnend für diesen Mann ist, daß er all seine Güter und seinen Schmuck in Piemont verkaufte, um die Seigneurie Chevigny in der Franche Comté zu kaufen, um so Burgunder und unmittelbarer Untertan von Madame Margarete zu werden. Dieser hochbegabte Jurist stieg an ihrer und später an der Seite ihres Enkels, Karl V., zum Kanzler des Heiligen Römischen Reiches auf. Innerhalb eines Jahres hatte sie Verwaltung und Finanzen fest im Griff, und das Herzogtum wurde eines der am besten verwalteten Fürstentümer Europas.

Das Ereignis der Zeit war zweifellos die Geburt Karls V. auf Gravensteen in Gent, des Sohnes Erzherzog Philipps und der Juana von Spanien, am 24. Februar 1500. Die feiernde und jubelnde Welt konnte kaum begreifen, daß es diesem Knäblein aufgetragen wurde, Herr der Welt zu werden.

Königin Isabella hatte ihre Tochter und den Schwiegersohn heimgerufen. Sie hoffte, mit mütterlicher Liebe die Schwierigkeiten ihrer Tochter, vor allem deren maßlose Eifersucht, ausgleichen zu können.

Auf dieser Reise besuchte Erzherzog Philipp die Schwester Margarete und den Schwager Philibert in Bresse und in der neugeschaffenen, auf alten Traditionen beruhenden Residenz Pont d'Ain. Margarete machte die Zeit in Bourg en Bresse und Pont d'Ain zu einem einzigen Fest für den geliebten Bruder. Konnte sie ihm doch nach all den Schwierigkeiten und Niederlagen ihrer Jugend nun als souveräne Fürstin entgegentreten. Margarete gelang es, das Herzogtum verwaltungsmäßig weiter auszubauen, und ihr und ihrem klugen Kanzler Gattinara geriet das Kunststück, das Herzogtum zwischen Frankreich und dem Reich auszubalancieren.

Es war ein frohes Leben in Pont d'Ain. Während die Herzogin sich um den Staat kümmerte, lebte ihr geliebter Mann der Welt ein ritterliches Leben vor. Turnier und Kampf, aufregende Jagden, vor allem Hetzjagden, waren dazu Rahmen und Inhalt.

Aber die Weltgeschichte kennt keine Ruhepausen. Zu Recht hat Georg Wilhelm Friedrich Hegel postuliert: »Die Geschichte ist nicht der Boden für das Glück.« So soll auch die Idylle von Pont d'Ain bald ihr Ende finden. Es war kein Krieg, kein Feind, der mit dem Schwert in das Land einfiel, keine Pest, die die Bevölkerung des Landes dahinraffte, es war der Tod eines einzelnen, ein Jagdunfall.

Zwar war das Jahr 1504 heiß, Trockenheit herrschte, alles Dinge, an die die Menschen gewöhnt waren. Es war ein sehr privater Tod, der da leise und unerbittlich zuschlug. Das Land nahm keinen Schaden, aber die Liebe zweier Menschen wurde auseinandergerissen.

Und nun zerstörte ein Jagdunfall das, was Margarete als die Bastion eines endlich erreichten glücklichen Lebens sah. Zwar war das Wetter heiß und schwül, aber Philibert war in Jagdlaune und rief: »Bei Sankt Hubertus, ich will ein starkes Tier zu Tode hetzen, und nun, meine Herren, der Abend für die Damen, und morgen bei Tagesanbruch – wer mich liebt, geht mit auf die Jagd.«

Quinsona berichtet über den Jagdunfall: »Die Schwierigkeiten der Jagd begannen. Besser beritten als sein Gefolge, kam Philibert als erster an und glaubte, das Tier bald abfangen zu können. Dieses aber, anstatt sich gegen die Hunde zu wenden, flüchtete in das Dickicht zurück. Philibert war erschöpft von der mühsamen Verfolgung auf dem dichtbewachsenen Hügel, der sich in fünf Kilometer Länge und hundert Meter Höhe über die Ebene hinzieht. Als der Fürst von der Höhe den Sammelplatz Sankt Vulban nicht mehr weit entfernt liegen sah, schickte er sein müdes Pferd dorthin und durchdrang selbst, den Sauspieß in der Hand, tapfer das Unterholz bei der Verfolgung des kapitalen Ebers. Endlich vom Ton des Horns zum Sammeln gerufen, gelangte er mühsam zu Fuß und beim Abstieg in die Richtung des Dörfchens Posafol auf zwei Edelleute seines Gefolges gestützt zum Rastplatz, ganz erschöpft inmitten der stärksten Hitze des Tages. Schweißgebadet und durstig suchte er gierig in dem kalten Wasser einer Quelle Erfrischung, und ausgestreckt im Schatten der Bäume glaubte er nach kurzer Zeit sich wieder erholt zu haben.

Aber Schüttelfrost überfiel ihn und schwächte ihn so, daß er nur noch mit Mühe sein Pferd besteigen konnte. Schwer krank erreichte er Pont d'Ain und warf sich auf das nächste Feldbett, wo Margarete ihn fand. Noch glaubten beide nicht an den Ernst der Erkrankung. Margarete widmete sich ganz seiner Pflege ... und ließ sich ein Bett neben das seine stellen, damit sie auch nachts jederzeit für ihn bereit war.«

Aber Margarete war an die Grenzen menschlicher Liebe gelangt. Sie zerrieb sogar ihre kostbaren Perlen, von denen man ihr gesagt hatte, daß ihr Pulver reinige, kräftige und gesund mache. Aber so wie sie an die Grenzen ihrer Liebe gelangte, so wurde ihr die Hilflosigkeit der Magie, aber auch die der Ärzte bewußt. Erschüttert und wie versteinert stand sie vor dem toten Manne; ein sinnloser Tod, ein sinnloses Sterben, so schien es ihr. Sie stand zum letzten Mal vor dem Grab ihrer Liebe. Gab es für Margarete von Österreich kein Glück auf der Welt? Als Zeichen ihrer persönlichen Trauer schnitt sie die goldblonden Haare ab, die so oft bewundert worden waren. Sie wollte nicht mehr schön sein, für niemanden, für keinen Mann. Trotz ihrer großen Trauer fand sie die Kraft, ein großes und für das Herzogtum Savoyen einzigartiges Leichenbegängnis auszurichten.

Entgegen der Tradition des Hauses wollte sie ihren Philibert in Brou begraben wissen. Den Hinweis, daß dort keine würdige Begräbnisstätte für einen savoyardischen Herzog war, schob sie beiseite. Dann würde sie eben ihrem Mann das würdige Grab ihrer Liebe errichten.

Für das notwendige Geld würde Gott sorgen. Vor allem wollte sie ein nicht gehaltenes Gelöbnis der Herzöge von Savoyen einlösen, dort ein Kloster zu bauen für die Sünden der Vergangenen, der Kommenden und der Gegenwärtigen des Hauses Savoyen. So entstand die Klosterkirche von Brou bei Bourg en Bresse.

Nach dem Tode Philiberts am 10. September 1504 verblieb Margarete bis Oktober 1505 in Savoyen. Die kluge Frau wußte, daß mit dem Tode ihres Mannes ihre Machtposition in Savoyen nicht mehr zu halten war. Außerdem war ihr Bruder, Herzog von Burgund und König von Kastilien, Philipp der Schöne, Ende

September in Burgos gestorben, seinem Sohn Karl V. die Welt als Erbe hinterlassend.

Natürlich drängt sich der Gedanke auf, daß der Tod des Bruders und die Abreise aus Savoyen in einem inneren Zusammenhang stehen. Habsburg rief seine Tochter erneut in die Pflicht.

Die Regentin

In Löwen wurde Margarete von den Generalständen feierlich eingeholt und als Regentin und Statthalterin proklamiert. Vor allem wurde sie in Stellvertretung der römischen Majestät Vormund und Erzieherin der Kinder ihres Bruders Philipp. Nun hatte sie die Möglichkeit, die große Mütterlichkeit, die in ihr schlummerte, auszuleben. Als Residenz wählte Margarete nicht das glänzende Brüssel, Sitz »des Ritterordens vom Goldenen Vlies«, auch nicht das stolze, aber störrische Gent. War dort nicht der Ravensteiner Hof, in dem Margaretens Vater Maximilian gefangen gewesen und darüber hinaus in seiner Ehre, Würde und Majestät beleidigt worden war?

Die Wahl, die sie traf, war die Wahl einer Frau. Sie wählte nicht das traditionsreiche Brüssel, nicht das stolze und handelsmächtige Antwerpen, weder Gent noch Brügge, sondern Mecheln zur Residenz. Mecheln, wo Margarete von York gelebt hatte, wo ihr Bruder Philipp und sie selbst von der Herzogin mit Liebe erzogen wurden und wo sie nach den Schicksalsschlägen der französischen und spanischen Heirat wieder Kraft finden konnte.

Sie baute mit alter Tatkraft den Palast des Jerome, Seigneur de Watervliet in eine neue, ihr entsprechende Residenz um. Im Hotel des Savoy, wie es jetzt genannt wird, schuf sie sich und dem Hause Habsburg eine würdige Stätte.

Nun begann das leidige Geschäft des Regierens. Man stelle sich eine Männerwelt vor, in der vielleicht einige Hofdamen umherhuschten, geduldet, sogar begehrt für flüchtige Liebesstunden. Aber Gesetz, Ordnung und Denken, das war eine Welt, die die Männer aufgebaut hatten. Margarete gelang es, diese Welt zu beherrschen, ihr vorzustehen, zu regieren.

Nur einmal verletzte sie die männliche Kollektivpsyche, als sie einen Ritter vom Goldenen Vlies aus berechtigtem Anlaß einsperren ließ. Da tat sich vor ihr eine Wand auf, die sie nicht überwinden konnte. Sie, die Regentin, die Tochter des Kaisers, mußte den Ordensritter aus ihrer eigenen Gerichtsbarkeit entlassen und der Gerichtsbarkeit des Ordens übergeben.

Unter ihrer Regentschaft – sie wurde nur einmal unterbrochen – blühten die Niederlande auf. Handel und Wandel und die manufakturelle Industrie blühten auf, und es ist eine bewundernswerte Marginalie der Weltgeschichte, daß die Niederlande unter Margaretens Herrschaft dem Hause Habsburg mehr Gold zur Verfügung stellten, als die spanische Goldflotte in fernen Ländern mit Schwert und Blut erbeutete.

Schließlich vollendete sie im fünfzigsten Lebensjahr die Krone ihres Lebens, indem sie ihrem Enkel Karl V. auch mit niederländischem Gold die Weltherrschaft sicherte.

Vergleicht man diese drei Habsburger, Kaiser Maximilian, Philipp den Schönen, Herzog von Burgund und König von Kastilien und Margarete, so will es einem scheinen, daß diese Frau, diese Tochter Habsburgs, die Größte, in ihren Leistungen die Diszipliniertеste und in ihrer Menschlichkeit die Überzeugendste gewesen ist. Ja, wir dürfen in ihr die Vorläuferin jener großen Habsburgerin sehen, die unter dem Namen Maria Theresia der Welt ein Beispiel weiblicher Größe auf Herrscherthronen gab.

Doch verweilen wir nicht bei Margarete, sondern wenden wir uns wieder der großen Hauptfigur der Zeit, Kaiser Maximilian I., zu.

Maximilian I. – Das Erbe

Kaum je in der Geschichte hat ein Fürst die Macht in einem Reich übernommen, dessen Strukturen so zerstört, besser, so aufgeweicht waren wie das Reich Maximilians. Wer diese Grundtatsache nicht akzeptiert, kann dem Kaiser Maximilian I. nicht gerecht werden.

Als junger Mann übernahm er das Erbe seiner plötzlich verstorbenen Frau, Maria von Burgund. In fünfzehnjährigen Kämpfen mit Frankreich und den rebellischen niederländischen Städten sicherte er dieses große und reiche Erbe seinem Sohn, Philipp dem Schönen. Er initiierte die spanischen Hochzeiten seiner Kinder, Philipp und Margarete, und begründete damit das habsburgisch-spanische Weltreich seines Enkels, Karls V.

Zwar war er eines Kaisers Sohn, von den deutschen Kurfürsten zum römischen König gewählt, und seit dem Jahre 1508 durfte er sich »Erwählter Römischer Kaiser« nennen. Und doch fehlte es ihm immer an Geld.

Ja, er war verschwenderisch. Ja, er konnte mit Geld nicht umgehen. Er lebte fast immer in der Zwangsvorstellung, ein edler Ritter sein zu müssen.

Es hat andere Fürsten gegeben, die an den gleichen Fehlern litten: Heinrich IV., der Navarrese, der zwar siegreich, aber vor den Trümmern des Hugenottenkriegs gestanden hatte, fand in Maximilian de Bethune, Herzog von Sully und Marschall von Frankreich, einen Finanzminister, der durch haushälterische Sparsamkeit und die Pflege der Landwirtschaft, damals der Hauptwirtschaftszweig und existentielle Grundlage des Landes, die Monarchie sicherte und erhielt.

Dieses Glück ist Maximilian, den man gerne als einen Sohn des Glücks sieht, nicht widerfahren. Zwar standen ihm die reichen

Fugger zur Seite, die aber natürlich nicht frei von Eigeninteressen sein konnten.

Die Wurzel allen Übels war, daß die Kurfürsten nicht an seiner Seite standen, und alles den eigenen Kleininteressen unterordneten.

Die innere Struktur des Heiligen Römischen Reiches war heillos. Es gab kein königlich-kaiserliches Gesamtfinanzsystem. Immerhin, die Zeit war noch im Umbruch von der Naturalwirtschaft zur Geldwirtschaft. Der Kaiser und auch der König lebten nicht von geregelten Finanzzuweisungen der Kurfürstentümer und der Städte, sondern aus den Erträgen ihrer Erblande. Hermann Wiesflecker und andere haben inzwischen den Vorwurf der Kleindeutschen widerlegt, Kaiser Friedrich III. und Maximilian hätten die Zuweisungen des Reiches für ihre Erbländer mißbraucht. Das Gegenteil war der Fall. Die Erbländer und vor allem das silberreiche und treue Tirol sahen ihre Gelder für Reichsausgaben verwendet.

Wenn Maximilian für seine Reichsreform, die ja auch zugleich eine Finanzreform war, in seinem Kanzler für Germanien, Erzbischof Berthold von Mainz, keinen Mitstreiter fand, so hatte er doch nicht gefürchtet, in ihm einen Gegner der königlichen Absichten zu finden.

Berthold Graf von Henneberg und seine Mitfürsten hatten wegen des eigenbrötlerischen Verhaltens Kaiser Friedrichs III. kein Zutrauen in die Verläßlichkeit der Habsburger. Vor allem, als Maximilian auf dem Reichstag zu Worms eine Alimentierung des Kaiser- und Königtums durch einen »allgemeinen Pfennig« forderte, der vom Reich gezahlt werden sollte, wurde der Widerstand der Kurfüsten und der Stände größer. Eine allgemeine und gleiche Steuer für alle, das hatte es in Deutschland noch nie gegeben. War es früher die Vasallität, die den Thron stützte, so war bisher kein Ersatz für dieses alte germanische Rechtsinstrument gefunden worden.

Vor den Wormser Delegierten sprach Maximilian eindringlich mit seiner rednerischen Begabung von der Türkengefahr im Osten. Im Westen und im Süden herrschte die französische Gefahr, die sich durch Frankreichs Siege in Italien mit Recht als eine europäische Krise abzeichnete und die bisherige Machtverteilung im Abendland auf den Kopf stellte.

Aber über dem Wormser Reichstag vom März 1495 standen unausgesprochen die Worte des verstorbenen Kurfürsten Albrecht Achilles von Brandenburg: »Alle Anschläge und Kriegsrüstungen« – so fordert das Vermächtnis des staatsklugen Albrecht Achilles – »sind zu nichts nütze, wo man nicht Frieden hält in der deutschen Nation und rechtes Gericht und einmütige Münze hat.«

Und in der Tat, der weise Kurfürst zeigt die Hauptprobleme der deutschen Nation auf. Wenn innerhalb des Staatsgebildes jedes Fürstentum, jede Grafschaft gegeneinander oder miteinander Krieg führten, wenn man noch dazu ungeniert Schmiergelder, sprich Pensionen, ausländischer Herrscher, namentlich des Köngis von Frankreich, in die Tasche steckte, im günstigsten Falle, um die Interessen des Reiches nicht wahrzunehmen oder zu ignorieren, so ist keine Staatlichkeit möglich. Wenn Bürger und Kaufleute unter ritterlichen Schnapphähnen und Wegelagerern zu leiden haben, kann der Handel nicht blühen. Darum fordert der weise Kurfürst rechtes Gericht, womit er wohl eine einheitliche Rechtsprechung meinte, in der er mindestens Kapitalverbrechen einheitlich geahndet wissen wollte, so ist auch diese Aussage hinreichend, um die Rechtsunsicherheit deutlich zu machen.

Auch der dritte Punkt Albrecht Achilles' ist das Mark jedes gemeinschaftlichen Zusammenlebens: »Einmütige Münze«. Es gab Hunderte Münzstätten im Heiligen Römischen Reich Deutscher Nation. Kurfürsten und Bischöfe mit eigener Münzhoheit, unterschiedlichem Gold- und Silbergehalt der Münzen, waren ein Übel für das ganze Wirtschaftsgefüge. Aber es waren nicht nur Kurfürsten, Fürsten und Bischöfe, die eifrig die Münzstempel schlagen ließen, es gab auch Städte und Städtchen, sogar Klöster mit eigenem Münzrecht.

Wenn in Deutschland bis zum Jahre 1100 einhundertsiebenundsechzig Münzstätten bekannt waren, so hatte sich im 15. Jahrhundert diese Zahl vervielfacht.

War im alten römischen Reich das Münzrecht alleine beim

Kaiser angesiedelt, was sogar von den germanischen Königen der Völkerwanderung akzeptiert worden war, so war jetzt das Münzrecht ein Allgemeingut, meistens zur persönlichen Bereicherung. Erst der Merowingerkönig Theudebert I. von Austrasien (534–548) hatte es gewagt, eine eigene Münze zu schaffen und seinen Namen daraufzusetzen. Den Karolingern gelang es endlich, das Münzrecht wieder ausschließlich beim König zu etablieren. Allerdings wurde das Prinzip bereits unter Ludwig dem Frommen gebrochen, der dem Kloster Corvey 833 das Münzrecht zusprach.

Ja, es kam noch schlimmer. Münzvereine wurden gegründet. Es gab unter anderem den Münzbund Lübeck-Hamburg, das Münzbündnis Nordhausen-Ellrich, den Wendischen Münzbund, den oberrheinischen Münzbund, den Rappenmünzbund und viele andere. Wen wundert es da, daß die stabilen und in ihrem Münzfuß ehrlichen Münzstätten von Köln und Hall praktisch eine eigene königliche Münze verdrängten?

Der Verfall der königlichen Macht in Deutschland, verbunden mit der wachsenden Fürstensouveränität, hat nicht unter Maximilian I. begonnen, sondern schon weit vorher unter dem letzten Staufer, dem Traumbild der Deutschen, Kaiser Friedrich II.

Unter seinem Druck hatte sein Sohn, König Heinrich VII., auf dem Reichstag zu Worms am 1. Mai 1231 das grundlegende »statutuum in favorem principum« zugestanden, in dem die deutsche Krone auf das Königsrecht der Errichtung von Wehranlagen, auf den Bau neuer Städte sowie neuer Münzstätten verzichtete. Von nun an übten die Fürsten in ihren Territorien die uneingeschränkte Gerichtsbarkeit aus. Die Blutgerichtsbarkeit wurde nicht mehr vom König, sondern von den jeweiligen Landesherren ausgeübt. Damit war die Rechtseinheit innerhalb des deutschen Königreichs verloren. Wie ein Krebsgeschwür zerfraß die Fürstenmacht die Rechte der deutschen Krone, und selbst das Reich, das Bismarck schuf, konnte nicht darüber hinwegtäuschen.

Bedenkt man diese Tatsachen, so wird auch das resignative Verhalten Kaiser Friedrichs III. verständlich. Mit diesem Staatskörper, der in permanenter Auflösung begriffen schien, ließ sich eben kein Staat machen, und Abwarten und Überdauern schien die einzige Möglichkeit zu sein.

Das ist das wirklich Tragische an Maximilian, daß er, ein zweiter Don Quijotte, gegen die Windmühlenflügel, gegen den Eigennutz der Stände, kämpfte. Denn es waren ja nicht nur die Fürsten, sondern auch die Städte, die in keiner wirklichen Bindung zum Reich standen. Es gab noch nicht einmal eine gegenseitige Hilfepflicht, einem angegriffenen Teil des Reiches ohne Wenn und Aber Hilfe zu leisten.

Da Maximilian erkannte, daß die Widerstände gegen einen gemeinen Pfennig zu groß waren, forderte er eine sogenannte »eilende Hilfe«, um ein Reichsheer, vereint mit den Kontingenten des Schwäbischen Bundes und den Rittern des St.-Georgs-Ordens, aufzustellen, um an deren Spitze nach Italien zu ziehen. Seine Hoffnung, nach Frankreichs Vorbild feststehende Ordonnanzkompanien zu schaffen, um das Reich aus seiner dauernden Wehrohnmacht zu erlösen, ging nicht auf.

Der Reichstag warf Maximilian zu Unrecht vor, den Italienzug der Franzosen nicht in seinen Anfängen behindert zu haben, und überhaupt hätte das Reich keine Interessen in Italien, für die es zu streiten gab.

Das Reich hatte zweifellos Interessen in Italien, allerdings nicht Kurpfalz oder Kursachsen und die anderen Mitglieder des deutschen Staatengebildes. Die Not lag darin begründet, daß sich die ehemaligen Teile nicht mehr als unlösbare Teile des Reichs betrachteten, sondern von ihren Eigeninteressen hin und her getrieben wurden.

Am besten und am ehrlichsten bekannte die deutsche Reichsritterschaft ihren Standpunkt: Auf einem Rittertag zu Schweinfurt erklärten sie, daß sie mit Leib und Blut dem Kaiser dienen wollten, um die alte Ehre zu retten, in einer allgemeinen Steuer sahen sie aber eine Minderung ihrer Freiheit. Diese Darstellung der Ritterschaft ist noch nicht einmal unredlich. Blut und Leben wollten sie opfern, Geld aber nicht, vielleicht deshalb, weil sie keines hatten.

Der große Gegenspieler, der eigentlich sein engster Verbündeter hätte sein müssen, der Mainzer Erzbischof Berthold Graf von

Henneberg, hatte den Entwurf einer künftigen Reichsregierung ausgearbeitet. Er sah einen Reichsrat von siebzehn Mitgliedern vor, der »ohne Gunst und Gabe« dem König eidlich verpflichtet war und bevollmächtigt sein sollte, in allen Reichsangelegenheiten verantwortlich zu verhandeln und das königliche Siegel und den Titel führen sollte. Das Reichsregiment sollte seinen ständigen Sitz in Frankfurt haben und sich als eine immerwährende und dauerhafte Institution etablieren. Nur in besonders wichtigen Fragen sollte vom König und vom gesamten Reichsrat Genehmigung eingeholt werden. Die innere Verwaltung, die Handhabung des Friedens, der Finanzen und die Aufsicht über das Reichskammergericht, die Ordnung der Münze, die Bündnispolitik des Reiches, sogar die Entscheidung über Krieg und Frieden, die Verleihung von Fahnenlehen und die Ausschreibung von Steuern – alles sollte diesem omnipotenten Reichsrat vorbehalten bleiben. Der König herabgestuft zu einer reinen Repräsentationsfigur, der allerdings, wenn es ernst wurde, den Oberbefehl über das Heer führte, das war die Rolle, die Berthold seinem König zumutete.

Im einzelnen und in ihrer Gesamtheit waren Bertholds Vorschläge gar nicht so falsch. Das Unmögliche daran war, daß dies alles gegen den König und nicht für den König konzipiert war.

Kein deutscher König konnte, wenn er nicht sich selbst und sein Königtum aufgeben wollte, diesen Bedingungen zustimmen. Der venezianische Gesandte brachte das Reformwerk auf einen Punkt, indem er nach Hause schrieb: »Diese Wormser Ordnung bedeutet die Abdankung des Königs.«

Tief betroffen zog sich Maximilian zwei Monate zurück und konzipierte einen Gegenentwurf, der die Reformvorschläge Bertholds von Henneberg ins Gegenteil verkehrte. Unter anderem heißt es da: »Ohne Wissen und Willen seiner Majestät dürfen die Fürsten und Stände des Reichs keinen Krieg anfangen und kein Bündnis eingehen. Der Reichsrat darf nur in Abwesenheit des Königs die Geschäfte des Reiches führen ... Es vermag nicht König zu sein, der sich an Händen und Füßen henken läßt.«

Trotz allem zeitigte Worms Früchte, zumindest eine: das Reichskammergericht.

Am 7. August 1495 wurde eine Kammergerichtsordnung verkündet und erlassen, die mit den Worten beginnt: »Zum ersten: Das Gericht ist zu besetzen mit einem Richter, der ein Geistlicher oder ein Weltlicher, ein Graf oder ein Freiherr sei, und mit sechzehn Urteilern*. Mit Rat und Willen der Versammlung soll jetzt gekiest** werden aus dem Reich Deutscher Nation, die redlichen ehrlichen Wesens, Urteils und Wissens sind, und jeder halbe Teil der Urteiler aus der Rechtsgelehrtheit, der andere Halbteil der Ritterschaft geboren sei.« Ferner wurde bestimmt: »Damit der gemeine Mann nicht unbillig beschwert wird, sollen Kammerrichter und Urteiler zu ermessen haben, was nach Gestalt und Sache der Partei jeder geben soll.«

Am 31. Oktober des Jahres 1495 wurde das neue Reichskammergericht in dem Privathaus »Große Braunfels« zu Frankfurt eröffnet. Der König übergab dem ersten Kammerpräsidenten Eitelfritz von Zollern den langen Richterstab. Diese Reform war die einzige, die den Kaiser überlebte, auch wenn sie lange brauchte, um sich fest und sicher im Reich zu gründen. Das Reichskammergericht aber war die erste Voraussetzung zur Schaffung eines neuen Landfriedens, der ein unablässiges Bemühen des Kaisers war und mit dem der erste Habsburger, König Rudolf I., seinen Ruf begründet hatte. Recht und Frieden bedingen einander. Erst nachdem Maximilian in Worms das Kammergericht eingesetzt hatte, konnte er daran denken, einen »ewigen Frieden« zu fordern. Das Faust- und Kolbenrecht sollte für immer verbannt sein. Keinem Fürsten, keiner Stadt, keinem Bischof und keinem Ritter sollte es erlaubt sein, »den anderen zu befehden, zu bekriegen, zu berauben, zu belagern, niemand sollte ein Dorf mit Waffengewalt einnehmen noch beschädigen dürfen, niemand einem Friedensbrecher Hilfe, Unterkunft, Speise und Trank gewähren«. Die Reichsacht sollte über ihn verhängt werden, die der Richter mit folgendem Rechtsspruch verkündete:

* Das heißt Schöffen.
** Gewählt oder erkoren.

»Ich nehme dein Leib und Gut aus dem Frieden und tue sie in den Unfrieden und erkläre dich als ehr- und rechtlos.«

Aber ein Recht und ein Urteilsspruch leben nicht nur durch ihre Verkündung, sondern durch ihre Anwendung. Dazu bedurfte es einer stehenden, immer verfügbaren Truppe, wie sie in den französischen Ordonnanzkompanien verwirklicht ist.

Der rittergebürtige Adel, der auf seinen sturmumtosten Burgen saß, sah sich durch den Landfrieden ums Brot gebracht, hatte man bisher doch, zwar mehr schlecht als recht, von der Raubritterei gelebt.

Mitten im verkündeten Frieden zog der Erzbischof von Mainz mit einer großen Streitmacht vor Boppard, und obgleich die Stadt im besonderen Frieden des Reiches stand, eroberte und unterwarf er sie. Kein Reichstag schritt gegen den Erzbischof ein, noch verhängte irgendwer die Reichsacht über ihn.

Fast ein halbes Jahr saß man zusammen und verkündete wohlklingende und auch gutgemeinte Sentenzen, die sich gegen die Kleiderpracht richteten oder dagegen, daß der Deutsche auf keiner harten Bank mehr sitzen wolle. Überall, so ereiferte man sich, ist das Faul- und Lotterbett in Gebrauch, in der Ritter- wie in der Bürgerstube, so geheißen, weil die Faulheit den Menschen verlottert. Und weiter ging das Räsonnement über prächtige Kinderwiegen und anderes. Man wollte auch die Gotteslästerer treffen, stellte dann aber erstaunt fest, daß »sensu juridico« nur der ein Gotteslästerer ist, der das, was er für Gott hält, lästert. Natürlich wurde auch über eine neue Gold- und Silberwährung diskutiert, wobei man vergaß, daß die Sünder wider den gerechten Münzfuß in den Reihen des Reichstags und seiner Stände zu suchen waren.

Während all diesem Gerede träumte Maximilian vom großen Sieg in Italien, von der Vernichtung der Franzosen und endlich der Erlangung der römischen Kaiserkrone, um dann als Held der geeinten Christenheit den großen Feldzug gegen die Heiden, die Türken, zu führen. Erbittert rief er den deutschen Ständen zu: »Während ich für das Reich verblute, steht ihr kaltherzig daneben.«

Und immer wieder das Geld: Die Stände zahlten nicht. Das

Volk weigerte sich zu zahlen, bevor nicht im Reich Frieden und Recht Einkehr gehalten hätten. Maximilian versuchte es mit Drohungen, den gemeinen Pfennig mit Gewalt einziehen zu lassen. Doch sein Zorn und sein Rufen verhallten ohne Wirkung.

An seinem eigenen Hof ordnete Maximilian äußerste Sparsamkeit an. Die Jagdmeute und die Zahl der Luxuspferde wurden halbiert und zum ersten Mal der berühmte Hausschatz Kaiser Friedrichs III. angebrochen. Doch enthielt zwar der Schatz eine große Zahl an Kostbarkeiten, die aber schwer oder kaum zu realisieren waren, und vor allem enthielt der Schatz kein Bargeld. Maximilian rief um Hilfe zur Erlangung der Kaiserkrone, zur Errettung des Papstes, beides vorgeschobene Gründe, die auch als solche erkannt wurden. Nur das getreue Tirol erhörte seinen König und Herzog und schickte Gold und Silber. Aber es war zuwenig. Nun mußte wieder Gold geborgt werden. Aber Maximilians Beauftragte klopften vergeblich an den Pforten der reichen Kaufleute zu Augsburg, Nürnberg und Ravensburg. Einzig die Fugger waren bereit auf »große Wagnis und Gefahr« erneut zu leihen. Aber dieses Geld zerrann bei der Bezahlung alter Schulden. Maximilian blieb bei seinem Traum. »Ohne Hilfe des Reiches muß ich mit meinem und meiner Erblande Vermögen den Kampf aufnehmen, daß wir dann mit der Hilfe des Allmächtigen die Rettung Italiens persönlich getan.« Der Traum besiegte die Wirklichkeit.

Schließlich bot ihm das Schicksal einen Ausweg an. Maximilian hatte so vieles den Zielen seiner Ehre geopfert, zum Beispiel die unglückliche Ehe mit der Mailänderin Bianca Maria Sforza, die ihm alles in allem eine Mitgift von neunhunderttausend Talern eingebracht hatte, Geld, das ihm unter den Händen zerrann, und deshalb griff er zu. Die Venezianer hatten eine geniale Idee, deren Frechheit kaum zu überbieten war. Der Venezianer Contarini überbrachte den Vorschlag, der Kaiser sollte zum Söldner seiner Vasallen werden. Man wagte, dem Kaiser eine Condotta anzubieten, wie man ihn mit Söldnerführern abzuschließen pflegte. Er sollte als »capitano delle lighe« gegen eine Zahlung von sechzigtausend Gulden als Feldherr eines gemeinsamen Heeres gegen Italien ziehen, allerdings nicht unter seiner

Autorität als römischer König, sondern unter einem von Venedig übersandten Banner.

Dies war zweifelsohne eine massive Beleidigung des römischen Königtums. Zum anderen war es aber auch ein Kompliment an Maximilians Feldherrentalent, denn er hatte seit den burgundischen Kriegen den Ruf eines überlegenen und bis zur Verzweiflung tapferen Heerführers. Wenigstens sahen es die vorsichtigen Kaufleute im Rat der Stadt Venedig so.

Trotz allem empfand man auch dort den Antrag als eine Zumutung, und der Venezianer Contarini machte dem römischen König äußerst zaghaft den Vorschlag, Söldner seiner eigenen Vasallen zu werden.

Aber Maximilian sah zunächst die Chance, aus den Schwätzereien des Reichstags in die Tat zu entfliehen. Mit Erstaunen stellte er das Entsetzen Europas, selbst seiner Feinde, fest. Der Spott der Welt ergoß sich über ihn. In Florenz erklärte man: »Der römische König hat sich zur bloßen Vogelscheuche herabgewürdigt.« Marschall Wolfgang von Polheim, der Treueste der Treuen, schrieb aus Venedig: »Euer Gnaden schadet der Condotta mehr, als ich schreiben kann.«

Schließlich floh Maximilian in sein Hoflager zu Augsburg, wo er von deutschen Fürsten, sogar von fremden Gesandten und seinen eigenen Räten bedrängt wurde, die unselige Condotta niederzulegen. Zutiefst verunsichert, zog er sich in die Tiroler Berge zurück, um in den Gefahren der Gemsenjagd das seelische Gleichgewicht wiederzufinden. Aber man kann seinem Schicksal nicht entfliehen. Ludovico von Mailand folgte ihm in die Tiroler Berge, beschwor ihn, der Retter Italiens zu sein, und gaukelte ihm Traumbilder von einem Romzug mit Kaiserkrönung vor.

Dort in den Tiroler Bergen wurden unerhörte Träume geträumt, und Ludovico und seine schöne Frau Beatrice verstanden es, die Phantasie des Habsburgers aufs neue anzuheizen: Lehnshoheit über Spanien, Frankreich und Venedig, Einmarsch in Italien als »freundliche Heimsuchung« mit defensivem Charakter. Sogar ein Friedensvertrag wurde mit vorausgreifender Phantasie vorbereitet und ein »formula pro pace et bello« paraphiert. Nur mit großer Mühe konnte der Geheimsekretär Maximilians, der kluge Matthäus Lang, der schlußendlich zum Erzbischof von Salzburg aufsteigen sollte, den König davon abhalten, nach Italien zu reiten, um alle großen Ideen Wirklichkeit werden zu lassen.

Endlich, im August 1496, war man zum Aufbruch bereit, obwohl die versprochenen Gelder Venedigs und Mailands nicht eingetroffen waren. Eine letzte Unsicherheit beseitigte der Legat des Papstes mit den Worten: »Wer die Hand an den Pflug legt und zurücksieht, ist nicht geschickt zum Reiche Gottes.« Und dem Mailänder Gesandten erklärte Maximilian, fast in der Form einer Selbstbindung: »Was ich gesagt habe, werde ich unverbrüchlich halten.«

Als seine kleine Streitmacht, die inzwischen auf viertausend Kämpfer angewachsen war, Mailand erreichte, wagte es Ludovico nicht, dem so schlecht repräsentierten römischen König wie geplant die Eiserne Krone der Lombardei aufs Haupt zu setzen. Von den deutschen Fürsten ritt lediglich der Herzog von Braunschweig an seiner Seite.

Im Schloß Vivegano hatte sich schließlich eine stattliche Gesellschaft italienischer Fürsten eingefunden, darunter der König von Neapel. Hier hatte der römische König eine seiner rhetorischen Sternstunden. In einer weitgespannten Tour d'Horizon entwarf er den Fürsten einen Überblick über das, was zu tun und zu lassen sei. Er legte einen großen Kriegsplan vor, wie der französische Feind zu umfassen und zu schlagen sei. Er verkündete das Ziel, Italien von allen Feinden zu befreien, die Alpenpässe zu sichern, um schließlich Italien aus der Zersplitterung in die Einheit zu führen.

Was Maximilian den italienischen Fürsten vorschlug, waren keine Phantasiegebilde, sondern staatliche Ziele, die zu erreichen waren, wenn ... wenn in Italien nicht jegliches staatliche Einheitsdenken verlorengegangen wäre. Schon jetzt bereute es Venedig, Maximilian jemals nach Italien gerufen zu haben. Man befürchtete, daß Mailand unter der Protektion des römischen Königs zu mächtig werden und die Lagunenstadt überflügeln könnte. So sandte man Maximilian einen Absagebrief, womit die venezianischen Subsidien weggefallen waren.

Aber Maximilian hing noch immer großen Gedanken nach. Zwar ging ihm vor Pisa das Geld aus, und nicht einmal seine Begleitung konnte er mit dem Notwendigsten versorgen. Das hinderte ihn jedoch nicht daran, der Welt einen neuen Plan vorzuführen: Florenz sollte niedergeworfen werden, mochten dann die anderen Mitglieder der Liga nach ihren Zwecken verfahren, er, Maximilian, wollte dann mit genuesischen und spanischen Schiffen Frankreich vom Süden her fassen. Doch alle Unternehmungen zerbrachen an den meuternden Söldnern, die ihren Sold verlangten.

Dies war einer der wenigen Fälle, in denen Maximilian in Mutlosigkeit versank. Deprimiert schrieb er nach Innsbruck: »Von Euch und von den Bundesgenossen nicht mehr unterstützt und nicht vermögend, mich mit eigenen Mitteln zu erretten, bin ich entschlossen, sobald ich in Ehren Italien verlassen und mit Frankreich Bestand und Frieden machen kann« – so wurde der große Condottiere zur Witzfigur seiner Zeit.

Nun wäre es vollkommen falsch, Maximilian nur nach diesem italienischen Desaster zu beurteilen. Er war doch der Mann, der den fünfzehnjährigen burgundischen Krieg erfolgreich durchgestanden hatte. Ihm war es gelungen, dem verschwenderischen, ja vielleicht nicht zurechnungsfähigen Onkel, Erzherzog Sigismund, das silberne Tirol zu entwinden, das das Fundament seiner politischen Exkursionen sein sollte. Die Erwerbung Tirols durch Abfindung des verschwenderischen Erzherzogs war die Kraft, die den Erblanden feste innere Strukturen gab. Die drei historisch gewordenen Ländergruppen Niederösterreich, Oberösterreich und die alten habsburgischen Erb- und Vorlande im Elsaß waren zwar seit dem Jahre 1490 in Maximilians Hand vereinigt, hatten aber aufgrund ihrer Vielschichtigkeit und der Aufspaltung ihrer Rechte und Vorrechte nur eine Gemeinsamkeit: die Hand des Fürsten.

Und nun leistete derselbe Maximilian, der Mann der großen Strategien und Träume, Kärrnersarbeit, um zwischen diesen Ländern mehr Gemeinsamkeiten zu schaffen.

Rechnete man das burgundische Erbe ab, so war der Volkskörper der Erblande gering. Drei Millionen Einwohner werden geschätzt. Dazu war diese Einwohnerschaft wenig kriegserfahren und kriegsbegeistert. Allerdings hatten die Erblande eine Stärkung durch die Erbschaft der Grafschaft Tirol erhalten, und das Görzer Erbe brachte Zugang zum Mittelmeer. Aber die Habsburger und ihre Tiroler waren keine maritimen Menschen, für die die See Handels- und Lebenselement hätte sein können.

Die Unfähigkeit des Erzherzogs Sigismund brachte Maximilian aber auch einen Vorteil ein. Denn dadurch war die Einführung eines stellvertretenden Staatsregiments zwingend notwendig geworden. Darauf griff Maximilian zurück, und in der Institution der »Innsbrucker Schatzkammer« war eine zentrale Staatsstelle geschaffen, die nunmehr als oberste Finanzbehörde der Erblande galt. Zweifellos war sein Schwiegervater, Karl der Kühne, sein Beispiel gewesen, der aus einer Handvoll Staaten den burgundischen Einheitsstaat geschaffen hatte. Maximilians rechte Hand bei all diesen Dingen war der Augsburger Ratsschreiber Konrad Peutinger, der zum Geheimen Kaiserlichen Rat aufsteigen sollte.

Vor allem gelang es Maximilian, nach hartnäckigen Kämpfen die vier Gebiete Niederösterreichs unter einem Regiment in Wien zu vereinen. Über all das stülpte er einen Hofrat mit Hofkammer und Sitz in Innsbruck, der sich rasch zu einem festen Organismus entwickelte. In diesem Hofrat und Hofregiment vereinigten sich zum ersten Mal die Kriterien einer festen und gesicherten Bürokratie mit Seßhaftigkeit, festen Dienststunden und Trennung von Justiz und Exekutive, heute Grundsatz jeder Rechtsstaatlichkeit.

Was hier in aller Stille geschah, ist ein Ruhmesblatt der Geschichte Maximilians. Er legte nämlich die Grundlagen der habsburgischen Verwaltung, die einmal Gerüst habsburgischer Staatlichkeit wurde und so der habsburgischen Dynastie Weltgeltung ermöglichte.

Maximilian entwickelte Pläne und Entwürfe, die weit über seine eigene Lebenszeit hinausreichten. Er legte dem Innsbrucker Ausschußlandtag von 1518 den Entwurf einer neuen und dauerhaften Reichsordnung vor. Es wurde ein Hofrat von achtzehn Räten vorgeschlagen, Räten, von denen fünf vom Reich und dreizehn von den Erblanden bestallt werden sollten. Die drastische Bevorzugung der Erblande sollte die Österreicher für die großen Opfer entschädigen, die sie vor allen anderen erbracht hatten.

Der Hofrat sollte »in allen gemeinsamen großen Sachen außer denen des Kaisers« die Entscheidung tragen. Eine Reichskanzlei, aufgeteilt in eine »erbländische« und in eine »römische« Abteilung, vollzog die Geschäftsführung. Die Vollendung mußte Maximilian seinem Nachfolger Ferdinand überlassen, aber ihm bleibt der Ruhm, die Grundlagen einer modernen Staatsverwaltung gelegt zu haben. Maximilian, der wie jeder geniale Mensch auch ein großer Nachahmer war, übernahm die neuen Geschäftsformen der großen Handelshäuser, die nach italienischem Beispiel begonnen hatten, jeden Vorgang in Journalen festzulegen, so daß diese mehrfache Buchführung Ordnung und Tradition, aber auch Rückgriff auf frühere Entscheidungen nehmen konnte. Auch die Schaffung einer Beamtenschaft ist sein Verdienst. Zwar war diese Beamtenschaft in ihren Erscheinungsformen noch fließend, doch von den landesherrlichen und lehnsrechtlichen Bindungen befreit, wurde aus ihr ein geschlossener Beamtenkörper.

In den Kanzleien wurden zunächst Geistliche und dann sehr zögerlich auch Adlige eingesetzt. Aber neben diesen scheinbaren Säulen der Staatlichkeit schob sich ein neuer Stand dazwischen: juristisch ausgebildete Bürgerliche, die in den aufstrebenden Städten Schulung und Verwendung in magistralen Aufgaben wahrnahmen, wofür der Augsburger Ratsschreiber Konrad Peutinger ein glänzendes Beispiel ist.

Anstatt Adelshochmut brachten sie Fleiß, Genauigkeit und meistens auch bessere Bildung und Ausbildung in den Beruf mit ein. Der maximilianische Beamte ist eine der Schöpfungen des Königs, ohne die die umfassende habsburgische Dynastie nicht denkbar gewesen wäre.

Hätte sich Maximilian zehn Jahre dem inneren Aufbau seiner Staaten gewidmet, so wären alle Mittel in seiner Hand gewesen, um seine großen Pläne und Träume zu verwirklichen. Aber Maximilian war immer vom Tage gehetzt. Nichts ging ihm schnell genug, nichts konnte er reifen lassen. Das war die Tragik seines Lebens.

Maximilian hatte eine echte Liebe zum Volk und empfand seine Sorgen und Leiden. Er kannte echtes Mitleiden und Mitempfinden. So war er wohl der erste, der durch seine Bergwerksgesetze die Rechte und Pflichten der Knappen regelte, die ja oft eine Arbeit von schauerlicher Härte unter Tage leisten mußten. Er sicherte ihnen nicht nur eine ausreichende Entlohnung und setzte die Zahl der Arbeitstage fest, sondern trug auch Sorge für Alter und Krankheit und löste Konflikte mit den Unternehmern. Doch gegen Streikende ging er mit Härte vor, denn noch immer stand über der Zeit das Pauluswort: »Daß jedermann dem Staate untertan sei.« Zu den schönsten Ruhmestiteln, die er sich erwarb, gehörte der Beiname »Vater der Bergleute«.

Ebenso wandte er sich den Bauern zu, die als Leibeigene der uferlosen Ausbeutung der oberen Stände ausgeliefert waren. Der Bauer war der Prügelknabe aller anderen Stände, und es darf nicht vergessen werden, daß gerade der Hochmut burgundischen Ritterstolzes im Bauern nicht viel mehr als ein Tier sah. Selbst Albrecht Dürer, der uns ja das Menschenbild des späten Mittelalters im Übergang zur Renaissance und sein menschliches Schönheitsideal näherbrachte, bildet in seinen Kupferstichen von 1514 zwei Bauersleute ab, die ein plumpes, von dumpfen Leidenschaften gejagtes Paar darstellen, tanzend, in all ihrer abstoßenden Häßlichkeit.

Der Aufstand der Bauern zeigte sich an. Es war kein Aufstand gegen die bestehende Ordnung, sondern einfach der Aufstand der gequälten Kreatur gegen die Maßlosigkeit der Unterdrückung. Ein Aufstand mit dieser Motivation trägt die innere Gerechtigkeit in sich.

Die Bauern wandten sich in kindlicher Naivität an den König: »Die Majestät ist gnadenreich wie ein Messias und wird Richter sein über die verderbte Menschheit. Niemand kann sonst unser Befreier sein.«

Dann überreichten sie zwölf Artikel, die sich gegen die einseitigen Landesverordnungen und die bestehenden Jagdverhältnisse richteten. Waren doch die Wälder auch einstmals Nahrung und Brot für die Bauern und nicht die alleinige Lust des herrscherlichen Jagdvergnügens. »Sonst aber«, erklärten die Bauern, »sonst sind wir der Kaiserlichen Majestät mit Leib und Gut ergeben. Wie sie mit uns handelt, das müssen wir erdulden.« – Ein Dokument des Aufstands und der Hilflosigkeit zugleich. Der Aufstand verbreitete sich von Oberkrain und Steiermark bis in die Tiroler Berge und Täler. Und nun kamen wie immer die Demagogen zu Wort, da die Massen sich nicht artikulieren konnten: »Fangt mit den Häuptern an und hört auf bei den Gliedern.«

Der Schweizer Krieg

Der Ruhm der Schweizer Kriegsknechte hatte nicht nur Geld in die Schatullen der armen Schweizer gebracht, sondern auch ein neues Selbstbewußtsein entstehen lassen. Maximilian, der unter der Untätigkeit litt, zu der das Reich und die Stände ihn verurteilt hatten, indem sie das Geld sperrten, ließ seinem Unmut in den berühmten »Scheltbriefen« freien Lauf. Er warf den Ständen ihr eigennütziges Verhalten vor, das er für die eigentliche Ursache seiner Niederlage in Italien hielt. Mit gleichem Unwillen warfen ihm die Reichsvertreter vor, er habe ohne ihre Einwilligung das Abenteuer jenseits der Berge angezettelt und damit gegen die Wormser Beschlüsse verstoßen. Und nun kam wieder der alte ungerechtfertigte Vorwurf, er habe die Einnahmen des »Gemeinen Pfennigs« für sich behalten und Reichsgelder für die habsburgischen Erblande verschwendet.
Die wahre Tragik aber bestand darin, daß der zweite Mann des Reiches, der Erzbischof von Mainz und Kanzler für Germanien, Berthold Graf von Henneberg, in unversöhnlichem Gegensatz zu Maximilian stand. Ein Ausspruch von ihm: »Es ist wahrlich sehr schrecklich, und stellen sich die Läufte im Reich so wild an, daß ernstlich gehandelt werden muß, damit Einträglichkeit werde.« Einem brandenburgischen Gesandten soll er gesagt haben, daß Besserung nur gefunden werden könne, wenn man einen anderen König habe.

Im Juli erreichte Maximilian die Nachricht, daß sein französischer Gegenspieler, Karl VIII. von Frankreich, im Juni verstorben war. Dies war dem König ein Lichtblick im Dunkel seiner Beschwernisse und Sorgen, denn Ludwig von Orléans, der Nachfolger, schien Maximilian keine Sorgen zu bereiten. Doch er hatte sich geirrt. Kaum trug der Orléans als König Ludwig XII. den Königspurpur, nannte er sich König beider Sizilien und Herzog von Mailand. Um die Bretagne vor einem Einfall des Habsburgers zu schützen, heiratete er nach Ablauf des Trauerjahres die Witwe seines Vorgängers, Anne von der Bretagne. Für Maximilian war dies alles ein Eingriff in die Rechte des Reiches, der nicht hingenommen werden durfte. Er eilte nach Frankfurt zu einem schnell einberufenen Reichstag, verkündete den erstaunten Ständen des Reiches den Angriff Frankreichs und rief aus: »Ich will Frankreich einen Backenstreich geben, dessen noch in hundert Jahren gedacht werden soll. Dann mag dasselbe in Gottes Namen seine Beute behalten, da ich doch von den Lombarden verraten und von den Deutschen verlassen bin. Den Krieg will ich führen und will ihn führen, man sage, was man wolle. Eher werde ich mich von dem Eide dispensieren, den ich vor dem Altar in Frankfurt geschworen habe. Denn nicht nur dem Reich, sondern auch dem Hause Österreich gegenüber habe ich Verpflichtungen. Ich sage dies und muß es sagen, sollte ich darüber die Krone vom Haupte legen und sie vor die Füße werfen und zertreten.«

Die Feinde Maximilians in der Ständeversammlung werden über diesen Ausbruch maliziös gelächelt haben. Hatten sie es nicht immer gesagt, daß Maximilian zuerst an sein Haus denke und dann erst an das Reich.

Die Gutwilligen werden verwirrt gewesen sein ob der harten, unbeherrschten Sprache. Die anderen aber sahen sich in ihren Vorurteilen bestätigt. Maximilians schlimmste Feinde hätten ihm nicht eine solche Rede aufsetzen können.

Der Mainzer Erzbischof und Kanzler erwiderte ihm kühl: »Eure Majestät belieben in Parabeln zu uns zu reden, wie Christus mit seinen Aposteln. Ich besorge, die Stände, gestützt auf die Wormser Ordnung, werden schwerlich helfen, wenn der König wider ihren Rat Krieg anfangen würde.«

Auch Maximilian merkte, daß er zu weit gegangen war. Die Stände und auch er selbst atmeten auf, als er erklärte, dies alles gelte nur, wenn Frankreich das Reich mit Krieg überziehe.

Nun zeigten die Stände Bereitschaft und versprachen, den »Gemeinen Pfennig« künftig besser einzuziehen und unter Umständen Beistand zu leisten.

Zur allgemeinen Überraschung erschien jetzt Friedrich, der Kurfürst von Sachsen, den man später den Weisen nennen sollte, und zog ein Friedensangebot aus der Tasche, wonach Frankreich sich mit Neapel und Genua begnügen wolle und seine Mailänder Ansprüche hintansetze.

Jetzt tauchten bei den Ständen Ängste auf, Ludwig von Frankreich könne zu mächtig werden und die Kaiserkrone an sich bringen. Dem reichen und mächtigen Franzosen mit seinen Ordonnanzkompanien konnten die Stände nicht so zusetzen wie Maximilian, dem man bisher so probat und erfolgreich begegnet war.

Maximilian teilte die Ängste und Bedenken der Stände nicht. Sein großer Traum stand ihm vor Augen, sichtbar und auch greifbar: den Heiligen Krieg gegen die Ungläubigen zu führen, wie Theuerdank es seiner Königin geschworen hatte. Das Abendland von den Ungläubigen befreien und das Grab Christi wieder in die Hände der Christenheit legen.

Alle Kräfte und Mächte des Abendlandes würden sich um das Banner des römischen Königs scharen, Frankreich, Polen, Ungarn, Mailand, Spanien und der Papst! Das waren die Ideen, die Maximilians Herz in Bewegung brachten.

Aber die Diplomatie des französischen Königs bewegte mehr als Maximilians große Gedanken. Sein Versuch, die Niederlande wiederzugewinnen, zerbrach, selbst sein Sohn Philipp, der Herzog von Burgund, war gegen ihn und wollte den Ausgleich mit Frankreich. Sogar seine eigenen Räte verrieten ihn und sandten, geködert von französischem Gold, die vertraulichen Briefe Maximilians zur Kenntnis des Franzosen. Venedig stellte sich in offener Feindschaft gegen den König, die Einkreisung Frankreichs zerbrach, ehe sie begonnen hatte. Französisches Gold wühlte in der Schweiz gegen ihn, und auch Karl von Geldern, der ewige Feind, blies zum Kampf. Wenig erfolgreich, gab Maximilian seine alten Kämpfe auf, um sich in die neuen zu stürzen, die auf ihn zukamen.

Der Schweizer Krieg zeigte sein blutiges Profil. Dabei traf Maximilian an diesem Krieg keine persönliche Schuld. Es war einfach das Ahnenerbe, das er von seinen Vorgängern übernahm.

Schon lange hatte sich ein gegenseitiger Haß in den Herzen der Schweizer und der benachbarten Schwaben und Tiroler entwickelt und die Herzen zerfressen. Bei den Schweizern zeigte sich das in einem Verhalten, das sowohl gegen das Reich wie gegen Habsburg gerichtet war, nämlich der Eroberung österreichischer Städte wie Konstanz, das ja nicht umsonst der Schlüssel zum Bodensee genannt wird, ebenso wie das wichtige und mächtige Basel und Schaffhausen. Außerdem hatte sich in der Schweiz ein Freiheitssinn entwickelt, der in den anderen Ländern Europas unbekannt war.

Friedrich von Schiller hat in seinem Drama »Wilhelm Tell« den Schweizern einen Nationalhelden geschaffen, der ein Sinnbild dafür war, daß in der Schweiz Tausende Wilhelm Tells lebten, die ihren Freiheitstraum bewahren und verteidigen wollten. Der von Schiller genannte Landvogt Geßler ist zwar historisch nicht belegbar, doch spricht um 1470 ein »Weißes Buch von Sarnen« von einem habsburgischen Ministerialengeschlecht mit Namen Hagenbach, in das die Gestalt Geßlers hineinpassen würde. Aus dieser Familie Hagenbach stammt ein Peter von Hagenbach, dem in den siebziger Jahren des fünfzehnten Jahrhunderts der Prozeß wegen Mordes, Konfiskation, Gewalt, Eidbruchs und mancher Übeltat gegen Frauen und Männer gemacht wurde. Das Urteil lautete auf »Tod durch das Schwert«. Dieser Peter Hagenbach hat so viele verwandte Züge mit Geßler, daß man annehmen könnte, er könnte Schiller als Vorbild gedient haben, nach dem er seinen subalternen Tyrannen und Antipoden jeder Freiheit, eben seinen Landvogt Geßler, geschaffen hatte. In diesen beiden Gestalten des Geßler und des Wilhelm Tell sind die Gegensätze aufgezeigt, die zur Entfremdung und schließlich zum Verlust der Schweiz für Habsburg und das Reich geführt haben.

Vor allem waren die einstmals armen Schweizer zu Geld gekommen, und Geld hebt immer das Selbstbewußtsein.

Seit dem dreizehnten Jahrhundert hatten die Schweizer Reisläufer* der Schweiz zu einem gefürchteten Ruhm verholfen. Stellt man einmal die Rechnung auf, daß ein Reisläufer einen

* Von Reisige, Krieger.

Monatssold von vier Gulden hatte, ein sehr beachtlicher Preis, der dem Einkommen eines Handwerksmeisters entsprach, und unterstellt man ein kleines Truppenaufgebot von viertausend Mann, so kommt man auf die für damalige Zeiten enorme Summe von sechzehntausend Gulden monatlich, die im Jahr zu einem Betrag von hundertzweiundneunzigtausend Gulden ansteigt. Die Bevölkerungsverluste der Schweizer durch das Reislaufen werden im sechzehnten Jahrhundert auf fünfzig- bis hunderttauend Soldaten geschätzt und im siebzehnten Jahrhundert gar auf das Doppelte. Stellt man die obigen Zahlen in Rechnung, so erkennt man, daß in die Schweizer Täler Millionen Gulden geflossen sein müssen. Der österreichische und schwäbische Adel sahen in den Schweizer Bauern die Erbfeinde des Rittertums. Die deutschen Landsknechte, Maximilians Gegenschöpfung zu den Schweizer Reisläufern, schmierten Spottverse gegen die Kuhgeher an die Häuser und bezichtigten sie widernatürlicher Neigung zu den Kühen. So heizte man die Stimmung auf, und der weltkluge Willibald Pirkheimer, Humanist und zugleich Heerführer des Nürnberger Aufgebots, schreibt, daß es keine zwingende Notwendigkeit zu diesem Krieg gegeben habe, vielmehr sah er das Übel in »ob animorum impertinentiam«, also in einer Zügellosigkeit der Gesinnung*.

Maximilian war in der Schweizer Frage durchaus nicht kriegswillig. Saßen ihm doch die Erfahrungen seines Schwiegervaters Karls des Kühnen im Blute. Dessen Großburgund war ja schließlich auch an den Spießen der Schweizer Kriegsknechte zerbrochen.

Seit langem hatte der Ablösungsprozeß vom Reich und Habsburg begonnen. Nach dem Wormser Reichstag kam in der Schweiz das Wort auf: »Man will uns einen Herrn setzen.«

In den laufenden Verhandlungen drohte der Züricher Stadtschreiber Ludwig Amman dem Mainzer Erzbischof und Kanzler

* In der Tat wäre es eine Untersuchung wert, wie weit in der Vergangenheit und der Gegenwart die gesittete Gesinnung der Völker durch die Schmutzarbeit der Demagogen zerstört werden muß, damit man sie mit Waffen gegeneinander hetzen kann.

Berthold Graf von Henneberg mit erhobener Faust: »Was Ihr droht, gnädiger Herr, ist vormals schon anderen mißlungen, die es mit Hellebarden versucht haben. Und Hellebarden sind mehr zu fürchten als Federkiele.« Dahinter stand Ludwig XII. von Frankreich, der verkündete: »Ich bedenke der Schweiz wie mein eigenes Reich.«

Als jetzt auch noch die Tiroler Verwaltung versuchte, habsburgische Besitzinteressen in umstrittenen Grenzgebieten Graubündens und ein im bündnerischen Münstertal liegendes Frauenkloster als Seiner Majestät erblichen Besitz mit Waffengewalt zu reklamieren, besiegten die Bündner die Tiroler. Als beim Abzug der Tiroler drei Häuser verbrannt wurden, läuteten die Sturmglocken durchs Land, und der Krieg war nicht mehr aufzuhalten. Die unflätigen deutschen Landsknechte taten alles, um die Schweizer »Kuhgierer« gegen sich aufzubringen.

Die Schweizer warfen sich mit all ihrer Wucht in den Krieg. Sie durchwateten den Rhein und jagten die Königlichen in ein furchtbares Blutbad. Ein Raubkrieg von schrecklicher Härte begann.

Im Hegau, im unteren Engadin und auch in Vorarlberg zeichneten brennende Dörfer und verbrannte Felder die Spuren des Krieges.

Nein, dieser Krieg war nicht Maximilians Sache. Es gab keinen einheitlichen Kriegsplan, sondern Disziplinlosigkeit, und wie immer herrschte Geldmangel. In der Nähe von Basel, beim Bruderholz, und bei Ermatingen unterlagen die Truppen des Königs. In den Alpen, auf den Höhen von Lanzengast, verbissen sich Älpler, Tiroler und Schweizer ineinander. Ein Kampf von antiker Grausamkeit begann, eingebettet in Ströme von Blut.

Ein Vierteljahr hatte Maximilian versucht, von Mechelen aus den Krieg zu leiten. Aber der Ruf nach dem König wurde lauter und zwingender. Sein Geheimer Rat Paul Liechtenstein schrieb ihm: »Vom Reich zieht niemand zu. Jedermann meint, die Majestät verachte die Dinge.«

Maximilian antwortete ihm in seiner plastischen Sprache: »Ich habe diesen Krieg nicht gewollt und habe gemahnt, solange meinem Wort nicht alle Ohren verschlossen waren. Was habe ich an

Hilfe mitzubringen, wenn ich jetzt kommen soll? Muß mich mit Ludwig von einem Waffenstillstand zum anderen nötigen. Auf meines Sohnes Hilfe ist nicht zu rechnen. Wenn dem braven Gossembrot nicht der Kupfervertrag mit den Fuggern gelingt, bin ich ärmer als der ärmste Lotter in der Welt.«

Dennoch zog er von Köln nach Überlingen, wo das Reichsbanner als Zeichen »endlichen Ernstes« aufgepflanzt und feierlich der Reichskrieg gegen die Schweiz ausgerufen werden sollte. Trotz desolater Verhältnisse brachte Maximilian eine Armee zusammen, der aber außer Lebensmitteln und Geld auch der Mut fehlte, denn die Reichsritterschaft hatte erklärt, ihr Leben nicht den schnöden Bauern preisgeben zu wollen. Hungersnot brach aus, in Tirol, im königlichen Lager und fast im gesamten deutschen Süden. Bevor Maximilian einen einheitlichen Feldzugplan entwerfen konnte, brach eine neue Schreckensbotschaft herein. Dem Grafen von Fürstenberg war es in der Nähe von Basel gelungen, ein stattliches Heer zusammenzuziehen. Auf die Befehle des Königs wartend, gaben sich das Heer und auch seine Anführer einem fröhlichen Lagerleben hin. Der Graf von Fürstenberg hatte in seinem sträflichen Leichtsinn nicht einmal Wachen aufgestellt. So brachen viertausend Eidgenossen, mit deutschen Feldzeichen als Tarnung versehen, von den Höhen aus in das Feldlager ein und metzelten die feiernden und wohl auch betrunkenen deutschen Truppen dahin. Der Feldherr Graf Fürstenberg und seine Unterführer wurden gemeinsam erschlagen.

Als Maximilian diese Nachricht erhielt, stürzte er in eine tiefe Krise. Dieser immer Hoffende, immer Glaubende rief aus: »Dies ist das Ende. Jedes Menschenantlitz erscheint mir wie eine Fratze, jedes Menschen Stimme wie ein Messer, das sich in meinem Fleisch umdreht. Nun kann ich nicht weiter.« Dann ließ er alle Tore der Burg schließen, begab sich in ein dunkles Zimmer, wie es Menschen bei schweren Depressionen oftmals tun, und verweigerte Speise und Trank. Doch am Abend geschah das Wunder, mit dem Maximilian die Menschen immer wieder zu überraschen verstand. Mit lächelndem Gesicht, als habe er nicht gerade eine der schwersten Prüfungen überstanden, trat er hinaus zu seiner Begleitung und befahl, ein gemeinsames Abendessen auf dem

Söller unter freiem Himmel auszurichten. Willibald Pirkheimer, der diese Stunden miterlebte, schildert das Verhalten Maximilians mit großer Bewunderung:

»Als der Kaiser während seines Aufenthalts in Lindau die Kunde von der Niederlage erhielt, ward die Hofburg geschlossen ... Er beklagte bloß des Grafen Fürstenberg Torheit und Verwegenheit. Gegen Abend aber wurden die Tore wieder geöffnet; er selber speiste im Freien und zeigte keine Miene von Traurigkeit; ja, nach beendetem Mahle und als die Nacht hereingebrochen, trat er zu einem Fenster und redete viel von der Natur und ihrer Bedeutung, also zwar, daß er der empfangenen Niederlage gänzlich zu vergessen schien. Als ich dies sah und hörte, konnte ich nicht umhin, den glücklich zu preisen, der solch tiefempfindliche, aber gleichwohl unwiederbringliche Verluste so schnell verschmerzen konnte. Am anderen Tag schiffte der Kaiser nach Konstanz, und obgleich ich mich mit ihm auf dem nämlichen Fahrzeug befand, konnte ich dennoch keinen Zug von Verstörung auf seinem Gesicht bemerken; ja, er brachte denselben Tag selbst mit Scherzen, lustigen Gesprächen und Spielen zu.«

Selten hat man einen solch treffenden Zeugenbericht eines hochgebildeten Mannes, der den Kaiser voller Bewunderung nach einer solch schweren Niederlage erlebte. Eines ist sicher, Maximilian muß über außerordentliche Regenerationskräfte verfügt haben, um sein Leben in Glanz, Sieg und auch in tiefsten Niederlagen zu ertragen.

Wahrscheinlich war diese Fähigkeit, in allen Niederlagen immer wieder zu sich selbst zu finden, das Geheimnis, der Zauber, der ihm die Kraft und den Mut verlieh, sein Leben mit allen Höhen und Tiefen durchzustehen.

Obwohl man Maximilian einen Phantasten schalt, hatte er dennoch genug politischen Sinn, die Folgen des Geschehens zu beurteilen. Er stellte fest: »Ein solcher Krieg muß alles verderben und macht den König zuschanden. Er ist das elendste Ding und ist nichts anderes, als würfe man das Geld in den See.« So kam es zu einem Friedensvertrag, von dem Maximilian zunächst sagte: »Lieber will ich türkisch werden.«

Dem Gesandten Mailands, Galeazzo Visconti, einem geschickten Diplomaten, gelang es schließlich, eine Formel zu finden, in der die Souveränitätsansprüche des Reichs gegenüber den Schweizern nicht erwähnt wurden. Sie erschienen nunmehr als »Schutzverwandte des Reiches« mit eigener Gerichts-, Kriegs- und Steuerhoheit. Man sieht, man verstand es auch damals, unangenehme Dinge in freundliche Worte zu fassen. Im übrigen erhielt sich dieser Euphemismus von den »Schutzverwandten« bis zum Westfälischen Frieden des Jahres 1648.

Auch Ludovico Moro, der Herzog Mailands und Verbündete Maximilians, tat einen tiefen Sturz. Er wurde von den Schweizer Reisläufern an König Ludwig XII. von Frankreich ausgeliefert. Er starb in den Kerkern der düsteren Burg Loches, die die französischen Könige seit Jahrhunderten gebrauchten, um innen- oder außenpolitische Gegner einzukerkern. Als König Ludwig XII. die Nachricht vom Tode seines Widersachers erhielt, fand er das frivole Wort: »Sein Tod ist das einzige Verdienst seines Lebens.«

Der Verlust Mailands an Frankreich und der Untergang seines Verbündeten Ludovico waren für Maximilian schwere Schicksalsschläge. Was er am Anfang seiner Regierung versucht hatte, nämlich Frankreich einzukreisen, war mißlungen. Das Gegenteil war der Fall. Die eigenen Erblande waren nun von den Franzosen bedroht, und die Rechte des Reiches an Mailand waren ebenso fragwürdig geworden wie die in der Schweiz.

Der Reichstag zu Augsburg

Auf den Scherben seiner Politik lud Maximilian die Reichsstände zu einem Reichstag nach Augsburg, der vielgeliebten Stadt, ein. Man schrieb das Jahr 1500.

Hinter ihm lag eine unglückliche Vergangenheit und vor ihm eine undurchschaubare Gegenwart und Zukunft.

Frankreich brillierte unter der Politik des Orléans, König Ludwigs XII., in Ruhm, Glanz und Reichtum. Betrug doch das Staatseinkommen König Ludwigs das Zehnfache als zum Beispiel das des gesegneten Englands. So war Ludwig XII. ein ebenbürtiger Nachfolger Ludwigs XI. und Karls VIII., blieb aber eine Episode, obwohl er es war, der das Tor nach Italien aufgesprengt hatte. Machiavelli, der wohl kritischste Geist Europas in dieser Zeit, sah ihn Frankreich die erste Nation der Epoche.

England, »die glückliche Insel« – so ein Zeitgenosse –, mit seinen drei Millionen Menschen, war »weder ein Gefängnis noch ein Palast, aber eine anständige Heimat, in der ein bäurisch-kühles, wägendes und wahrheitsliebendes Volk von einfachen Sitten lebte« (William Morris). Der König selbst, Heinrich VII. – so sah es Morris –, war schlau und regsamen Geistes, umsichtig wie ein Pfandleiher und unterrichtet wie ein Bankier«.

Das einstmals so glückliche Italien und in seiner geistigen Fruchtbarkeit das wichtigste Land Europas lag in politischer Agonie, eine Beute der Barbaren. Seine Schwachheit zog die Starken unter Europas Mächten fast zwanghaft an, vor allem Frankreich, aber auch Deutschland, das seine alten Rechte nicht vergessen konnte. Die katholischen Könige Isabella und Ferdinand, die in zähem und unerbittlichem Kampf Spanien von den Mauren befreit hatten, sahen in Frankreich, mit dem sie eine lange gemeinsame Grenze hatten, das natürliche Hindernis ihres Ausdehnungswillens. Damit waren sie geborene Bundesgenossen Maximilians. Dieser Maximilian, den die einen als letzten Ritter, die anderen als hingebungsvollen Troubadur oder gar als Traumtänzer sahen. Das alte Römische Reich Deutscher Nation schien ein morsch gewordenes Wrack zu sein, von jedem Sturm gegen die Klippen der Zeit geworfen, und bei jedem Zusammenprall mit den harten Zwängen der Realpolitik bröckelte Stück für Stück seiner einstigen Macht dahin. So urteilt der Florentiner Niccolò Machiavelli: »Das Mißverhältnis zwischen Deutschlands natürlicher Kraft und seiner politischen Leistungsfähigkeit liegt in der schlechten Gesamtverfassung begründet.« Wenn man unter schlechter Gesamtverfassung den Egoismus der gesamten Stände sieht, das Reich in der Erhaltung seiner Macht nicht zu unterstützen, so hat Machiavelli zweifellos recht. Mit scheelen, vielleicht sogar mit hämischen Blicken hatten die Reichsstände den Fall Mailands miterlebt und werden weder einen Finger gerührt noch einen Dukaten geopfert haben, um den Franzosen das uralte Reichslehen Mailand zu entreißen.

Das war die Situation, als Maximilian am 2. Dezember 1499 mit einem Ladungsschreiben die deutschen Stände zu einem Reichstag nach Augsburg, seine »Caput Imperii«, in der Hoffnung, das Reich zu gemeinsamen Zielen zusammenzufassen, einlud.

Als der König am 2. März 1500 mit seinem Gefolge in Augsburg einzog, empfing ihn ein gezielter bösartiger Schlag. Nur ein geringer Teil der Reichsstände war erschienen. Unverdrossen sandte der König ein zweites, dringliches Ladungsschreiben, in dem er auch seine Gründe und Probleme darlegte. Sein eigener Erzkanzler, der Mainzer Erzbischof Berthold Graf von Henneberg, fügte seinem König den kalkulierten Affront zu und erschien, ein deutliches Zeichen der Mißachtung, erst am 1. April. Wie würde sich Maximilian verhalten? Die Stände blickten gebannt auf ihn. Würde er das Verhalten seines Erzkanzlers hinnehmen oder, und das wäre zweifelsohne eine Möglichkeit gewesen, ihn festnehmen und inhaftieren lassen?

Maximilian tat keines von beiden. Er hoffte, mit überlegener Diplomatie seines Gegners Herr zu werden: Er gewährte ihm die Auszeichnung eines persönlichen Empfangs.

Der Augsburger Reichstag zeigt die ganze Zerrissenheit der »Deutschen Nation« und den skrupellosen Egoismus seiner Fürsten.

Erst am 10. April 1500 konnte der Reichstag eröffnet werden, und Graf Eitelfritz von Hohenzollern vertrat des Königs Anträge. Er betonte die unmittelbare Türkengefahr. Außerdem wollte Venedig dem Osmanen die Pforten öffnen und war nunmehr mit Frankreich gegen das Reich verbündet. Frankreich, im Besitz des alten Reichslehens Mailand, forderte die Kaiserkrone, was von allen Deutschen als tiefer Angriff auf die Ehre der Deutschen gesehen werden mußte. Aber der Reichstag empfand nicht so.

Der Erzkanzler Berthold Graf von Henneberg, Erzbischof von Mainz, erklärte in dürren Worten, die Reichsstände seien noch nicht alle eingetroffen. Der Reichstag wurde bis nach Ostern verschoben, die Weltgeschichte hatte so lange zu warten, bis der deutsche Krähwinkelgeist zu irgendeiner Einigung fand.

Der Zusammenbruch des Mailänder Herzogtums hatte Maximilian eine weitere schwere Einbuße an Reichsautorität gebracht. Die Stände griffen jetzt in negativer Weise in die Außenpolitik ein, was Maximilian bisher zu verhindern gewußt hatte. Er war in seiner Not bereit, jetzt ein neues königlich-ständisches Reichsregiment zu etablieren, um militärisch wieder handlungsfähig zu werden. Damit etwas geschehe, denn Untätigkeit war diesem Fürsten verhaßt, beauftragte er seinen Zeugmeister Bartholomäus Freisleben, im Innsbrucker Zeughaus fünfzig Haubitzen, zweihundert Kammerschlangen, fünfzig Notbüchsen, zweitausend Hakenbüchsen, zweitausend Handbüchsen und zwanzigtausend Kugeln herzustellen. Die Armierung zeigt, daß er immer noch die Hoffnung hatte, mit einem raschen Reichsaufgebot in Oberitalien einzugreifen.

Um die Renitentesten im Reichstag an sich zu binden, erklärte er sich zur Bildung eines Reichsregiments bereit, über das seit Jahren beratschlagt wurde. Er wollte diesem Reichsregiment sogar eine bestimmte Form der Mitbestimmung zubilligen, was ja eine Einschränkung seiner königlichen Macht bedeutete. All das genügte den Ständen in ihrer Selbstherrlichkeit nicht. Die Kurfürsten erklärten: »Wir wollen ihm Fesseln anlegen, nicht weil er ein Genießer oder Faulenzer ist, sondern weil sein Roß Flügel hat und er an allen Stellen zugleich sein möchte.«

Berthold Graf von Henneberg legte einen Vorschlag vor, der das König- und Kaisertum unter Kuratel der Stände stellte und deren Kurator er selbst, versteht sich, sein sollte. Ein Spottwort flog durch die Lande: »Kaiser von Gottes und des Mainzers Gnaden«. Was hätte Maximilian tun sollen, tun können? Dem nachschreibenden Historiker fällt es leicht, probate Vorschläge zu machen. Schlagen die Folgen seiner Vorschläge auf ihn nicht zurück. Anders beim König!

Hatte er die Macht und die Kraft, die renitenten Reichsstände zu bekämpfen, sie zu besiegen und sie so in die alten Ordnungen des Römischen Reiches Deutscher Nation zurückzuzwingen?

Es hätte der Stärke und der Macht eines Karl des Großen bedurft, der ja auch in vieljährigen Kämpfen seine Völker und Stämme in die Ordnungen seines Königtums führen mußte. Da waren die Sachsen, die immer aufständischen Baiern, und selbst aus Schwaben und Thüringen kam Widerstand gegen den König.

Hätte es eines Otto des Großen bedurft, der fast alle Stämme, außer seinen Sachsen, besiegen mußte? Ein Mann von der Größe und Härte, der die Aufstände des Bruders, des Sohnes und des Schwiegersohnes niederringen mußte, um sie schließlich in die Einheit des Reiches und seiner Gnade zu führen. Bei aller freundlichen Betrachtung Maximilians muß man antworten: Nein, das konnte er nicht. Das deutsche König- und Kaisertum hatte unter seinem Vater, Kaiser Friedrich III., zuviel Macht eingebüßt, um jetzt den Titanenkampf gegen die deutschen Stände zu führen.

Was hier an ständischer Eigensucht, an bornierter Territorialherrschaft sich breitmachte, wird hundert Jahre später im Dreißigjährigen Krieg wie ein pralles Geschwür aufbrechen, und Eiterströme von Selbstsucht werden die »Deutsche Nation«, die ihren geschichtlichen Auftrag vergessen hatte, zum Schlachtfeld Europas machen.

Zudem muß berücksichtigt werden, daß mit den Städten ein neuer und nicht zu berechnender Machtfaktor entstanden war, mit dem sich Maximilians Vorgänger niemals in dieser Form hatten auseinandersetzen müssen.

Maximilian war kein Feind der Städte. Er schätzte ihre große Wirtschaftskraft, die intelligente Organisation des städtischen Lebens, vor allem aber ihre Wehrhaftigkeit. Ihm imponierte, daß der Feldhauptmann der nürnbergischen Truppen, Willibald Pirkheimer, ein kluger und gelehrter Mann, ihm ein Kontingent von vierhundert Mann, ein Geschwader von sechzig Reitern, sechs Feldschlangen und ein schweres Geschütz und bewaffnete Männer in bester Zucht und Ordnung präsentiert hatte, dazu acht Wagen, trefflich ausgerichtet mit Pulver, Hellebarden und all den vielen Dingen, die man zum Kriegführen brauchte.

Er hatte auch mit den Nürnberger Ratsherren eine fröhliche Nacht verbracht, ihre Geselligkeit, ihren frohen Sinn und ihre freie Gesellschaft kennen- und schätzengelernt. Er hatte in der Herrentrinkstube mit ihnen diskutiert und herrlichen frischen Wein genossen. Als nach beendeter Feier die Ratsherren den Kaiser zur Nürnberger Burg hinaufbegleitet hatten, meinte er, es wäre wohl angenehmer, Nürnberger Ratsherr zu sein als deutscher Kaiser.

Er sprach mit so freien und hochgebildeten Menschen wie Albrecht Dürer, Willibald Pirkheimer und dem gelehrten Nürnberger Stadtschreiber Lazarus Spengler. Der Kaiser hatte diese Stunden und Tage bürgerlicher Harmonie, eingebettet in humanistische Gelehrsamkeit, nicht vergessen.

Doch zurück zum Augsburger Reichstag des Jahres 1500, der dem König ein Reichsregiment aufgezwungen hatte, mehr eine Nebenregierung, vor allem als man dem ergrimmten Kaiser das Oberkommando über das Heer entzog. Ein Reichsfeldherr sollte den Oberbefehl haben, selbst wenn Maximilian selber im Kriegslager war. Das Reichsregiment, eine Schöpfung der Stände gegen den König, sollte mit seinen zweiundzwanzig Mitgliedern die faktische Regierungsgewalt übernehmen. Am meisten traf Maximilian die Wegnahme des Oberbefehls, galt er doch bei Freund und Feind als einer der fähigsten Feldherren Europas. Ein Ausspruch Maximilians ist überliefert: »Wahrlich, niemandem in der Welt außer Christus waren solche Leiden auferlegt.«

Ein niemals zu löschender Haß gegen den Mainzer Erzbischof fraß sich in Maximilians Herz fest. Um sich die Atmosphäre vorstellen zu können, muß man sich vergegenwärtigen, daß Maximilian seinen Erzkanzler des offenen Hochverrats zugunsten Frankreichs beschuldigte und der Kanzler seinerseits eine Liste von zweiundzwanzig Punkten gegen den König erstellte, in der Maximilian der Verstoß gegen die Reichsordnung vorgeworfen wurde.

Dennoch unterschrieb Maximilian widerwillig das Augsburger Dokument, fest darauf bauend, daß die zweiundzwanzig Ratsmitglieder des Reichsregiments nie zur Einigkeit finden würden. Seine Hoffnung war, daß das Reichsregiment an seinen inneren Widerständen zugrunde gehen mußte. Darin hatte sich Maximilian nicht getäuscht.

Folgende Begebenheiten werfen Licht in das Dunkel der inneren Angelegenheiten: »In Friesland gab es große Schwierigkeiten«, so berichten mehrere Autoren, »wo vor allem die Stadt Groningen den jungen Herzog Heinrich von Sachsen, der seinen Vater dort als Reichsstatthalter vertrat, sehr bedrängte. Der alte Herzog Albrecht versuchte den Reichstag gegen die Rechtsbrecher aufzubringen, um die Reichshilfe zu leisten. Aber die hohe Versammlung war nicht willens, dem Reichsstatthalter gegen das rebellische Friesland zu helfen, obwohl man früher ausdrückliche Versprechungen gegeben hatte. Man wollte den Friesen einen Brief schreiben, und die nächsten Nachbarn sollten Hilfe leisten. Ja, die Frankfurter meinten geradezu, das gehe die Sachsen und Friesen an. Sie hielten es genauso wie mit den Eidgenossen, dem Deutschen Orden und Mailand. Das Gefühl der Reichsgemeinschaft und gegenseitiger Hilfsverpflichtung war den Ständen weitgehend abhanden gekommen.«

Wahrlich, mit diesem Reich war kein Staat mehr zu machen, und man kann sich auch keinen Herrscher vorstellen, der diesen auseinanderdriftenden Reichsteilen hätte besser begegnen können. Zu diesen staatlichen Schwächen und Auseinandersetzungen traf den Kaiser auch familiärer Kummer.

Familienbande

Im Jahre 1493 hatte Maximilian Bianca Maria Sforza, die Nichte des Ludovico Moro und Herzogs von Mailand, geheiratet. Wenn je eine königliche Hochzeit nur aus Staatsnotwendigkeiten geschlossen wurde, dann die Ehe der Bianca Maria mit Maximilian. Die arme Mailänderin Bianca Maria stand stets im Schatten der Lichtgestalt Maria von Burgund. Zwar war auch diese Ehe aus staatlichem Kalkül erwachsen, aber der Weltgeschichte gefiel es, ein Wunder zu bewirken. Nachdem sich Maria und Maximilian kennengelernt haben, entbrannte eine Liebe, die auch der Tod im Herzen Maximilians nicht löschen konnte. Maria von Burgund war nicht nur die reichste Erbin Europas, sie war auch schön. Sie teilte mit Maximilian die gleichen Interessen, zum Beispiel war sie eine genauso begeisterte Jägerin und Reiterin wie er und ... sie war klug.

Das kleine, vom Naschen etwas dickliche Mädchen aus Mailand hatte zu Maximilian keine Brücke und er nicht zu ihr. Er hatte sie geheiratet, weil Onkel Ludovico im Laufe der Jahre Maximilian über neunhunderttausend Gulden gezahlt hatte. Das wäre in den Händen eines finanzbegabten Mannes und Haushalters ein schier unerschöpfliches Vermögen gewesen, nicht so bei Maximilian.

Mit der Königin Bianca hatte er dauernd Verdruß, war es, weil sie enorme Mengen von Süßigkeiten verzehrte oder weil sie während des Augsburger Reichstags das Geld mit vollen Händen ausgab. Maximilian behandelte Bianca immer schlecht. Er ließ sie in den Städten, wenn er seine Rechnungen nicht bezahlen konnte, wie einen alten Hut als Pfand zurück. Die Tage bis zur Auslösung der Königin waren voller Scham und Bitternis. Als Maximilian zu der Erkenntnis kam, daß Bianca ihm keine Kinder schenken konnte, verschwand auch der letzte Rest von Höflichkeit bei dem Manne, den seine Zeit noch immer als letzten Ritter sehen wollte.

Sein sexuelles Vergnügen holte sich Maximilian bei seinen sogenannten Schlafweibern, die ohne großen Aufwand beim Troß lebten. So manches Baronskrönlein, das auch heute noch in mattem Glanze dämmert, ist nicht errungen durch Kampf und Sieg, sondern ein Lohn des Fürsten an seine Schlafweiber beziehungsweise an die Männer, an die er seine Mätressen verheiratete und die er durch ein Krönchen nobilitierte – ein Brauch, der an den Fürstenhöfen Europas gang und gäbe war.

Nun aber kam in den Augen des Königs neues Ungemach von Bianca Maria Sforza. Die Angehörigen und Parteigänger Ludovico Moros, des von den Franzosen vertriebenen und eingekerkerten ehemaligen Herzogs von Mailand, suchten nicht nur Schutz bei Maximilian als ehemaligem Bündnispartner und Lehnsherrn ihres vertriebenen Fürsten, sondern sie versuchten Maximilian in einen neuen Krieg gegen Frankreich zu treiben.

War schon seine Frau ihm ein ungeliebtes Wesen, an das er wohl nur mit Selbstvorwürfen denken konnte, so verstärkte ihre mailändische Sippschaft seine Ablehnung. Es wird immer eine Frage bleiben, wie ein Mann wie Maximilian, der seiner ersten Frau, Maria von Burgund, sein Leben und seine Liebe mit voller Hingabe entgegengebracht hatte, sich gegen die Mailänderin so lieblos verhalten konnte.

Selbst der für sie von Maximilian eingesetzte Haushofmeister Niklas von Firmian litt schwer unter diesen Verhältnissen, aber auch an der welschen Kamarilla. Er schrieb aus Mitleid mit der sich in unerwiderter Liebe verzehrenden Bianca Maria Sforza an den Secretarius und späteren Erzbischof von Salzburg: »Seine Kaiserliche Majestät möge je zuzeiten ein kleines Briefchen schreiben und gnädiglich sein, denn wahrlich Ihre Gnaden die Königin hält sich jetzt ganz wohl. Bin in ganzer Hoffnung, sie werde sich hinfüro Seiner Majestät Willen mehr befleißigen denn bisher geschehen.«

Bianca Maria Sforza lebte in Innsbruck finanziell so beschränkt, daß sie eine französische Gesandtschaft nicht empfangen konnte, »weil Ihre Majestät nicht wie gebührlich ausstaffiert ist«. In Köln mußte Maria Bianca ihr ganzes Leinen versetzen und von Regensburg aus ihren Gatten in bewegenden Worten bitten, »ihre persönlichen Dinge auslösen zu wollen, die sie sehr vermisse«.

Bei einer Reise in die Niederlande mußte Maximilian seine Gattin zurücklassen, da er nicht imstande war, die aufgelaufenen Schulden zu bezahlen. Der allezeit getreue Herzog Albrecht von Sachsen versuchte Bianca Maria bei Hertogenbosch auszulösen, mußte aber mit ihr heimlich des Nachts über die Grenze bei Kleve fliehen, damit ihre Juwelen, so die Hoffnung, nicht in die Hand der Gläubiger fallen würden. Aber der Plan mißlang, und nur mit ein paar Mägden erreichte die Königin Worms, während ihr übriger Hofstaat in den Niederlanden festgehalten wurde.

In Augsburg hatte Maximilian in seiner Pfalz an die Kemenate der Königin einen Erker anbauen lassen, damit sie von dort das Leben auf den Augsburger Straßen verfolgen konnte. Die Augsburger liebten das Schattenbild der traurigen Königin, das sie in den Erkerfenstern erkennen konnten. Die einsame Frau rettete sich in eine Fresserei von Marzipan, Gebäck und anderen Süßigkeiten, wurde, wie es sein mußte, dick und fett und brachte sich damit um eine weitere Möglichkeit, von ihrem Gemahl geliebt zu werden.

Im übrigen: Je größer Schuld und Sünde ist, die wir an einem anderen Menschen begehen, desto mehr Gründe findet man, um sein eigenes liebloses Verhalten zu rechtfertigen. So starb Bianca Maria von Sforza an einem Mangel an Liebe, nachdem sie ihrem Gemahl ihre Mitgift von ungefähr neunhunderttausend Gulden pflichtgemäß mit in die Ehe gebracht hatte.

Von da an war der Hochgemute von eigenen Todesahnungen befallen, da er die Vergänglichkeit des Lebens am Tode seiner noch jungen Frau erfahren hatte. Für Bianca Maria ging ihr Leben nach einer auch für spätmittelalterliche Fürstinnen vorgesehenen Regel zu Ende: »Gebraucht, mißbraucht und dann achtlos verkümmert«.

Maximilian, der Ritter sonder Tadel

Wie kommt ein Mann in den Ruf, der letzte Ritter zu sein, obwohl er in Wirklichkeit der große Zerstörer des Rittertums war?

Mit seinen Kanonen, die er in Innsbruck, Nürnberg und Augsburg gießen ließ, sprengte er die zum Raubrittertum verkommenen Ritter aus ihren Felsennestern und Burgen.

Damit nicht genug. Er, den man einen Phantasten nannte, sah in vollendeter Klarheit das Aufkommen einer neuen Militär- und Kampfform »der Landsknechte«, nach Art der Schweizer Reisläufer, die mit ihren spießestarrenden Karrees die Ritterschaft zerbrachen. Die Landsknechte wurden nicht nach ihren Lanzen benannt, sondern aus der Tatsache, daß sie sich, im Gegensatz zu den Schweizer Reisläufern, aus Landeskindern rekrutierten. Es gehörte schon ein hoher realistischer Sinn dazu, die Wirksamkeit der neu aufkommenden Kriegführung, gestützt auf Artillerie und Landsknechttum, vorausschauend zu erkennen. Was nützte es da, wenn sich Maximilian gerne in silberner Rüstung und wallendem Helmbusch zeigte, wenn er sich auf Turnieren als siegreicher Ritter mit Lorbeer bekränzen ließ? Das war nur noch die Dekoration einer Epoche, die er am burgundischen Hof als Jüngling erlebt und bewundert hatte, dennoch wußte sein nüchterner Verstand die Dinge auf den rechten Platz zu stellen. Natürlich jubelten die Menschen dem ritterlichen Fürsten zu, diesem Ausbund männlicher Kraft und Tugend, aber leider nur das Volk und nicht die Reichsstände. Diese bestanden aus den geistlichen und weltlichen Kurfürsten. Später erkämpften sich die Städte das Reichsstandrecht, so daß zu den Bänken der Fürsten und der Geistlichkeit ab dem Ende des sechzehnten Jahrhunderts die Reichsstädte auf der Städtebank vertreten waren.

Waren früher einmal die Reichstage die Demonstration der Macht des Königs gewesen, zu denen er seine Vasallen zu Lob und Tadel einlud, so stand dem Herrscher jetzt eine Organisationsform gegenüber, die die Reichssteuern bewilligen mußte. Der Kampf Maximilians mit den Reichsständen um die Unverletzlichkeit seiner Königsmacht hat ihn stärker mitgenommen als seine vielen Kriege.

Will man diesen Vorgängen mit heutiger Sicht begegnen, so könnte man in sehr vorsichtiger Form von einem Demokratisierungsprozeß sprechen. Stand Maximilian in seiner Wehr- und Waffenpolitik an der Spitze des Denkens seiner Zeit, so hinkte er in der inneren Reichspolitik seiner Zeit hinterher.

Die persönliche Tragik Maximilians bestand darin, daß sein Erzkanzler für Deutschland, der Erzbischof von Mainz, Berthold Graf von Henneberg, der gegen Kaiser und Königsrechte stand, ein im Reich hochangesehener und intelligenter Mann war. Vielleicht glaubte er, dem Heiligen Römischen Reich zu dienen, wenn er die Verantwortung vom König auf viele Schultern verteilte. Er vergaß, daß sich durch die Zerstörung der alten Lehnsordnung eine Unsicherheit über das Reich verbreitet hatte. Denn die Reichsstände fühlten sich nie dem Ganzen, dem Reich, verpflichtet, sondern nur den eigenstaatlichen Interessen ihrer Länder.

Diese Entwicklung zur Eigenstaatlichkeit der deutschen Territorialmächte hatte ihren sichtbaren Ausdruck gefunden in der Zeit eines Kaisers, der in der Vorstellungswelt der Deutschen noch immer als der Größte der Großen lebte, des Staufers Friedrich II. von Hohenstaufen.

Er hatte, um seine maßlosen Machtkämpfe in Italien führen zu können, an Kurfürsten, aber auch an andere Stände Königsprivilegien vertan. Diese erlaubten ihm ein starkes Auftreten in Italien, ließen aber gleichzeitig seine Macht im Reich schwinden. Während die anderen Könige Europas die großen Adelsprivilegien zerbrachen, namentlich in Frankreich und England, und so starke Monarchien schufen, die Macht und Ansehen in Europa hatten, wurde die deutsche Königsmacht deminuiert und der Grundstein für die Machtlosigkeit künftiger deutscher Könige gelegt.

Es ist dies nicht eine Frage der Schuld oder der Unschuld, sondern die Frage von Zwängen, die einem Herrscher auferlegt werden und denen er sich zu unterwerfen hat. Jedenfalls begann unter der Herrschaft der Staufer der Verlust der deutschen Königsmacht zugunsten der Territorialgewalten.

Zuerst waren es die deutschen Stämme, die sich nach blutigen Kämpfen den mächtigen Frankenherrschern unterwarfen. Diese deutschen Stammesherrschaften haben dem Reich Kräfte entzogen, die zur Schaffung einer starken Zentralmacht mit Gewinn hätten eingesetzt werden können. Dann folgte der Kampf des deutschen Königtums mit der römischen Kirche, in der Rom letztlich Sieger blieb.

In Frankreich gelang es dem Königtum, den Klerus in Treue um sich zu scharen, um mit ihm gemeinsam dem Papst zu trotzen. In England unter König Heinrich VIII. gelang es, sich gänzlich von Rom zu lösen. Durch die Suprematsakte von 1535 wurde der König das oberste Haupt der anglikanischen Staatskirche, doch eine Reformation wie in Deutschland fand nicht statt. Die der römischen Kirche anhängenden Katholiken wurden hart und grausam verfolgt, und ein schweres Blutbad lastete auf England. Dabei ging es in keiner Weise um Glaubensfragen, mit denen sich die Deutschen abquälten, sondern einzig um den pragmatischen Willen des Königs, der eine Scheidung von Katharina von Aragon erzwingen wollte, da sie ihm den erwünschten Thronfolger nicht schenken konnte. Nach langen Kämpfen, in denen auch Thomas Morus verbluten mußte, gelang die endgültige Lösung von Rom – und für England eine wertvolle Zeit des inneren Friedens.

Einmal von Rom gelöst, flossen die großen Kirchengelder Englands nicht mehr an die Kurie, sondern dienten der Dynastie und dem englischen Reich.

Ganz anders das Haus Habsburg, das tief katholisch war, aber durch seine Innenpolitik, namentlich nach der Erlangung der spanischen Reiche, immer wieder mit dem Papsttum in langwährende und blutige Kämpfe verwickelt wurde. Selbst der Enkel Maximilians, Kaiser Karl V., hat tief darunter gelitten, daß er 1527 mit seinen Truppen Rom gestürmt und geplündert hat in dem bekannten »Sacco di Roma«, der zur schrecklichen Vernichtung von Menschenleben und Kunstwerken der Ewigen Stadt führte.

Aber das Haus Habsburg war nicht alleine vom Katholizismus geprägt. Das burgundische Erbe hat Habsburg tief in sich aufgenommen. Nicht nur die burgundische Verwaltungskunst wurde übernommen, nicht nur das ritterliche Spiel von Turnier und Mummenschanz. Das wirkliche tragische Erbe an das Haus Habsburg war der Krieg gegen Frankreich. Die versuchte Einkreisung Frankreichs mißlang durch die gescheiterte Ehe mit Anne von der Bretagne. Doch im März 1495 gelang es Maximilian, mit dem Papst, mit Spanien, Venedig und Mailand die Heilige Liga zu gründen, deren Stoßziel Frankreich war. Zweifellos war Maximilian ein großer diplomatischer Erfolg gelungen, der aber mit dem Fluch belastet war, dreimal mit Heeresmacht nach Italien zu marschieren, um Maximilians traumatischen Gegner Frankreich zu treffen.

Maximilian, »Erwählter Römischer Kaiser«

Es ist ein spannendes Abenteuer, unter dem Mikroskop der Jahrhunderte den Leib Europas zu betrachten. Mitunter erscheint das Beobachtungsobjekt wie tot, zumindest ein träger Organismus, von dem kaum Energien ausgehen. Aber plötzlich kommt das ganze Gebilde in Bewegung, einzelne Teile schieben sich vor, überwuchern die anderen und drücken sie an die äußerste Peripherie.

Da kämpft Maximilian seinen Heldenkampf um das burgundische Erbe seiner Frau Maria, steigt bei Guinegate zum strahlenden Helden Europas auf, verdient sich für immer, trotz kommender Kämpfe und Niederlagen, Name und Ruhm eines großen Feldherrn. In seinem Wahn, Frankreich zu besiegen, auch ein Teil seines burgundischen Erbes, zieht er über ein Jahrzehnt in die Schlacht, kämpft gegen Franzosen und Italiener, gegen Wallonen und Flamen und wird von den eigenen Untertanen schmählich gefangengesetzt und zur Spottfigur Europas. Dann träumt er seinen großen Feldzug gegen die Türken, was für ihn ein Heiliger Krieg, ein Kreuzzug, wird, den er nicht verlieren, weil er ihn nicht unternehmen kann.

Während er Gefangener in Flandern ist, erwacht sein Vater, Kaiser Friedrich III., aus seinen lethargischen Träumen, und es gelingt ihm, ein stattliches Reichsheer aufzubringen, dessen Existenz und langsames Heranrücken die Niederländer bereits derart beeindruckt, daß sie Maximilian die Freiheit geben.

Der große österreichische Historiker Hermann Wiesflecker hat in einem monumentalen Werk minutiös das Leben und die vielfältigen Kämpfe Maximilians aufgezeichnet, so daß wir es uns erlauben können, nur die gravierenden Höhepunkte einzufangen, die den König und Kaiser Maximilian I. wieder auf die Seite der Gewinner bringen sollten.

Am Anfang steht, wie so oft, der Tod: Maximilians Erbfeind, König Karl VIII. von Frankreich, starb. Er hatte Maximilians Tochter Margarete als Braut verstoßen und verschmäht, um dann Maximilians Braut Anne von der Bretagne unter Präsenz militärischer Macht zu heiraten. Sein Nachfolger, König Ludwig XII. von Frankreich, ehelichte flugs die Witwe des verstorbenen Karl III., um das Herzogtum Bretagne noch fester an Frankreich zu binden. Zwar war dieser Ludwig XII. nicht dümmer als Karl VIII., man darf sogar sagen, er war schlauer, eine bedeutendere Persönlichkeit, aber auch er träumte von der Eroberung Italiens für die französische Krone und suchte, um dieses hohe Ziel zu erreichen, die Freundschaft der europäischen Mächte, vor allem die König Maximilians. Dessen Stern schien neu aufzuleuchten. Dazu kam die glückliche Heirat seines Sohnes Philipp mit Juana von Spanien. So hatte sich das habsburgische Gewicht auch ohne Waffengeklirr in Europa vergrößert. Sollte sich auch der Sohn Philipp mitunter gegen den Vater stellen, so war das Haus Österreich trotz verschiedener Auffassungen im einzelnen nach außen eine Einheit.

Ein weiterer Tod gab Maximilian neuen Raum: der Tod seines Erzkanzlers für Deutschland, des Kurfürsten und Erzbischof von Mainz, Berthold Graf von Henneberg, am 21. Dezember 1504. Damit hatte Maximilian seinen schärfsten innenpolitischen Gegner verloren. Berthold, ein hochintelligenter Mann, hatte sogar die Oligarchie der Fürsten über König und Reich in Erwägung gezogen, ja, er wollte dem König den Oberbefehl über das Heer entziehen. Das wäre eine Entmachtung des Königs gewesen, demgegenüber die berühmte Magna Charta, die Englands Barone dem schwachen König Johann ohne Land aufgezwungen hatten, eine monarchistische Manifestation gewesen wäre.

Zwar war es dem Erzkanzler gelungen, das Reichsregiment gemeinsam mit den Ständen gegen seinen König durchzusetzen, aber es erlangte mit Ausnahme des Reichskammergerichts keine politische Wirksamkeit.

Aber das Schicksal, das Maximilian bisher nicht begünstigt hatte, mußte noch viele Schachzüge tun, um das Haus Habsburg auf den Machtgipfel zu erheben, den es beim Tode Maximilians innehatte.

Der Borgia-Papst Alexander VI. (1492–1503) war standesgemäß durch Gift gestorben und an seiner Stelle der reichsfreundliche Papst Julius della Rovere gewählt, der als Papst Julius II. (1503–1513) den Thron bestieg. Dieser Papst war auch bereit, Maximilian die Kaiserkrone zu gewähren, allerdings ohne mit Heeresmacht den Einzug in Rom zu halten, sondern er stellte Maximilian frei, sich an irgendeinem Ort seiner Wahl zum Kaiser wählen zu lassen, und der Krönungsakt solle so gelten, als ob der Papst selbst dem König die Kaiserkrone aufgesetzt hätte. Er sandte sogar eine Kaiserkrone über die Alpen, um die Nachdrücklichkeit seines Willens sichtbar darzustellen.

Aber zunächst wurde allen Auseinandersetzungen ein deutliches Haltezeichen gesetzt. Georg von Baiern-Landshut, genannt »der Reiche«, war gestorben und hatte ein großes Vermögen hinterlassen, das vor den Augen gieriger Erben zu teilen war. Es sollte aufgrund eines Erbvertrags dem Schwager Maximilians, dem Herzog Albrecht von Baiern-München, zukommen. Aber Georg hatte doppeltes Spiel getrieben und es Ruprecht von der Pfalz, der mit seiner Tochter Elisabeth verheiratet war, testamentarisch zugesprochen. Kurz, der baierische Erbfolgekrieg stand vor der Tür. Man schrieb das Jahr 1504. Maximilian wurde als Vermittler, besser, als Testamentsvollstrecker, genannt. Und er entschied für Albrecht von Baiern-München, da der Pfälzer in französischem Solde stand oder, wie man es feiner ausdrückte, »Pensionär des Königs von Frankreich« war. König Ludwig von Frankreich hatte versprochen, sich nicht in Reichsangelegenheiten einzumischen. Und tatsächlich hielt er Wort.

Maximilian hatte Anfang 1506 nach Augsburg zum Reichstag geladen, und nachdem der Mummenschanz der Fastnachterei zu Ende war, zog er mit großem Gefolge zum Lechfeld, um den Urteilsspruch nach Anhörung der Parteien zu verkünden. Ruprecht von der Pfalz wurde wegen gewaltsamer Aneignung von Reichslehen und Verachtung der ausgesprochenen Friedensmandate mit Acht und Aberacht belegt. Ruprecht, ein Gewaltmensch, widersetzte sich dem Urteilsspruch und griff zu den Waffen.

Plötzlich war der Bürgerkrieg entflammt. Im Turm von Burghausen lagerten große Schätze, bereitgestellt zum Krieg gegen das Reich und Böhmen.

Aus Sorge, den Kampf der Deutschen gegen die Deutschen zu entfesseln, hatte Maximilian das Reichsbanner nicht aufgerufen. Als aber jetzt den Landfriedensgesetzen Hohn angetan wurde, Städte wie Landshut rücksichtslos überfallen wurden, stellte sich Maximilian selbst an die Spitze eines Reichsheeres. Als Ruprecht von der Pfalz während des Kriegszuges starb, stellte sich die tapfere Pfalzgräfin Elisabeth in Harnisch und Sporn an die Spitze ihres Heeres, obgleich sie gesegneten Leibes war. Auf dem Hafenreuther Feld kam es zu einer erbitterten Schlacht, in der vor allem die böhmischen Söldner wüteten. In der Heftigkeit der Schlacht wurde Maximilian durch einen Schwertstreich am Hals verwundet, und der getreue Herzog Erich von Braunschweig fing den stürzenden König auf und rettete ihn vor Gefangenschaft oder Schlimmerem.

Bald darauf starb die tapfere Pfalzgräfin Elisabeth, und der Krieg ging allmählich zu Ende. Aber die Feste Kufstein, Schutz und Eingangspforte nach Tirol, leistete erbitterten Widerstand. Der Statthalter Johann von Pienzenau hatte Hochverrat verübt und die Festung gegen dreihunderttausend Gulden an Ruprechts Heer übergeben.

Maximilian ließ vor der fast uneinnehmbaren Bergfeste schwerste Geschütze von Innsbruck den Fluß hinunterbringen, die die Festung sturmreif schießen sollten. Der Ritter Pienzenau glaubte nicht an die Macht der Kanonen. Voller Spott ließ er mit einem Besen die Narben der Geschützeinschläge abwischen und schwor vor allem Volke, »als frommer Baier für alle Baiern zu sterben«.

Aber das waren nur große Worte, nichts als große Worte. Schon wenige Tage nach der Kanonade wurde das Burgtor hochgezogen, und der tapfere Baier Pienzenau versuchte, mit dem Rest der Besatzung zu fliehen. Sie wurden jedoch alle festgenommen und wegen Hochverrats zum Tode verurteilt. Maximilian, der seine eigene Weichherzigkeit kannte, hatte sich eine moralische Sperre erbaut, indem er erklärte, er werden dem, der für die Verbrecher Gnade erflehte, mit eigener Hand eine Ohrfeige geben. Siebzehn der Verräter waren bereits unter dem Schwert des Henkers gefallen, da wagte es der gutherzige Herzog Erich von Braunschweig, ein Gnadenwort einzulegen. Maximilian, der diese schreckliche Exekution wie versteinert miterlebt hatte, gab dem Henker erleichtert das Zeichen, im grausigen Tun innezuhalten. Dann legte er sanft die Hand an die Wange des Braunschweigers, um wenigstens symbolisch den Backenstreich zu vollziehen.

Erstaunlicherweise machte das Blutgericht von Kufstein in Deutschland den größten Eindruck. Es schreckte alle Empörer, und das Volk, das seine Fürsten ebenso gerne feierte wie verdammte, jubelte Maximilian als Sieger der Böhmerschlacht zu.

An einem Maientag des Jahres 1505 fuhr ein festlich geschmücktes Geschwader von Rheinschiffen von Bingen aus flußabwärts. Auf dem Königsschiff flatterte das Reichsbanner, und auf einem erhöhten, thronartigen Sitz war Maximilian zu sehen. Noch einmal war er der Theuerdank, der zu seiner jugendlichen Braut fuhr, ihre Hand und die Krone zu erwerben. Mit tausend deutschen Fürsten, Grafen und Herren zog er, die Spielhahnfeder am Hut, mit geschlitztem Landsknechtwams, den sechzehn Fuß langen Landsknechtspieß über die Schulter geworfen, in die festlich geschmückte Römer- und Bischofsstadt Köln ein. Ihm folgten in einem schier nicht enden wollenden Zug der Adel und das Königsgefolge, aber auch Bürgersleute, die in Maximilian ihren König sahen.

Und es war auch ein Leben und Feiern in Gürzenich zu Köln, daß kein Mensch mehr glauben konnte, dieser Kaiser sei ein armer Mann. In all dem politischen Gezänk zwischen Mailand, Innsbruck, Brüssel, Paris und Madrid schien es sich herauszustellen, daß sich das Glück Maximilian zuwandte … Am 6. April 1505 traf sich Maximilian mit seinem Sohn, dem Herzog von Burgund und Kronanwärter auf Spanien. Dazu kam in Stellvertretung des französischen Königs Ludwig XII., der den Eid leistete, »daß er als Lehnsmann für Mailand dem deutschen König treu, gehorsam und dienstwillig sein wolle und alles tun, was die Pflicht eines guten Vasallen ist«.

Die beiden Habsburger schworen im Gegenzug, alle Vereinbarungen getreu einzuhalten. Ein neues Schutz-und-Trutz-Bündnis wurde geschlossen, und die drei Kontrahenten wollten in Zukunft »eine Seele in drei Körpern sein«.

Wahrlich, die Zeit schien groß in Worten wie in Taten. König Ludwig XII. war sogar bereit, ein Sieggeld von zweihunderttausend Gulden zu zahlen, die Hälfte davon sofort als sichtbares Zeichen der neuen Einheit. Dem Schicksal des Hauses Habsburg schien die Sonne – nach einem endlich gefundenen Frieden mit den Ungarn, deren bemerkenswerte Königin nach dem Tode ihres Mannes den Thronfolger gebar, für den eine der beiden Kaiserenkelinnen als Gattin vorgesehen war.

Auch die Ostgrenzen schienen gesichert, und die Reichsstände, ihres Führers Berthold Graf von Henneberg beraubt, erklärten fast demütig: »Eure Majestät hat aus hoher Vernunft und Schicklichkeit erblich, gnädig und wohl regiert und wird dies auch fürderhin tun.« Die Kurfürstenschaft war jetzt ein fast gefügiges Instrument in der Hand des Kaisers. Der neue Mainzer Erzbischof war keine Persönlichkeit von Bedeutung und der Trierer ein Verwandter Maximilians.

Die junge Fürstengeneration war ganz dem Kaiser zugewandt und von seinem Charme bezaubert. Das Glück erstrahlte über dem Hause Habsburg. Der venezianische Gesandte Quirini schrieb im Jahre 1506 an die venezianische Signoria: »Während der Kaiser vor drei Jahren nichts mehr durchsetzen konnte, ist er jetzt durch seine kluge Taktik allmächtig geworden.«

Dennoch blieb ihm Unbill nicht erspart: Frankreich ließ die Maske der Freundschaft fallen, besetzte Genua, wiegelte mit seinem Gold Geldern auf, bezahlte den schuldigen Teil der Lehnstaxe nicht und anticharmbrierte an allen Höfen Europas gegen Maximilian und das Reich. Auch Venedig beobachtete mit wachsendem Unbehagen die Macht Habsburgs, besonders ihren Anstieg in Tirol und Friaul. Dennoch wurde die deutsche Gesandtschaft freundlich und sogar mit einem gewissen Wohlwollen von der Signoria empfangen. Der achtundachtzigjährige Domenigo Morosini, zwar nicht Doge, aber einer der angesehensten Patrizier, ließ sich in seiner Sänfte in das »Collegium dei savii« tragen, um seinen Einfluß für Maximilian geltend zu machen. Aber der so heiß ersehnte Durchzug nach Italien zur Kaiserkrönung in Rom wurde nicht gestattet.

Als Legat des Papstes erschien der Kardinal Santa Croce in Innsbruck und machte ein bedeutendes Angebot. Der hartnäckige Kaiserdiplomat Matthäus Lang erreichte beim Papst das Einverständnis, die Kaiserkrönung anzuerkennen, wo auch immer sie durchgeführt wurde, und sie so zu werten, als habe er, Papst Julius II. die Krönung mit eigener Hand durchgeführt. Der kriegerische Papst wollte zwar keine Franzosen in seinem Italien, aber auch keine Deutschen. Denn er träumte seine eigenen Träume von der Macht und Herrschaft über einem päpstlichen Italien.

Erstaunlich, durch die deutsche Christenheit ging kein Aufschrei der Freude, daß der Papst ein seit dem Jahre 800 wahrgenommenes Vorrecht aufgab und der deutschen Krone die Erhebung zum Kaisertum praktisch in den Schoß legte. Auch Maximilian erkannte nicht, welches Geschenk dem deutschen Königtum zugewachsen war. Praktisch war damit der jahrhundertelange Kampf zwischen Papsttum und deutschem Königtum erloschen.

Aber der romantische Maximilian hatte den Traum, mit einem stolzen Heer durch Italien zu ziehen, überall Unterwerfungen entgegenzunehmen und schließlich unter dem jubelnden Gedröhne der Glocken vom Papst die Krone auf das Haupt gesetzt zu bekommen. Keiner seiner Zeitgenossen hatte erkannt, welch großartige Möglichkeit sich hier aufgetan hatte. Der Papst selbst war es, der sich aus der Kaiserfindung und -setzung herausgenommen hatte und das sakrale Mysterium von Krone und Thronerhebung preisgab.

So kam es dann, daß Maximilian am 4. Februar 1508 zu Trient an der Spitze einer Prozession, den Kronhelm auf dem Kopf und in der Hand das bloße Schwert, mit einigen deutschen Fürsten, Feldherren und Räten unter Glockengeläute zum Dom zog. Noch vor der Zelebration des feierlichen Hochamtes verkündete der Bischof Matthäus Lang, daß der König Maximilian sich von jetzt ab als »Erwählter Römischer Kaiser« bezeichnen lasse.

Dann durfte der treue Matthäus Lang dem Kaiser die langersehnte Krone aufsetzen, sicherlich aus Dank und Anerkennung für seine Diplomatie, die diese Krönung vom Papst und von der Kurie erreicht hatte.

Fürderhin braucht kein Kaiser mehr den römischen Segen. Nur Maximilians Enkel, Kaiser Karl V., ließ sich noch einmal von einem Papst im Jahre 1530 zu Bologna zum Kaiser krönen. Zwingende Gründe für dieses Handeln sind nicht erkennbar. War es vielleicht die Konkurrenz zu König Franz I. von Frankreich, oder mußte er, der ja auch spanischer König war, an das katholische Spanien diesen Tribut entrichten?

Nun war endlich der Spruch der Kurfürstentage zu Rhense der Jahre 1273 und 1338 erfüllt, indem postuliert wurde, daß das Kaisertum nunmehr in die Wahl zum deutschen König integriert sei und alle Auseinandersetzungen mit Rom künftig auf einer anderen Ebene stattfänden.

Wechselbad des Lebens

Wenn sich auch die politischen Konstellationen für Maximilian verbessert hatten, so war die Finanznot immer noch Bestandteil von Maximilians Leben und Herrschaft. Da schien der Papst Rettung zu bringen. Er schrieb für das Jahr 1500 einen großen Ablaß aus, den der selbstgefällige, vielleicht schon vergreiste Kardinal Raimundo Peraudi im Reich als Stellvertreter des Papstes einzog. Die eingebrachten Ablaßgelder sollten den künftigen Türkenkrieg finanzieren. Nun kam es darauf an, wer der Verwalter dieser sicherlich großen Summen war. War der Türkenzug eine rein kirchliche Sache, so gehörten die Gelder in die Hände der Kirche. Sollte aber Maximilian den Feldzug anführen, unter dem Einsatz erbländischer und deutscher Truppen, so konnte er mit guten Gründen den Besitz dieser Gelder fordern. Berthold Graf von Henneberg erkannte die Gefahr, daß die Stellung des Königs durch die Ablaßgelder gegenüber den Ständen unabhängig wurde. Sie beliefen sich inzwischen auf dreihunderttausend Gulden, die nach Ansicht des Kanzlers in keinem Falle seinem königlichen Herrn zufließen sollten.

So antichambrierte er mit großem Geschick bei Kardinal Raimundo Peraudi, dem päpstlichen Kollektor. Es gelang ihm, Peraudis Zuneigung zu erwerben, so daß Peraudi sich gegen den König und Kaiser und für das Kurfürstenkollegium entschied. Der Sieg des Berthold Graf von Henneberg schien vollkommen, und nichts zeichnet das zerbrochene Verhältnis zwischen Maximilian und seinem Kanzler klarer als dieser Vorgang.

Aber wie immer gab sich Maximilian nicht geschlagen. Sein Diplomat wandte sich an den Papst, den mißliebigen Kardinal abzuberufen und die eingesammelten Ablaßgelder seinem Hausschatz zu übergeben. Er gab das feierliche Versprechen, die Ablaßgelder nur zur Verteidigung des Glaubens und der katholischen Kirche zu verwenden.

Der Ablaßhandel wird in heutiger Zeit gerne als ein kirchlicher Mißbrauch gesehen, gegen den sich der Reformator Luther mit der entflammten Wucht seiner Persönlichkeit wandte. Tatsächlich ist dieses Finanzierungsmittel der Kirche, schon lange vorher in Gebrauch. Papst Johannes XXII. (1316–1334) aktivierte den Ablaßhandel gegen Geld, um der Kirche aber auch dem französischen Königtum einen neuen, festeren Rückhalt zu geben.

Zwar zwar Papst Julius II. bereit, Maximilian mit der Kaiserkrone zu erhöhen, schon um ein Gegengewicht gegen die spanisch-französischen Händel um Genua zu schaffen. Den Ablaß aber wollte er sich nicht aus der Hand nehmen lassen.

Da berief sich der erfinderische Maximilian auf eine mündliche, nur für die Erblande gegebene Erlaubnis, die er später auf das Reich auszudehnen verstand, um sich so aus dem Ablaßgeschäft, denn das war es ja wohl, eine ständige Einnahmequelle zu schaffen.

Es ist schon eine groteske Situation. Da prangert Martin Luther den Ablaßhandel und seinen fleißigsten Ablaßprediger Johann Tetzel an, und der Kaiser des Heiligen Römischen Reiches beteiligt sich selber an diesem Ablaßgeschäft. Die Fürstenschaft, namentlich die Kurfürsten, müssen betreten beiseite geschaut haben, denn der muntere Tetzel war ja nicht aus dem Nichts aufgetaucht. In den Jahren 1504 bis 1510 hatte er den Jubiläumsablaß zugunsten des Deutschen Ordens in den Diözesen Naumburg und Merseburg, am Niederrhein, in Sachsen, in Schlesien, im Elsaß und in Franken gepredigt. 1516 wird er den Ablaß für die Peterskirche verkünden, und unter Kurfürst Albrecht von Brandenburg agiert er als Ablaßprediger in der Magdeburger Kirchenprovinz. Nicht der Ablaß ist es, der die Menschen und den Reformator Luther gegen ihn aufbringt, sondern die schamlose Art seiner Predigt, in der er tatsächlich verkündet: »Wenn das Geld im Kasten klingt, die Seele aus dem Fegefeuer springt.«

Jetzt, wo Maximilian auf dem Gipfel der Herrschaft schien, bildeten sich die Gegenkräfte. Schnell wandeln sich Schicksal und Herrscherglück. Europa, und das ist fast wie ein Gesetz, hat sich nie einem einzigen Herrscher gebeugt. Das mußten alle erfahren, die die Hegemonie über Europa anstrebten.

Während Maximilian noch um den Tod seines einzigen Sohnes, Herzog von Burgund und König von Spanien, trauerte, war in seinem Schwiegervater, König Ferdinand von Aragon, der Zorn gewachsen, keinen Leibeserben als Thronfolger zu haben. So faßte er, schon in einem beachtlichen Alter, den verwegenen Plan einer neuen Ehe. Seine Wahl fiel auf Germaine de Foix, und das bedeutete nichts anderes als eine Hinwendung zu Frankreich.

Es ging das Gerücht um, daß König Ferdinand, nun schon ein Herr gesetzteren Alters, nach der Hochzeitsnacht mit Germaine aus dem Ehezimmer gewankt sei und gestammelt habe: »Lieber in finsterer Nacht auf stürmischer See, mit zerbrochenem Hauptmast und zerschlagenem Ruder, hilflos den Elementen preisgegeben dahintreibend als noch eine Nacht mit dieser Frau.« Nun, sicher ist das eine Humoreske, aber sie offenbart nicht nur die Nöte König Ferdinands, sondern auch die der jüngeren Gattin, die dahingehend erzogen war, dem König in jedem Fall einen Thronfolger zu schenken. Vor diesem Hintergrund ist das Leben der Germaine de Foix nicht ohne innere, stille Tragik. Sie gebar dem König zwar ein Kind, aber es war nicht lebensfähig. Schlußendlich, sie konnte dem Gatten keinen Thronfolger schenken, und die Schuld daran hatte, unabhängig von den tatsächlichen Gegebenheiten, immer die Frau.

Während Kaiser Maximilian auf der stürmischen See seines Lebens dahintrieb, mal auf der höchsten Höhe des Wellenkammes, mal im tiefsten Tal, hatte sich seine Tochter Margarete von Österreich zu einer großen Herrscherin entwickelt. Und das in einer Zeit, in der man allgemein glaubte, Frauen seien von minderer Intelligenz. Ihr Zweck war, Kinder zu gebären und großzuziehen, während man es als nahezu unmöglich ansah, daß Frauen weise und gerecht regieren könnten. Das Leben der Margarete von Österreich ist jedoch ein hervorragendes Gegenbeispiel.

Tochter und Vater

Maximilian hatte im Jahre 1507, einen Tag nach dem Tode Herzog Philipps des Schönen, seine Tochter Margarete als Regentin der Niederlande eingesetzt und, was vielleicht noch wichtiger war, als Erzieherin von Philipps, ihres Bruders, Kindern. Eine Frau als Regentin, Regentin der Niederlande, das damals nach Oberitalien das stärkste Wirtschaftsgebiet des Abendlandes war!

Es ist merkwürdig zu beobachten, daß Europas Adel jeden blutsmäßig legitimierten sechzehnjährigen Schwachkopf als König anerkannte und willig die stolzen Häupter beugte. Daß aber eine Frau, und sei sie noch so begabt, ja, sei sie auch des Kaisers Tochter, immer wieder an die Schranken ihrer Autorität gestoßen wurde.

Margarete hatte mit Rückendeckung des kaiserlichen Vaters den aragonesischen Rädelsführer Don Juan Manuel, Ritter vom Goldenen Vlies und verwandt mit der aragonesischen Königsfamilie, in Haft genommen, da er gegen den rechtmäßigen Thronerben Aragons, Karl von Österreich, antichambriert hatte, um in irgendeiner Weise König Ferdinand zu stützen und zu verhindern, daß Karl von Österreich Aragons König werde. Ein Aufschrei ging durch die Niederlande, daß es eine Frau, und sei sie auch des Kaisers Tochter, wagte, einen Ritter vom Goldenen Vlies zu inhaftieren. Denn jeder Träger vom Orden des Goldenen Vlies war aus der normalen Rechtsprechung herausgenommen und nur vom Ordensgericht zu verurteilen, es sei denn, es liege Hochverrat gegen die Krone vor.

Mit dieser Maßnahme hatte die Regentin nicht nur die Partei der Burgunder, der Kastilier und der Aragonesen gegen sich, sondern die gesamte Männerwelt des Hochadels, die sich gedemütigt fühlte. Der Orden selbst erhob zweimal Einspruch gegen das Handeln der Regentin. Um zu demonstrieren, wie ernst und wichtig diese Sache sei, mußte der junge Karl in seiner Eigenschaft als Ordensmeister vor der Regentin erscheinen, um Einspruch zu erheben.

Der junge Fürst erklärte kühl und bestimmt: »Madame, die Satzungen des Ordens sind verletzt, die von Unserem Ahnherrn Karl von Burgund erlassen wurden.«

Die Regentin war tief getroffen, als Fürstin, aber auch als Frau, die an diesem vierzehnjährigen Knaben Mutterpflichten erfüllt hatte. Nur mühsam gelang es ihr, ihren Zorn zu beherrschen. Dann wandte sie sich in scharfem Ton an den Kreis der Ordensritter, die ihren jungen Fürsten begleiteten: »Wenn ich ein Mann wäre und nicht ein Weib, würde ich mir diese löblichen Paragraphen wie ein heiliges Meßbuch bei jedem Schritt unter Gesängen vorantragen lassen.«

Beide Parteien, sowohl der Orden wie die Regentin, wandten sich an den Kaiser. In überlegener Rechtfertigung erklärte Margarete, daß nichts ohne kaiserlichen Befehl geschehen sei. Don Juan Manuel habe verschwörerische Beziehungen zum französischen Hof und zu führenden Politikern angeknüpft mit dem Ziel, König Ferdinand zu verdrängen. Diese Kabale gegen König Ferdinand war so gewichtig, um nach kanonischem und zivilem Recht ein Majestätsverbrechen zu konstatieren.

Kaiser Maximilian zeigte sich als überlegener Diplomat. Er versicherte seinem Enkel Karl als Ordensmeister, daß die Rechte des Ordens in jeder Hinsicht gewahrt werden müßten. Bei Manuel wurde eine Hausdurchsuchung durchgeführt, aber belastendes Material wurde nicht gefunden, denn es war ja genug Zeit vergangen, um solche Papiere zu entfernen. Maximilian legte den Konflikt in gekonnter Form bei, indem er Manuel an den kaiserlichen Hof berief und seine Tochter Margarete dadurch entlastete, daß sie den Delinquenten nur habe verhaften lassen, um ihn dem Gericht des Ordens zu übergeben. So hatte der Kaiser seine ansonsten so begabte Tochter aus einer Bedrängnis erlöst, die sie selber nicht hätte bewältigen können.

Denn gegen den Willen und die Gunst des niederländischen Adels zu regieren, das wäre politisch nicht möglich gewesen, ohne sich auf neue Machtproben mit ungewissem Ausgang einzulassen.

Es war Margarete, die durch ihre Tante, die Witwe Karls des Kühnen, Margarete von York, gute Beziehungen zu England herzustellen wußte. Am 5. April 1513 wurde in Margaretes Residenz zu Mechelen ein Vertrag mit England unterzeichnet, dessen klare Zielsetzung die Zerstörung Frankreichs war. Von Norden her sollten die Engländer mit Maximilians Truppen Frankreich angreifen. Das Herzogtum Burgund aber sollte von den Schweizern erobert werden. Ein kühner und relativ komplizierter Plan, in dem drei Mächte sich zur Vernichtung Frankreichs vereinen sollten.

Der Plan gelang. Im Norden bei Thérouanne vollbrachten die Engländer eine glänzende Schlacht, deren Sieg auch Maximilian zu verdanken war. Auch hier zeigte er sich in großer maximilianischer Pose und kämpfte als schlichter Fußsoldat im Heer.

Der Himmel über Maximilian war wieder hell. Auch in Venetien war er erfolgreich, so daß die Seerepublik zum Frieden bereit war. Durch Familienbande sollte das Verhältnis zu England auf sicheren Boden gestellt werden, und Karl, der Enkel Maximilians und Neffe seiner Tante, der Regentin Margarete, sollte mit Maria, der Schwester König Heinrichs VII. von England, verheiratet werden. Da griff der neidvolle Ferdinand von Aragon ein, der es nicht ertragen konnte, daß Habsburgs Macht sich nicht nur in England, sondern auch auf der Iberischen Halbinsel festigen sollte. Ferdinand, der ebenfalls gegen Frankreich antreten sollte, stellte sich auf die Seite des französischen Königs und erzwang einen Waffenstillstand für Frankreich. Der englische König, furchtbar erbost, weil er darin einen Schachzug Maximilians sah, vermählte nunmehr seine Schwester Maria, die dem jungen Karl zugedacht war, mit dem König von Frankreich.

Dazu starb auch noch des Kaisers Verbündeter in Italien, der kriegerische Papst Julius II., der sich mit Maximilian im Haß gegen die Franzosen und ihre beherrschende Stellung in der Lombardei einig gewesen war. Doch nachdem der französische König begonnen hatte, seine Position gegen die Schweizer auszubauen, verstarb er, und die Karten im europäischen Spiel der Mächte wurden neu gemischt.

Der neue König von Frankreich, Franz I., war zwanzig Jahre alt und fieberte nach Ruhm und Siegen. Englands Beauftragter in

Paris, Sir Robert Wingfried, schrieb an seinen König Heinrich VIII.: »Er ist jung, mächtig und unersättlich – er sagt stets allen, mit denen er spricht, er vertraue darauf, durch seinen Mut und Eifer all das von seinen Vorgängern Verlorene, Versäumte und Verdorbene wiedergutzumachen und es dahin zu bringen, daß die Monarchie wieder unter dem Schutz des christlichen Banners stehe.« In eitler Selbstüberschätzung nannte er sich bereits »König von Mailand« und schwor, »diesen Schlüssel Italien wiederzugewinnen, die Schmach von Novara und Guinegate auszutilgen und wie sein Vorgänger Karl VIII. in einem beispiellosen Siegeszug ganz Italien zu gewinnen«.

Nun waren das nicht nur die großen Worte eines jungen Mannes, dahinter stand auch die Stoßkraft eines Heeres von sechzigtausend Mann, mit dem er in einem Zug die Alpen überwand und handstreichartig in Mailand eindrang, das immerhin von dreißigtausend Schweizern verteidigt wurde. Wenn er noch am Anfang seiner Kämpfe versucht hatte, sich durch Diplomatie eine Schlacht zu ersparen, so stürzte er sich jetzt mit Feuereifer in den Kampf. Vor den Toren Mailands, bei einem Ort namens Marignano, entbrannte eine fürchterliche Schlacht, die drei Tage dauerte und mit einem triumphalen Sieg der Franzosen über die Schweizer endete. Der Marschall Gian Jacobo de Trivulzio, der als Heerführer viele Schlachten für die französische Krone geschlagen hatte, sagte: »Die achtzehn anderen Schlachten meines Lebens waren dagegen ein Kinderspiel.«

König Franz I. jubelte seiner Mutter zu: »Seit zweitausend Jahren hat man keine so beherzte und blutige Schlacht gesehen.«

Die Schlacht von Marignano bedeutete für das Abendland die Festigung der französischen Monarchie. Frankreichs Ritter mußten nun nicht mehr den Spott ertragen, als man sie »Hasen in Harnisch« genannt hatte. Mailand verlor seine Selbständigkeit, dieses Mailand, das den Päpsten getrotzt hatte und den deutschen Kaisern ein Pfahl im Fleische gewesen war. Der Herzog von Mailand, genannt »Sforza, der gewaltige Condottiere«, fristete sein Leben in französischen Kerkern.

Doch wie gesagt, Europa verträgt keine Hegemonie. England stellte sich jetzt gegen Frankreich, da der französische König die

Schotten in ihrem Unabhängigkeitskampf unterstützt hatte. Ferdinand von Aragon ging ins englische Lager, weil er Neapel fürchtete. Die Schweizer unter ihrem kämpferischen Bischof und Kardinal Schinner dürsteten auf Rache für Marignano und wollten wieder die Herren Mailands werden. Maximilian, versteht sich, war Feuer und Flamme, wenn es gegen die verhaßten Franzosen ging, er wollte »Italien von ihnen auskehren«.

Im Frühjahr 1516 war es soweit. Maximilian konnte zum Kriege rüsten. Doch mitten in die Rüstungsvorbereitungen hinein traf die Nachricht, daß Ferdinand von Aragon ohne Leibeserben verstorben war. Das Haus Österreich war Gesamterbe Spaniens!

Maximilian, in seiner Haßliebe auf Italien, namentlich auf Venedig, nahm dieses weltgeschichtliche Ereignis, das dem Hause Habsburg ganz Spanien mit den ungeheuren Gebieten jenseits der Meere schenkte, zunächst nicht zur Kenntnis, oder besser gesagt, er erfaßte die Dimension dieses einmaligen Erbganges nicht.

Nun fegte er wie ein Sturm über die Alpen. Aber er wagte diese große Unternehmung mit einem zusammengewürfelten Heer, das einen Kriegsmann nicht erfreuen konnte. Deutsche, Italiener, Spanier und Schweizer fanden sich in dieser Truppe wieder, die keinen anderen Zusammenhalt hatte als das Geld, den Sold. Um die Probleme dieser gemischten und divergierenden Truppe zu bewältigen, versuchte er, mit ihnen eine eidliche Bruderschaft zu bilden. Wenn auch nie Geld, Ideen hatte Maximilian immer. So eroberte er mit dieser Mannschaft Lodi und Peschiera und stand bald an den Ufern der Adda. Von sich selbst getrieben, legte er Hand an beim Brückenschlag über die Adda. Als er dann vor Mailand stand, wartete er verzweifelt auf den Zuzug neapolitanischer und päpstlicher Hilfstruppen. Bei der Nachricht, daß nicht nur er Schweizer Truppen im Heer hatte, sondern auch Mailand von Schweizern verteidigt wurde, schien es, als habe den Kaiser ein Schock erfaßt, die Angst, wohl das gleiche Schicksal erdulden zu müssen wie Ludovico Moro.

Der französische Befehlshaber in Mailand, ein Bourbonenprinz, hinter starken Mauern und mit einer großen Zahl Schweizer Kriegsknechte ausgestattet, schickte aus seinem Überlegenheitsgefühl heraus an Maximilian eine beleidigende Einladung zu einem gemeinsamen Frühstück hinter Mailands Mauern. Nun steigerte sich Maximilians Schock zur Panik, und er beendete in der ersten Nacht die Belagerung und zog sich mit seinem Heer nach Piotello zurück, wo er auf die versprochenen Truppen des Papstes und Neapels warten wollte.

Und nun geschah das Unvermeidliche: Mangel an Geld, eine immer wiederkehrende Katastrophe in Maximilians Leben. Die englischen Hilfsgelder blieben aus, und die Söldner drohten mit Revolte. Maximilian versuchte, die Schweizer Soldansprüche mit den Geldern zu befriedigen, die den Deutschen und Spaniern zugedacht waren. Daraufhin rebellierten diese, aus der Sicht der Soldaten ein verständliches Tun. Schließlich verkauften sie ihr bißchen Leben an einen Soldherrn, und wenn dieser nicht zahlte, so fiel, wie wir heute sagen würden, die Vertragsgrundlage weg. Maximilian, immer von persönlichem Mut beseelt, trat unter die Meuternden. Er versprach ihnen sogar sein Silberzeug, wenn sie nur bei den kaiserlichen Fahnen blieben. An seine Deutschen wandte er sich persönlich: »Wenn ihr schon um meinetwillen mich nicht schonen wollet, so gedenket doch der Ehre der »Deutschen Nation«. Oder seid ihr nicht Deutsche? Hat die Luft des welschen Landes euer Herz und Gemüt weich gemacht? Erinnert euch, daß ihr Landsknechte und keine Schweizer seid!«

»Landsknechte«, das war Maximilians Hoffnung. Söhne des Landes, die doch in einem besonderen Treueverhältnis zu ihrem Land und zu ihrem Kaiser stehen mußten. Die Tatsache, daß Landsknechte wie auch Schweizer »Söldner« waren, denen der Sold Existenzgrundlage war, sah Maximilian nicht. Der nationale Gedanke hatte in Europa noch nicht Fuß gefaßt. Darum ist auch der Vorwurf gegen Maximilian, er habe vorrangig die Interessen seines Hauses gesehen und nicht die des Reiches, unsinnig. Alle Fürsten kämpften zunächst um den Ruhm ihres Hauses und ihres Geschlechts, das sie durch Kampf und Sieg zu erhöhen suchten.

Das Erbe der Staufer war ein schwer beschädigter Reichsgedanke und eine Stärkung der fürstlichen Territorialpolitik. Namentlich der letzte Stauferkaiser, Friedrich II., hatte bedenkenlos Rechtstitel des Reiches den Fürsten überantwortet, damit sie ihm »Soldaten, Soldaten, Soldaten« sandten, um seine italienischen Machtträume zu erfüllen. Selbst ein so großer Bewunderer Kaiser Friedrichs II. wie Ernst Kantorowicz stellt fest: »Je mehr sich die Teilherrschaften befestigten, desto weniger war an einen deutschen Einheitsstaat zu denken, und der Vielspältigkeit Deutschlands hat gerade sein (Friedrichs II.) Verfahren Dauer verliehen. Den festen Zusammenschluß der Deutschen zu einem deutschen Staat hat Friedrich II. endgültig verhindert.«

Wie sollte jetzt, zweihundertfünfzig Jahre später, ein Appell an die »Deutsche Nation« Erfolg haben? Maximilian konnte zwar die Menschen bezaubern, Wunder konnte jedoch auch er nicht vollbringen. Im Grunde war der Kaiser von einem deutschen Nationalgefühl und Nationalbewußtsein genauso weit entfernt wie seine deutschen Landsknechte.

Das Reich war für die Deutschen mehr als ein nationales Gebilde auf einem Staatsterritorium, es war einmal die Wiederherstellung der »Pax Romana«, in dem der Kaiser die Aufgabe als Friedensbewahrer hatte. Über den römischen Staatsbegriff hinaus sah man das Reich als Heimat der Völker, in dem jedem Gerechtigkeit widerfahre. Der Kaiser aber war auch der Stellvertreter Gottes auf Erden. Sichtbar wird der Kaiser- und Reichsgedanke, als Ostern 1020 der Papst Benedikt VIII. dem Kaiser Heinrich II. in Bamberg den Sternenmantel umlegte, denn wer diesen Sternenmantel trug, ist Stellvertreter Gottes und Leiter der Welt.

So war Maximilian im Herzen noch der alte Träumer vom mystischen Glanz des Reiches und hatte eine Gegenwart und Zukunft vor Augen, die kein Zeitgenosse zu deuten und zu erkennen wußte.

Trotz seiner Ansprache stob Maximilians Heer auseinander. Die Schweizer zogen heim in ihre Berge und Täler, die deutschen Landsknechte erkämpften sich durch die Lombardei ihren Weg in die Heimat. Ein anderer Teil lief über zu den Venezianern und brachte als Morgengabe der Serenissima die Stadt Brescia. Der übelste Teil der deutschen Landsknechte folgte dem Kaiser, aber nicht, um für ihn zu kämpfen, sondern, um ihn zu verspotten. »Apfelkönig« und »Strohkönig« riefen sie ihm nach, und bei Lofers entging Maximilian haarscharf einem Anschlag auf sein Leben.

Der Held Europas hieß nicht mehr Maximilian, sondern König Franz I., der auf dem goldenen, das heißt auf dem reichsten Thron Europas saß. Um ihn drängte sich alle Welt. Wo Erfolg ist, wird der Raum knapp.

Auch sein Enkel Karl, der aus der Vormundschaft seiner Tante herausgewachsen war, steuerte sein Staatsschiff in Richtung Frankreich. König Franz nannte den jungen Karl gönnerhaft »mon vasall«. Er ahnte nicht, daß dieser, sein Vasall, ihn wenige Jahre später, 1525, bei Pavia vernichtend schlagen und ihn selbst als Trophäe des Sieges gefangennehmen wird.

Jetzt aber gelang es Franz noch, den jungen Erzherzog Karl mit seiner Tochter Louise zu verloben, obwohl die junge Dame erst ein Jahr alt war. Der Altersunterschied der Verlobten gab kaum Hoffnung auf eine gemeinsame Zukunft. Doch für den Augenblick band sie den jungen Erzherzog an die Seite Frankreichs. Für Maximilian war das ein schwerer, fast nicht hinzunehmender Schlag, den er von seinem eigenen Enkel empfing.

In dieser Situation jedoch zeigte Maximilian der Welt, daß er nicht nur der Mann überbordender Ideen war, sondern auch ein Realist von besonderen Härtegraden. Eben erst hatte er Frankreich als »Feind und Verächter der Deutschen Nation« abgestempelt, hatte die diplomatischen und militärischen Eroberungspläne auf das Rheinland angeprangert, da reichte er, als Franz I. Zeichen der Annäherung signalisierte, diesem die Hand und trat im Jahre 1516 dem Bund von Noyon bei. Dabei verzichtete er zugunsten Venedigs auf die alte Reichsstadt Verona, dem Sperriegel zum schönen Land Tirol, und begnügte sich mit dem dagegen kümmerlich erscheinenden Riva und Rovereto. Die zweihunderttausend Gulden Kriegsentschädigung, die dem immer geldknappen Kaiser gezahlt wurden, trugen den Ruch der Entwürdigung.

Hatte sich Maximilian unter dem Druck des Enkels mit Frankreich arrangiert, so wurde das Verhältnis zu England mindestens in gleichem Maße beschädigt. Dort warf man ihm vor, ein Doppelspiel getrieben zu haben. Dem empörten König Heinrich VIII. schrieb Maximilian: »Ihr habt mehr Sicherheit in meinen feierlichen Eiden, die ich nicht brechen werde. Außerdem – auf den verliehenen Hosenbandorden verweisend – bin ich durch diesen Orden gebunden. Ich habe mein Herz und mein Gemüt Euch durch Wort und Tat so gründlich zu verstehen gegeben, daß ich mehr tun kann, ich müßte denn mein Herz öffnen und Euch lesen lassen, was darin geschrieben steht.«

Als nun unter dem Eindruck der Ereignisse England dem Bündnis beitrat, glaubte man, die Zeit der großen »Pax christiana«, des von den Menschen herbeigesehnten Weltfriedens, sei angebrochen. Die ganze Christenheit lebte im Rausch eines großen Verbrüderungswillens und hoffte, ein neues, friedvolleres Zeitalter sei angebrochen.

Der Vatikan verstand es, diese Stimmung in katholische Machtpolitik umzusetzen, und rief Völker und Könige auf, die Ungläubigen aus Europa zu vertreiben. Franz I., der »Allerchristlichste König«, hatte seine Zustimmung bereits gegeben, aber Heinrich VIII. wollte dem Papst noch den Titel einer »Apostolischen Majestät« abringen. Der junge König Karl betrachtete den Kreuzzug als seine persönliche Aufgabe, und über dem alten Maximilian standen seine Träume, die doch noch in Erfüllung gehen sollten. Doch auch hier wurden große Hoffnungen in den Wind geschrieben, und ehe sie Früchte tragen konnten, hatte die Wirklichkeit sie zerstört.

Ein letzter vergeblicher und ruhmloser Zug gegen Mailand und die Unmöglichkeit, Venedig niederzuringen, überschatteten den Lebensabend des Kaisers, wie auch die Erkenntnis, daß sich die Fugger in seinem Kampf gegen Venedig nicht an seine Seite stellen konnten, da sie als Handelsherren auf die Weltmacht Venedig angewiesen waren. So mußte jeder weitere, dauerhafte Kampf gegen Venedig zum Erliegen kommen. Immer öfter überfielen ihn, den Helden so vieler Schlachten, Mutlosigkeit und tiefe Niedergeschlagenheit.

Und dennoch, wenn man die großen Züge seiner Politik überschaut, war sein politisches Handeln unausweichlich. Der Kampf gegen Frankreich war schicksalhafter Zwang aus dem burgundischen Erbe. Dieses Erbe zu verteidigen war Maximilians Pflicht als Fürst, aber auch als Ehegatte seiner Frau Maria von Burgund und als Vater ihrer gemeinsamen Kinder. Die Wiederherstellung der deutschen Reichsrechte war Auftrag des deutschen Königtums, dem sich kein Herrscher sowohl aus ideellen wie aus materiellen Gründen entziehen konnte. Auch muß nochmals der Parole der Kleindeutschen widersprochen werden, Maximilian habe die Kosten seiner Kriege die deutschen Länder tragen lassen. In Wirklichkeit waren es die habsburgischen Erblande und das treue Tirol, das mit seinen Silberschätzen bis an die Grenzen seiner Leistungsfähigkeit an der Seite seines Kaisers gestanden hatte. So überwältigend das Erbe der Habsburger war, so überwältigend waren auch die Spannungen und Lasten, die auf Habsburg übergingen.

Vielleicht war die Aufgabe zu groß, die auf Maximilians Schultern lastete. Dennoch hat er sie unerschütterlich und treu als Auftrag des Schicksals getragen. Nein, Deutschland und Österreich dürfen stolz sein auf diesen Fürsten, der zeitweise die Last des alten Europas trug.

Der Förderer der Künste

Eine der Hauptantriebskräfte für Maximilians Mäzenatentum war sein Wille zum Nachruhm seiner selbst und zum Nachruhm seines Geschlechts. Man beachte – und besichtige nach Möglichkeit – sein Grabmal in Innsbruck. Hier wird die Elite des europäischen Adels in die Genealogie der Habsburger aufgenommen. Zum Teil aus sehr ersichtlichen und naheliegenden Gründen. Mit der Aufnahme Karls des Großen wurde eine Verbindung zum gesamten europäischen Hochadel geschaffen, so daß Maximilian, vorausgesetzt, man nahm diese Adaption an, eine ungebrochene Ahnenreihe zu allen Fürsten Europas konstruieren konnte.

Steht man in der Hofkirche in Innsbruck und sieht dieses gewaltige, mit gegossenen Großfiguren ausgestattete Grabmal, so kann man schwer glauben, daß dieser Fürst ein armer, immer auf Kredit lebender Mann gewesen sein soll. Und doch war dies der Fall. Der Kaiser verstand es immer wieder, nicht nur am Beispiel der Innsbrucker Grablege, für sich und seine Idee vom Hause Habsburg und vom Reich, Gefühlslawinen loszutreten, die solch überdimensionale Monumente ermöglichten. Zwar wurde die Welt auch in Maximilians Zeiten vom Geld regiert, keiner mußte es schmerzlicher erfahren als dieser Kaiser, und doch verstand es der Habsburger, immaterielle Kräfte zu entfesseln, die solch künstlerische Großtaten Wirklichkeit werden ließen.

Dieses monumentale Werk konnte natürlich nicht die Leistung eines einzelnen sein. Eine große Reihe von Künstlern, Malern und Gelehrten stand dem Kaiser zur Seite.

Vor allem die Humanisten Willibald Pirkheimer aus Nürnberg und Doktor Konrad Peutinger aus Augsburg wirkten mit ihrem reichen Wissen als Ratgeber. Schon im Jahre 1502 erhielt der Maler Gilg Sesselschreiber einen ersten Auftrag. Sesselschreiber scheiterte an dem gigantischen Entwurf, ebenso der später beauftragte Rotschmied Stephan Godl. Waren zunächst hundert Bronzefiguren geplant, so reduzierte man später die Zahl, sicher aus finanziellen Gründen, auf achtundzwanzig Großfiguren.

Nachdem mit Tiroler Künstlern das Werk allein offensichtlich nicht zu realisieren war, beauftragte man jetzt Peter Vischer den Älteren aus Nürnberg und Veit Stoß. Dem letzteren mißlang der Guß.

Aber die beiden Figuren des Peter Vischer, Dietrich von Bern und König Arthur, gelten als große Meisterwerke der Renaissance. Für diese Figuren wurden nach Augsburg, wo der Guß stattfinden sollte, hundert Zentner Kupfer gebracht und deckende Geldzusagen gemacht. Aber beides, Kupfer und Geld, traf nicht ein. Erst der Enkel Maximilians löste die beiden Figuren aus der Pfandschaft, und ihm gelang die endgültige Verwirklichung der Träume seines Großvaters: das Haus Habsburg darzustellen als die Grunddynastie Europas.

Die Standfigur König Chlodwigs wurde 1550 begonnen. 1551 starb der Bildhauer Veit Amberger, der das fertige Modell Karls des Großen hinterließ. Ein Jahr später, 1551, wurde den Brüdern Bernhold und Arnold Abel der Auftrag zum Bau einer Tumba, also des Kaisergrabes, gegeben. Aber erst zwanzig Jahre später, im Jahre 1583, fand man in dem Sizilianer und Gießer »Ludovico del Luca« den Meister, der den Tumbadeckel und die Figur des betenden Maximilian vollendete. Was da entstanden war, ist ein Generationenwerk, an dem viele namhafte Künstler, Maler und Gießer beteiligt waren, um das einzigartige Denkmal zu gestalten.

Die Schwierigkeiten des Grabmalbaus ließen den Kaiser erkennen, wie schwer es ist, mit immer knappen und oftmals stockenden Geldmitteln sich in der Kultur und Architektur zu verewigen. So kam der Kaiser, dem es zwar stets an Geld mangelte, aber nie an Phantasie, auf die Idee der Ehrenpforte – eine Ehrenpforte im Sinne des römischen Triumphbogens, durch den die Mitglieder des Hauses Habsburg, voran der Kaiser, ziehen. Der Kaiser war fasziniert von der Idee der Buchdruckerkunst, vor allem von der Kunst der druckbaren Holzschneiderei, in der Dürer so meisterlich war. Das Werk sollte eine Größe von 3,50 mal 2,97 Metern haben, also eine Fläche von über zehn Quadratmetern, und mußte in einzelne Druckplatten aufgeteilt werden, denn kein Drucker konnte ein solches Riesendruckwerk in einer Platte herstellen. Doch die Ehrenpforte war nicht Selbstzweck. Durch sie sollten die Mitglieder des Hauses Habsburg ziehen. Und der Kaiser, mit seiner unvergessenen ersten Frau, Maria von Burgund, führte diesen Triumphzug an. Es sollte ein Druckwerk von vielen Metern Länge werden, wie es die Welt bisher noch nicht gesehen hatte. Der Kaiser, der Dürer den Auftrag gegeben hatte, sah dessen Bestürzung über die Kolossalität des geplanten Werkes und begütigte ihn, indem er Hans Springinklee, Peter Flötner, Hans Traut und den Formenschneider Hieronymus Andree zur gestaltenden Mithilfe am großen Werk verpflichtete.

Das Werk sollte auch in einem großen aufklappbaren Buch erscheinen, das überall im Reich vorgezeigt werden konnte. Geplant war eine Auflage von siebenhundert Stück, so daß das graphische Monument in den großen Städten des Reichs auf Holzwände aufgezogen werden konnte. So konnte überall im Reich der Ruhm des Hauses Habsburg bewundert werden, vor allem der Siegeswagen, auf dem Maximilian und seine junge Braut Maria von Burgund zu sehen waren. Beide tragen das Wappen von Burgund. Gelenkt wird der Wagen von einer Siegesgöttin, die mit leichter, aber sicherer Hand ein Sechsergespann schäumender Rosse beherrscht. Das hohe Paar trägt den burgundischen Orden vom Goldenen Vlies, der den hohen Rang von Fürst und Fürstin zeigt.

Und ein Jahr vor seinem Tod, unermüdlich um seinen Nachruhm besorgt, diktiert oder initiiert Maximilian seinen *Theuerdank*, den Traum vom adeligen Menschen.

Im Mittelpunkt steht wieder Maria von Burgund, in der Gestalt der Königin Ernreich. Um die Hand der Königin zu erringen, müssen unerhörte Taten vollbracht werden.

Und ist es in der Tat nicht so, daß Maximilian ein Leben lang um sein burgundisches Erbe, hinter dem ja Maria steht, kämpfen mußte?

Theuerdank weiß von Verrat, Hinterhalt und menschlicher Skrupellosigkeit zu erzählen, alles Dinge, mit denen Maximilian sich ein Leben lang herumgeschlagen hat.

Konnte er nicht in Wirklichkeit Weltensieger, Papstüberwinder und Rächer für Frankreichs Verrätereien an ihm, an seinen Erblanden und am Heiligen Römischen Reich sein, so verwirklichte er im *Theuerdank* seine Gedanken und Ideen. Damit hatte er selbst für alle Zeiten sein Bildnis geprägt, und die Öffentlichkeit, damals vielleicht einige tausend Schreibkundige, übernahm die Sicht des Kaisers.

Trotz seiner Niederlagen, seiner ewigen Finanzskandale, seines skandalösen Verhaltens gegenüber seiner zweiten Frau, Bianca Maria Sforza, die er, wenn er seine Rechnungen nicht bezahlen konnte, versetzte wie einen alten Hut. Dennoch, dieser spannungsreiche und oft an sich selber leidende Mann wurde von seinem Volk geliebt! Wohlgemerkt, von seinem Volk, nicht von den Reichsständen, von denen viele Mitglieder glaubten, selbst einmal Cäsar zu werden, und die Maximilian umkreisten wie die Geier das Aas. Allesamt warteten sie auf den Untergang dieses Fürsten, der eigentlich ein Volksheld war. Der oft schwach und hilflos und ohne Geld träumen konnte, so wie die Armen und Erniedrigten trotz aller Misere träumen.

Dabei war er in unseren Augen kein sozialer Mensch. Wie sollte er auch? Viele Dinge glitten an ihm vorbei. Es scheint, der Sturmwind Luther und seine Reformation haben ihn nicht sonderlich angerührt.

Vielmehr zog es ihn, dem Ritterbild schwindender Zeiten nachlebend, zur Jagd. Eine Leidenschaft, der Europas Fürsten folgten, bis sie sich und ihre Zeit überlebten. Allerdings ist diese Jagdleidenschaft Maximilians von urtümlicher Art. Es ist die Lust oder die Sucht, das eigene Leben aufs Spiel zu setzen, wie man das besonders bei der Gamsjagd erleben kann.

Unzählig sind die Geschichten, wie der Kaiser in seinen Tiroler Bergen Felsenhöhen ersteigt, die keiner seiner Jäger zu erklimmen wagt, um aus der richtigen Position den Schuß abzufeuern. Er bediente sich der Armbrust, weil sie sportlicher war als das noch nicht so weit entwickelte Gewehr, das so schwer war, daß der Schütze es mit einer Gabelstange abstützen mußte. Bis ins achtzehnte Jahrhundert hinein galt die Armbrust als ideale Waffe für die Jagd.

Maximilian als passionierter Jäger benutzte auch mitunter Pfeil und Bogen.

Im Städelschen Kunstinstitut zu Frankfurt befindet sich noch ein Bild des romantischen Malers Alfred Rethel mit dem Titel: »Der Schutzengel rettet Kaiser Max aus der Martinswand«, auch wenn dieser Schutzengel ein Tiroler Bauernbub war. Aber warum soll sich der Schutzengel nicht eines Tiroler Bauernbuben bedienen, um sein Heil zu bewirken?

Kaiser Maximilian liebte seine Tiroler Berge, die ihm Silber und Salz spendeten, aber auch Wildbret jeglicher Art. In den Bergseen gab es herrliche Krebse und den noch heute so beliebten Saibling.

Eine seiner weiteren Leidenschaften war der Turnierkampf. Er kämpfte als König und Kaiser ohne jede Absprache, ohne Rücksichten, wie es sonst viele andere Fürsten zu arrangieren wußten. Noch als sechsundfünfzigjähriger Mann, für damalige Zeiten ein bedeutsames Alter, trug er 1515 mit Kaspar von Winzerer, genannt »der goldene Ritter«, ein Turnier zu Wien aus. Es scheint, daß dieser Kaiser unter dem Zwang stand, seine kämpferische Kraft dauernd zu beweisen.

War Maximilian ein Mäzen, der Künstler zur eigenen Selbstverherrlichung und der seines Geschlechts heranzog, einen Albrecht Dürer ebenso wie Hans Schäufelein, Jörg Kolderer und Dürers Bruder Hans oder aber auch Wolf Traut und Hans Springinklee? Alle wußte Maximilian für sich einzusetzen. Dabei hatte er persönlich kein ausgesprochenes Verhältnis zu den bildenden Künsten, die für ihn die Dekorateure der Herrlichkeit des Hauses Habsburg waren.

An dem Metallgießer Vischer faszinierte ihn an erster Stelle nicht sein großartiges Hauptwerk, das Grab des heiligen Sebald in der Sebaldkirche zu Nürnberg, sondern seine große Fähigkeit des Gusses von Kanonen, mit denen er die Raubritterburgen brach oder Kufstein besiegte. Es waren nicht zwei Seelen in Maximilians Brust, es war eine ganze Versammlung von Seelen in der kaiserlichen Brust, die miteinander um den Vorrang stritten. Nur ein oberflächlicher Beobachter wird von Zerrissenheit oder mangelnder Konzentration des Kaisers sprechen können. Es war die Fülle in ihm, unter der der Kaiser litt, und nicht der Mangel.

Die Hinwendung zur Gelehrsamkeit

Maximilian war nach allen seinen Anlagen nicht der Typ des Gelehrten. Dafür hatte er zuwenig Geduld. Er wollte Resultate, schnelle Resultate. Aber er war auch ein realistischer Denker, und er sah ein, daß weder Kaiser noch der Staat auf diese Spezies Mensch verzichten konnten. Diese Erkenntnis kam allerdings erst im späten Alter. So erklärte er früher sogar, »wenn man zuviel Wissen dem Menschen auferlegt, hindert man ihn daran, andere Lebensmöglichkeiten zu erfüllen«. Seine Höflinge, für die ein gelehrter Herrscher ein Schrecken war, da er vielleicht ihre Nichtsnutzigkeit erkennen konnte, bestätigten ihn in dieser Meinung. Ein Adeliger seiner Umgebung gab von sich: »Gelehrsamkeit aber bedeutet ein großes Hindernis und Mißvergnügen für Edelleute. Sie schlagen kein Buch auf außer den Stammbüchern für Pferde und Hunde und nennen sich selber Dummköpfe.« Der Mann wollte sich und seine Standesgenossen keineswegs karikieren – so war seine Weltsicht.

In Maximilian hingegen wuchsen die schöpferische Unrast und Neugierde des Renaissancemenschen, der sich aus den Denkschemata der Vergangenheit befreien wollte, um zu erkennen, »was die Welt im Innersten zusammenhält«, um die berühmten Faustschen Worte zu verwenden.

Auf einem Reichstag zu Worms richtete Maximilian einen Aufruf an die deutschen Kurfürsten, die Humaniora zu pflegen und Universitäten zu gründen. Sachsen und Brandenburg folgten promp dem Appell, und der Kaiser begann, mit eigener Hand Stiftungsurkunden aufzusetzen.

Maximilian hat darin seinen eigenen Entwicklungssprung aufgezeichnet. In einem Erlaß vom 31. Oktober 1501 dekretierte er: »Die Sorge für die ewige Dauer der Literatur unter den Menschen erscheint uns am förderlichsten, die unserem Reich zum

Schmuck und zu immerwährender Zierde dient und auch der »Deutschen Nation« und dem Hause Österreich zur größeren Ehre bei allen Völkern und bei der Nachwelt zum Ruhme gereichen soll, so empfehle ich meinen Völkern und Städten, Gymnasien nach der löblichen römischen Art zu begründen.« Auch die Misere der eigenen Erziehung und Ausbildung mit Ruten und Stöcken mag dem Kaiser die Augen geöffnet haben, welche Pflichten hier dem Fürsten, aber auch den großen und reichen Reichsstädten zuwuchs. Namentlich die bis zur Verknöcherung erstarrte Wiener Universität war ihm ein negatives Beispiel und ein Antrieb zur Verbesserung der Wissenschaften im deutschen Reich.

Durch die Nähe bedingt, stachen die Mißstände der Universität Wien dem Kaiser besonders ins Auge. Vom Geiste der neuen Humanoria war hier nichts zu spüren. Versteinerte Lehrmethoden, die sich praktisch auf die Repetition des Wissens vergangener Zeiten beschränkten, war hier Lebens- und Lehrmethode. Alles, was der Kaiser in der eigenen Jugenderziehung hassen gelernt hatte, wurde hier tapfer und borniert konserviert. Seine Antwort darauf war, daß er Gelehrte an sich zog, die dem neuen Geist verpflichtet waren. Um ihn waren bald der Doktor Matthäus Lang, der bis zum Kardinal aufstieg und einer der Räte und Chefdiplomaten Maximilians war, und sein Biograph Doktor Josef Grünspeck, zu dem er in loyaler Nähe stand.

Hakov Villinger als Reichsschatzmeister und der gelehrte Augsburger Ratsherr und kaiserliche Rat Konrad Peutinger tauchen immer wieder in seinem Umkreis auf. Die Zuwendung zu diesem Gelehrten- und Beraterkreis des Kaisers wird offensichtlich, wenn er verkündet: »Sie sind es, die nicht untertan sein dürfen und denen man die meiste Ehre schuldet, weil Gott und Natur sie vorgezogen haben.«

Er erklärt weiter, und seine Begeisterung ist deutlich spürbar: »Nachdem an unserer Wiener Universität es der Pflege der Dicht- und Redkunst mangelt, haben wir zur Vervollkommnung ein »collegium poetarum« nach der Sitte der alten Kaiser, unserer Vorväter, errichtet. Dem Leiter dieses Collegiums wurde vom Kaiser das Recht verliehen, Auserwählte zum Dichter zu krönen.

Auch bei diesem Unterfangen leuchtet der Verewigungsdrang des Habsburgers durch, denn er hatte wohl erkannt, daß zur Erhaltung des Nachruhms die bildenden Künste alleine nicht ausreichten. Dazu gehörte zwingend die Dichtung. Eine unerhörte, noch niemals vernommene Tatsache war, daß der Kaiser den Humanisten Johannes Reuchlin in den Adelsstand erhob. Das war ein Donnerschlag, mit dem der Kaiser der Welt zeigte, daß nicht nur das Schwert zum Adel führen konnte, sondern auch der Geist.

Dann stürzte sich Maximilian mit gleicher Vehemenz auf die Geschichtswissenschaft. Angesteckt von der Wissenschaftlichkeit der Humanisten, wollte er wissen, woher er und sein Volk kamen. Die gebildete Welt, also die Humanisten, stürzte sich mit wahrer Leidenschaft in die Quellensuche. Maximilian unterstützte diese Disziplinen mit offener Hand. Was in jenen Jahren an Quellen zusammengetragen und erforscht wurde, ist heute Grundlage unserer Geschichtswissenschaft. So wurde Einharts »Vita Caroli« entdeckt, ebenso das Carmen vom Sachsenkrieg. Die Geschichte der Goten von Jordanus, die der Langobarden von Paulus Diaconus und das Gesamtwerk des Bischofs Otto von Freising, des Onkels von Kaiser Friedrich I., wurden aufgefunden und der Öffentlichkeit zugänglich gemacht.

Zum Leiter des Dichterkollegiums berief Maximilian Konrad Celtis, Professor in Ingolstadt, der alle Gegensätze der Zeit in sich vereinigte und darum wohl auch vom Kaiser so gut verstanden wurde. Er dichtete selbst und ahmte in seinen »Amores« den großen Ovid nach. Der unermüdliche Mann, der schon 1487 in Nürnberg den Dichterlorbeer empfangen hatte, setzte seit 1497 seine Energien in Wien ein. Außer seinem Hauptwerk, dem schon genannten »Quatuor libri amorum«, gab er zwei Komödien von Seneca, die »Germania« des Tacitus und die von ihm entdeckten Werke der Nonne Hrosvith von Gandersheim heraus und öffnete damit ganze Geschichtsräume der ottonischen und frühottonischen Zeit.

Celtis entfachte in Wien einen wahrhaft humanistischen Rausch. Er und andere säuberten das geschriebene und gesprochene Küchenlatein der Zeit. Sein Bemühen war, das klassische

Latein der Römer wiederherzustellen. Seine Begeisterung steigerte sich zur Emphase. Er schrieb sogar seiner Geliebten, daß ihre Briefe ihn noch mehr beeindrucken würden, wenn sie sie in Latein geschrieben hätte. In seinem *Weiß-Kunig*, der ja eine von Maximilians Visionen vom edlen Ritter- und Herrentum ist, schreibt er oder läßt schreiben: »Als er (der Weiß-Kunig) zu Jahren kam, sparte er keine Kosten, sondern schickte gelernte Leute aus, die nichts anderes täten, denn daß sie sich in allen Stiften und Klöstern und bei gelehrten Leuten erkundigten, und ließ solches in Schrift bringen, zu Ehr und Lob der fürstlichen Geschlechter.«

Zu einer der besonderen Fähigkeiten Celtis' gehörte, daß er die etwas eigenbrötlerischen Gelehrten aus ihrer selbstgesetzten Isolation herausholte, um sie zu gemeinsamem Tun und Handeln zu veranlassen. Dazu gründete er in Wien die »Donaugesellschaft« als Pflanzstätte der Wissenschaften, die dem gelehrten Bischof Johannes Vites unterstellt wurde. Die »Societas Augustana« zu Augsburg wurde nach gleichem Muster geschaffen. Die Gemeinschaft der Wissenschaftler brachte wertvolle alte Geschichtswerke wie den von Celtis aufgefundenen »Ligurinus« heraus, und die Tatsache, daß dieses Werk innerhalb eines Jahres sieben Auflagen erlebte, sagt mehr über den Geist der Zeit aus, als Worte es können.

Wenn Maximilian in all seinen politischen Unternehmungen so glücklich und erfolgreich gewesen wäre wie bei seiner Hinwendung zu den Wissenschaften, wäre er sicher einer der größten deutschen Herrscher geworden. Obwohl bei aller Kritik natürlich nicht vergessen werden darf, daß er durch seine Heiratspolitik das Haus Habsburg für eine Weltenstunde zum Herrn der Erde gemacht hat.

Auch in den Naturwissenschaften wurde die Hand des Kaisers sichtbar. Er trug Sorge, daß das große Kartenwerk des Ptolemäus nach Jahrhunderten des Vergessens neu erschien. Das große Atlantenwerk wurde in neuer, verbesserter Auflage herausgebracht und Stabius, der Erfinder der flächengetreuen Kartenübertragung, zu diesem Zweck an den kaiserlichen Hof berufen. Er schuf mit kaiserlicher Unterstützung einen Lehrstuhl der Mathematik, der Geologie und der Kosmographie. Es war eine Titanenarbeit, diese Wissenszweige aus dem Aberglauben des Mittelalters, vor allem aber aus dem Dogmenzwang der Kirche, zu lösen. Er stützte sich in seinen Forschungen auf griechische und arabische Wissenschaftlichkeit. So wurde namentlich im Zeitalter der großen neuen Entdeckungen die Universität zu Wien als Pflegestätte der Kosmographie angesehen.

In den Rechtswissenschaften hatte sich Maximilian des feinsinnigen Rechtsgelehrten Ulrich Zasius versichert, der das Freiburger Stadtrecht schrieb und in der Freundschaft zu Erasmus seinen philosophischen Standort definierte.

Eine der größten Taten Maximilians war sein ständiges Eintreten für die Freiheit der Lehre und der Forschung. Ein Herrscherverhalten, das sein großer Vorgänger Friedrich II. vor rund zweihundertfünfzig Jahren begründet hatte. Er geriet in einen dramatischen Streit mit dem zum Christentum übergetretenen Juden Pfefferkorn. Dessen Forderung, alles jüdische Schrifttum außer der Bibel zu vernichten, fand in den Kreisen der Humanisten heftige Kritik. Der Kaiser berief Reuchlin als Gutachter, der diese erste literarische Barbarei am jüdischen Schrifttum auf deutschem Boden zu verhindern wußte, eine wahrhaftig große geistesgeschichtliche Tat.

Maximilian und die Religion

Ob Maximilian von eigener, persönlicher Frömmigkeit war, ist nicht ersichtlich. Natürlich lebte er im katholischen Glauben, der ihm von Jugend auf mitgegeben war und der darüber hinaus seinen Thron stützte.

Von persönlicher Erschütterung, wie sie bei Albrecht Dürer anläßlich der – falschen – Nachricht von der Ermordung Martin Luthers bekannt ist, hat man nie etwas vernommen. Die ganze Religionsfrage hat ihn wohl nicht so berührt, da er annahm, daß er als Kaiser sowieso in den Himmel kommen werde. Er verkehrte mit Protestanten, wenn er sie sympathisch fand, wie beispielsweise mit Willibald Pirkheimer, mit dem er sich aufgrund dessen Kraftnatur verwandt fühlte. Die Kirche respektierte er, so wie man andere Mächte zu respektieren hat, mit denen man eben leben muß. Seinem Mainzer Gegner, dem Erzbischof Berthold Graf von Henneberg, hielt er trotz erbitterter Gegnerschaft zugute, daß er ihn einstmals zum König gewählt hatte. Auch der Papst war ihm eine gegebene Größe. Er sah in ihm allerdings mehr den italienischen Fürsten und Machtmenschen, der Papst Julius II. auch zweifellos war.

Seine Idee, selbst Papst zu werden, ist kein Ausbruch von Frömmigkeit, sondern machtpolitisches Kalkül. Seiner Tochter Margarete von Österreich, Regentin der Niederlande, schreibt er am 18. Dezember 1511: »Wir werden morgen den Bischof von Gurk, Matthäus Lang, zum Papst Julius II. nach Rom senden, um eine Möglichkeit zu finden, mit ihm übereinzukommen, uns als Koadjutor* anzunehmen, damit wir nach seinem Tode des Papsttums sicher sein können, Priester und danach auch ein Hei-

* Nach dem Kirchenrecht zur Seite gestellter Beistand mit dem Recht zur Nachfolge.

liger zu werden. Sodann wird es notwendig sein, daß Ihr mich nach meinem Tode als einen solchen verehrt, worüber ich mich sehr glorreich fühlen werde.«

Zuvor hatte er bereits mit den Fuggern verhandelt, daß sie durch ihre Bank in Rom dreihunderttausend, später fünfhundertdreißigtausend Dukaten zur Verfügung stellen sollten, damit die römischen Kardinäle zur Zustimmung bewegt werden könnten.

In gleicher Offenheit geht es weiter: »Das Volk und die Edelleute von Rom haben eine Allianz gegen die Franzosen und Spanien geschlossen, es sind zwanzigtausend Kämpfer. Sie haben uns mitgeteilt, daß sie auf unserer Seite sind und einen Papst wählen wollen, der mir zu Diensten und aus Deutschland kommt. Sie wollen weder einen Franzosen noch einen Aragonesen und noch viel weniger einen Venezianer. Ich werde mit den Kardinälen verhandeln, dafür wäre mit zweihundert- oder dreihunderttausend Dukaten ein guter Dienst geleistet, vor allem im Hinblick auf die Parteigegensätze, die bereits unter ihnen bestehen. Der König von Aragon hat bereits seinem Botschafter in Rom mitgeteilt, den spanischen Kardinälen aufzutragen, daß sie die Übertragung des Papsttums an uns unterstützen sollen ... Der Herr sei mit Euch, geschrieben von der Hand Eures gütigen Vaters Maximilianus, zukünftiger Papst, am 18. September 1511.

Postskriptum: Der Papst hat das doppelte Fieber und kann nicht mehr lange leben.«

Man ist perplex, mit welch kindlicher Naivität der Vater der Tochter sein Herz enthüllt. Als Maximilian das schrieb, war er kein romantischer Jüngling mehr, sondern ein Mann von zweiundfünfzig Jahren. Aber dieser Mann hatte sich trotz aller Widrigkeiten des Lebens seine romantischen Träumereien bewahrt. Nichts hatte ihm das Leben von seinen Träumen nehmen können. Aber brauchen nicht alle großen Ideen einen Träumer, der sich über die Realitäten hinwegsetzen kann?

Natürlich hat nie ein Habsburger den Heiligen Stuhl errungen. Aber die Idee des habsburgischen Weltreichs ist Wirklichkeit geworden; zwar zunächst nicht durch das Schwert, sondern durch die Heiratspolitik des alternden Monarchen, und das Wort »tu felix austria nube«* schwebt noch heute über den Menschen der ehemaligen Donaumonarchie. Natürlich, auch diese Heiratspolitik vollzieht sich nicht ohne Kampf. Drei Feldzüge wurden für diesen Traum geführt. Lange und mühselige Verhandlungen braucht es, bis die schicksalhafte habsburgisch-ungarische Doppelhochzeit Wirklichkeit werden konnte, eine der genialsten Staatsgründungen der neueren Geschichte.

Damit war ein Bollwerk gegen die expandierende türkische Staatsmacht geschaffen, das sich in den kommenden Jahrhunderten bewähren sollte.

Konnte er sich auch den Traum eines Kreuzzugs ins Heilige Land nicht erfüllen, konnte er auch nicht mit der Schwertfaust das Grab des Herrn freikämpfen, so blieb die Sicherung der Balkanposition doch eine große und bestimmende Tat.

Doch das Schicksal hatte für ihn auch noch eine große religiöse Tat bereit. Das Geschichtsbuch des Christian Scheurl erzählt uns, daß der Kaiser zu Trier den Hochaltar des Domes öffnen ließ, in dem in vier silbernen Kästlein der Rock des Herrn gefunden wurde. Sogar die Würfel, mit denen die Soldaten um das ungeteilte Kleid des Herrn gewürfelt hatten, waren darin. Das war ein großes Ereignis, das entsprechend gefeiert wurde. War es doch die Kaiserin Helena gewesen, die im Heiligen Land diese großen Reliquien gefunden und sie im Dom zu Trier deponiert hatte, wo sie in Vergessenheit geraten waren. Nun wurde dieses christliche Großereignis zum Anlaß genommen, einen Totengottesdienst für die verstorbene Gemahlin des Kaisers, Bianca Maria Sforza, zu feiern. Zwei Jahre hatte Maximilian gebraucht, um diese fällige und notwendige Geste zu vollziehen. Im Beisein von Erzbischöfen, Bischöfen und dem hohen Adel des Reiches wurden der armen Frau die letzten christlichen Ehren erwiesen. Waren es Schuldgefühle Maximilians gegenüber einer mißbrauchten Frau, die er um neunhunderttausend Gulden willen geheiratet und unglücklich gemacht hatte?

Im Jahre 1516 erhob Maximilian kraft kaiserlicher Gewalt das

* »Du glückliches Österreich, heirate.«

Erzherzogtum Österreich zum Königreich. In der Erhebungsurkunde des neuen Königsreichs heißt es unter Paragraph 3: »Weil ein Königreich ohne regierenden König nicht bestehen kann, haben wir folgendes überlegt und beschlossen: Unser weiland einziger, allerliebster leiblicher und rechtmäßiger Sohn, König Philipp, Sohn der Herzogin Maria von Burgund, unserer liebsten Gemahlin, ist seinem Schicksal erlegen, wie Gott selbst es wollte, und hat von seiner lieben Gemahlin Johanna, Königin von Spanien, zwei leibliche und rechtmäßige Söhne und Erben hinterlassen, unsere geliebten Enkel, die wir mit der Gnade Gottes, um für unsere Nachkommenschaft zu sorgen, zu unseren Erben zu machen hoffen und wünschen: und zwar Don Karolus und Don Ferdinandus.«

Den beiden Enkeln wurden die Königreiche verliehen. Don Karolus erhält als sein Erbe die spanischen Königreiche und Don Ferdinandus das neue Königreich Österreich.

Bei der Verleihung des Königreichs Österreich spürt man die Gefühlswoge, die den Kaiser erfaßte, als er ausrief: »Freue dich also, Ferdinand, liebster Sohn und Enkel, über das Geschenk, das dir unsere Hoheit gewährt hat, dein Stamm freue sich, frohlocke, König von Österreich, den Unsere Majestät mit besonderer und reicher Gnade beschenkt hat.«

Ist es dem Kaiser auch nicht gelungen, das Reich nach seinen Vorstellungen zu ordnen, und ist er auch immer wieder am Widerstand der Kurfürsten, angeführt von dem Erzbischof von Mainz, gescheitert, so hat er durch seine Enkel Karolus und Ferdinandus der Welt eine neue Ordnung gegeben, die im Grunde bis zum Jahre 1917 bestanden hat.

Es gibt verschiedene Betrachtungsweisen, Leben und Leistung eines Fürsten zu werten. Eine davon ist – und das ist vielleicht die beste –, Erfolge und Mißerfolge zu werten, um so eine Bilanz der fürstlichen Lebensleistung zu ziehen. Dem Kaiser Maximilian ist das Schicksal widerfahren, daß man ihn lediglich an dem gemessen hat, das er nicht erreichte, und die hohen Ziele, die er erreichte, nicht gewertet hat.

Sein entschiedenster Gegner und zugleich Kanzler des Reichs, Berthold Graf von Henneberg, konnte ihn zwar nicht besiegen, aber seine Macht im Kurfürstengremium reichte aus, um Maximilian innenpolitisch zu blockieren.

Sein Kampf gegen Frankreich war Schicksal, das aus dem burgundischen Erbe erwuchs. Dieses Erbe, der Kampf gegen Frankreich, übertrug sich auf Österreich und das Reich und führte schließlich zur »deutsch-französischen Erbfeindschaft«, die erst in unseren Tagen überwunden wurde.

Sein Sohn Philipp der Schöne, Erbherzog von Burgund und durch seine Heirat mit Johanna der Wahnsinnigen König von Spanien, lebte nicht lange genug, um ihn als Politiker und Staatsmann bewerten zu können. Er bemühte sich, sehr zum Mißfallen seines Vaters Maximilian, den französisch-burgundischen Gegensatz zu überwinden, was ja auch in Wirklichkeit der Interessenlage der burgundischen Lande entsprach. Unter seinem Erben, dem Enkel Maximilians, Karl V., gelang ein glänzender Sieg über Frankreich. Jedoch sogar die Gefangennahme des französischen Königs Franz I. auf dem Schlachtfeld von Pavia im Jahre 1525 war ein temporärer, jedoch kein beständiger Sieg.

Die starke, in sich gefestigte monarchistische Staatsstruktur Frankreichs überwand die Niederlage. Das Land blieb weiterhin eine der führenden Mächte Europas, dauernd bemüht, der habsburgischen Aggression dem französischen Eroberungswillen entgegenzustellen und den Rhein als seine Grenze zu gewinnen.

Der politische Kopf der Habsburger in dieser Zeit war, auch wenn es die männliche Eitelkeit schmerzt, Maximilians Tochter Margarete von Österreich, langjährige Generalstatthalterin des Hauses Habsburg in den Niederlanden.

Vielleicht hatten die Schwierigkeiten ihres jungen Lebens, die Verstoßung durch den französischen König Karl VIII. und die Rückreise in die Niederlande, die kurze und tragische Ehe mit dem spanischen Infanten Don Juan de Castilia, der rasche Tod des vielgeliebten Philibert von Savoyen, sie zu einer gereiften Persönlichkeit wachsen lassen. Aber auch die Tatsache, daß sie unter den Augen zweier großer Fürstinnen und Regentinnen aufgewachsen war, Anne von Beaujeu, Regentin von Frankreich, und Isabella von Kastilien, hatte ihr Kenntnisse über Regierungskunst und die Beurteilung der Menschen gegeben. Unter ihrer Regentschaft haben die Niederlande dem Hause Habsburg mehr Gold geliefert, als die berühmte spanische Goldflotte aus Südamerika nach Spanien brachte. Zu ihrer wachen Intelligenz kam ein weiblicher Wirklichkeitssinn, mit dem sie Vater und Bruder übertraf.

Ihr Lebenswerk war die Krönung ihres Enkels Karl V. zum deutschen König im Jahre 1519 in Aachen, auf dem Stuhle Karls des Großen. Daran hatte das Geld der Fugger großen Anteil, aber auch die ungeheuren Geldsummen, die Margarete aus den Niederlanden abzog, um ihren Enkel zum Kaiser und den Ruf des Hauses Habsburg in aller Welt sichtbar zu machen.

Das Erreichte und das Nichterreichte

Zweifellos übertrifft das Erreichte Maximilians das Nichterreichte. Mag man ihn auch einen Träumer und Phantasten nennen, die großen Dinge im Leben und in der Welt werden von den großen Träumern und Phantasten erreicht, zumindest initiiert.

Wenn Kaiser Maximilian auch in Deutschland an seiner Reichsreform scheiterte, so versuchte er, im Alter die Zustände in seinen Erblanden zu verbessern. Namentlich in seinem geliebten Land Tirol. Er war zeitweilig ein Aktenbearbeiter wie weiland sein Vater, Kaiser Friedrich III. Unter anderem schuf er für die Tiroler Silber- und Erzbergwerke eine Bergordnung, die über seine Zeit hinaus Gültigkeit hatte.

ABENDDÄMMERUNG

Die Vorahnung des nahenden Todes trieb Maximilian dazu, in sein geliebtes Augsburg zu ziehen. Er sonnte sich noch einmal im Glanz der Frauen: Vor ihm mußten zwei oder drei Frauenspersonen tanzen. Dabei störte ihn die tiefe Verschleierung der Damen, die das Gesicht, vor allem die Augen, verdeckte. So befahl er dann durch den Matthäus Lang den Frauen, daß Seine Majestät zu der Stadt Augsburg und ihren ehrbaren Frauen besondere Gnade empfinde, und befreite sie vom Tragen des ungeliebten Schleiers. Die Augsburger Damenwelt ließ dem Kaiser durch den Rat Peutinger erklären, daß sie der Kaiserlichen Majestät zu Ehren auf den Schleier verzichten wollten.

Ach die Frauen! Noch einmal in ihre leuchtenden Augen schauen, die Harmonie ihrer Körper genießen, ihren wiegenden Gang und all die Köstlichkeiten, die ihnen Gott auf Erden gegeben hatte, um das schwere Erdenlos Adams in dieser Welt erträglich zu machen. Schauen, die Augen schließen und träumen.

Aber es war nicht nur der Welten Lust, die der Kaiser noch einmal einatmete. So sandte er einen seiner Kapläne zu Sankt Afra und befahl ihm: »Sag meinem gesippten Freund und Patron von Sankt Ulrich, wir möchten gerne zu unserem Abschied die Messe im Chor von Sankt Afra hören.« Tief ergriffen lauschte und folgte er noch einmal dem Hochamt.

Wanderten seine Gedanken in die Jahrhunderte zurück, als am 7. und 8. August 955 die Ungarn Augsburg eingeschlossen hatten und zum Sturmangriff auf die Stadt bereit waren? Als der heldenmütige Bischof Ulrich mit einigen hundert Rittern die Stadt verteidigte, bis ein geheimnisvoller Befehl die Ungarn zurückrief, weil die Nachricht eingetroffen war, daß König Otto, man sollte ihn später »den Großen« nennen, mit seinem Heer in die bedrängte Stadt unterwegs war.

Ende September verließ Kaiser Maximilian die Stadt. Als er an der Rennsäuke auf dem Lechfeld, wo Otto der Große die Ungarn bezwungen hatte, angelangt war, schaute er zurück auf sein geliebtes Augsburg und sprach voller Wehmut: »Nun segne dich Gott, du mein liebes Augsburg und alle frommen Bürger darin. Wir werden dich wohl nicht mehr sehen.«

Der Chronist Hector Meier faßte die Gefühle der Augsburger in die Worte: »Er ist allezeit ein guter Augsburger gwest.« Doch die kaiserliche Prophetie erfüllte sich nicht.

Er, einstmals ein Urbild männlicher Kraft, kränkelte und schlug sich nun mit Gallenkoliken und Leberleiden herum. Seine Hofräte Wolkenstein und Sertein verkündeten: »Man solle die Majestät nicht mit Geschäften, besonders mit beschwerlichen Händeln, zuviel und zu unfügbarer Zeit bemühen, weil daraus Melankolika entsteht. Auch darf er sich nicht an Orten aufhalten, wo Luft und Wasser, Speise und Trank ihm nicht zuträglich sind.«

Aber es gelang dem Kaiser, dem Gefängnis der Fürsorge seiner Räte zu entgehen. Noch einmal brach er zu einem Reichstag nach Augsburg auf, um seinem Enkel und seinem Geschlecht die Kaiserkrone zu sichern, denn er wußte nur zu genau, daß nur der mystische Glanz dieser Krone mit ihrer irrationalen Magie das stolze Burgund, die Niederlande, Spanien und Norditalien, dazu die Erblande in den Stürmen der kommenden Zeit zusammenhalten konnte.

So ritt er im Juni bei strahlendem Sonnenschein noch einmal in sein geliebtes Augsburg, um dem Enkel Karl die Kaiserkrone zu sichern. Die Reichsstände schienen geneigt. Das habgierige Schachern des Franzosen um die Kaiserkrone hatte in den Deutschen Gefühle geweckt, die sie selbst nicht zu erklären wußten.

Dann tauchte nochmals die alte und immer neue Idee des Türkenzugs auf, und ein Gesandter des Papstes verlas eine Botschaft Leos X., worin er den Kaiser als Beschützer und Retter der ganzen Christenheit bezeichnete.

Maximilian loderte noch einmal im alten Feuer und entgegnete, »daß er Land und Leute und alles, was er habe, auch seinen eigenen Leib und sein Leben, für den Römischen Stuhl und die Christenheit hingeben wolle«.

Aber das waren nur noch Worte eines alten, kranken Mannes. Als dann der päpstliche Legat zur Bewilligung der Türkengelder aufrief, flammte Widerstand auf – Widerstand gegen den Papst, gegen die römischen Beutelschneider und Pfründenjäger. Maximilian sah mit bitteren Gefühlen die Hoffnung auf einen Türkenzug schwinden. Maximilians Traum, auf grüner Heide für den Glauben des Erlösers zu sterben, löste sich in Gezänk und gegenseitigen Vorwürfen auf.

Um so mehr wuchs die Bereitschaft, seinen Enkel Karl zum Kaiser zu wählen. Zwar hatten die deutschen Kurfürsten mit gierigen Händen das Gold von König Franz von Frankreich genommen, aber zum Schluß schreckte man doch vor dem Landfremden auf deutschen Kaiserthronen zurück.

Als der Großkanzler Gattinara, ein Mann aus Margaretens Schule, Bericht erstattete, was denn nun die Kaiserwahl gekostet hatte oder, genauer, wie hoch denn der Betrag gewesen war, den Habsburg in die Hände der Kurfürsten geschüttet hatte, nannte er die für damalige Zeiten abenteuerliche Summe von 852 189 Gulden. Teilt man diesen Betrag durch die sieben Kurfürsten, so entfallen anteilmäßig 121 741 Gulden auf jeden, wobei man davon ausgehen muß, daß der eine sich besser verkaufen konnte als der andere. Und dabei steht in der Goldenen Bulle, daß die Kaiserwahl ohne »Gunst und ohne Gabe« zu vollziehen sei.

Doch Maximilian war schon der Welt und ihren aufzehrenden Sorgen entrückt. Sein sonst so freudevermittelndes Gesicht war von Leidensfurchen durchpflügt, das strahlende Rot der Wangen wich einem kränklichen Gelb, berichteten Augenzeugen. Damit erhärtet sich der Verdacht auf ein Leberleiden. Er wollte nach Wiener Neustadt, kam aber nur bis Wels. Hier richtete man sein Krankenlager.

Wiener Ärzte eilten herbei und stellten düstere Prognosen, die mit den finsteren Deutungen der Horoskope übereinstimmten. Der alte Kartäuserprior, man nannte ihn auch »Seiner Majestät alter Gewissensrat«, umsorgte den Kranken beständig, las ihm die Leidensgeschichte des Herrn und aus den Predigten der heiligen Brigitta vor. Gerne hörte Maximilian die Geschichte der Heiligen des Hauses Habsburg. Obwohl die Geschäfte des Tages ihn nicht mehr erreichten, hörte er doch die schmerzlichen Nachrichten, daß im Südosten der Deutsche Orden vom Mutterland getrennt und praktisch auf Ostpreußen reduziert war. Aber noch tiefer berührte ihn der Abfall der Schweiz, die Lande, von denen die Habsburger einstmals ausgezogen waren, ihr Schicksal zu erfüllen.

Am 30. Dezember 1518 machte Maximilian sein Testament. Neben vielen frommen Stiftungen und guten Werken benannte er nochmals seine beiden Enkel Karl und Ferdinand, denen er die schwere Bürde seiner Länder und seiner Schulden auftrug.

Schon bei der Feier des Weihnachtsfestes war es unumstößliche Gewißheit, daß die Stunde des Todes nahe war. Er empfing die letzte Ölung und sprach dann seinen treuen Dienern, die sein Lager umstanden, Trost zu. Er erklärte ihnen in großer Abgeklärtheit, daß der Tod das natürliche Ende des menschlichen Lebens sei und es keinen Grund zur Klage gebe.

Seinem Testament fügte er noch einige persönliche Ergänzungen hinzu. Sämtliche Zähne sollten herausgebrochen und das Haupthaar abrasiert werden. Nur mit Unterbeinkleidern versehen, ansonsten nackt, sollte er in den Sarg gelegt werden. Er wollte neben seiner Mutter, Eleonore von Portugal, beigesetzt werden, bis sein eigenes Prunkgrab in Innsbruck fertiggestellt war.

Sein Herz aber, in dem noch immer das Lächeln der Maria von Burgund lebte, sollte ihm entnommen werden und bei der ewig geliebten Frau in ihrem Prunkgrab zu Brügge beigesetzt werden.

Maximilian hat die Frauen geliebt. Wir erinnern uns an seine letzten Tage in Augsburg. Dennoch scheint es fast so, daß der Habsburger in Maria von Burgund seine Liebe für immer beschlossen hatte. Was dann kam, waren Schlafweiber und die unglückliche Bianca Maria Sforza, die für ihn nur ein Millionengeschäft gewesen war.

Am 12. Januar 1519 starb Kaiser Maximilian seinen würdigen Tod. Ein Mann des Schicksals zwischen Traum und Wirklichkeit.

Alles liegt an Zeit und Glück

»Alles liegt an Zeit und Glück«, sagte der Prediger Salomo. Und tatsächlich, nur mit diesem Vers im Herzen ließe sich Zugang zu der schwierigen Persönlichkeit Kaiser Maximilians finden.

Ein Knabe, der seiner Umwelt schweigend gegenübersteht. So sprachlos und stumm, daß der eigene Vater, Kaiser Friedrich III., sagt, entweder ist er stumm oder dumm. Und schließlich auf einem Reichstag bricht der Knabe sein Schweigen und verblüfft in einer großen Rede den Reichstag, die Kurfürsten, Fürsten, Stände und den eigenen Vater.

Ein Achtzehnjähriger, vom Glanz umstrahlt, der Sohn des Kaisers zu sein, der zur Brautfahrt nach Burgund reitet. In Köln geht das wenige Geld aus, und er kann die knappe Begleitung, die er hat, nicht bezahlen. Da sendet ihm Margarete von York, die Stiefmutter Marias, Geld, damit er, wie es eines Kaisers gebührt, die Fahrt zu seiner Braut, der reichsten Erbin Europas, fortsetzen kann. Die Liebe Marias ist das zentrale Ereignis seines Lebens. Das Glück zerbricht, als Maria am 17. März 1482 durch einen Reitunfall den Tod findet.

Und nun folgt ein dreizehnjähriges Ringen um die burgundische Herrschaft mit Frankreich. Im strahlenden Sieg von Guinegate steigt er in einer Sternstunde zum bewunderten Helden Europas auf.

Maximilians Grundproblem war sein gebrochenes Verhältnis zum Geld. Die Nonchalance, man möchte lieber sagen, die Leichtfertigkeit, gehörte für ihn zu seinem Ritterbild. Leichtfertigkeit und grenzenlose Großzügigkeit, all das klingt in seinen Werken, dem *Freydal*, dem *Weiß-Kunig* und dem *Theuerdank*, als Leitakkord seines Lebens an.

Er war nie wirklich arm, sondern er hatte kein Geld, weil er zuviel am falschen Ort ausgab.

So war, wenn die politische Lage es dringend erforderte, kein Geld da. Wo war die Mitgift der Maria von Burgund geblieben, wo die dreihunderttausend Gulden, die die arme Bianca Maria Sforza als erste Rate ihrer Mitgift eingebracht hatte, wo das Gold der Fugger, für das er so freudig die Erzschürfrechte in Tirol preisgegeben hatte?

Wie uns der Großkanzler Gattinara überlieferte, hatte allein die Kaiserwahl achthunderttausend Gulden gekostet, wobei der größte Teil an Schmiergeldern in den gierigen Händen der Kurfürsten verschwunden war. Es mutet wie Hohn an, wenn die Goldene Bulle, immerhin die wichtigste Verfassungsurkunde des Reiches, forderte, daß die Stimmabgabe der Kurfürsten »frei sei von Gunst und Gabe«.

Die Metamorphose Maximilians begann direkt nach seinem Tode. Nunmehr ließ er das Irdische, das Sterbliche hinter sich zurück und wurde zur reinen Lichtfigur.

Der Kaiser, der in der Schlacht vom Pferde sprang und damit seinen Adel moralisch zwang, ebenfalls vom Pferde zu steigen, um an der Seite des Fußvolks zu kämpfen und zu siegen.

Der Kaiser, der auf seinen Mummereien, gleich ob in Köln, in Nürnberg oder in Augsburg, mit glückseligen Bürgermädchen tanzte, der Kaiser der auf Turnieren kämpfte und keinen Vorteil, keine Sicherung für sich haben wollte.

Der Kaiser, der sich mit Künstlern und Gelehrten umgab und sich als echtes Kind der Renaissance zeigte.

Albrecht Dürer schrieb die Empfindung vieler Menschen in sein Tagebuch: »Der teure Fürst Maximilian ist mir viel zu früh verstorben.« Dürer schuf in seinen Werken das Bild Maximilians, wie er war und wie er gesehen werden wollte: hoheitsvoll, hochgemut mit einem leichten spöttischen Lächeln um die Lippen, ganz der Kaiser.

Aber er war nicht nur Kaiser. Er war auch der Vater der Landsknechte, dieser rauhen Schar, gebildet aus den Menschen der deutschen Lande. Der Prototyp dieser harten Männer ist Georg von Frundsberg, der die militärische Stütze seines Sohnes, des Kaisers Karl V., werden sollte. Bewußt stellte Maximilian seine Landsknechte gegen die Schweizer Reisläufer, reine Söldner, die in allen Heeren dienten.

In Landsknechtkleidung zieht Maximilian in Köln ein, den Landsknechtspieß über die Schulter geworfen, und um ihn ein begeistertes Volk, das ihm zujubelt.

Er soll auch der letzte Ritter sein, so sieht ihn das Volk, und doch ist er es, der mit seinen schweren Geschützen die Burgen, Zeichen der Herrschaft und der ritterlichen Macht, zusammenschießt.

Der weltgeschichtliche Geisteskampf der Zeit, für den der Doktor Martin Luther als sichtbares Zeichen steht, berührt ihn kaum. Es ist schon erstaunlich, während Martin Luther seinen Kampf gegen Ablaßwucher führt, geht der Kaiser des Heiligen Römischen Reiches Deutscher Nation der gleichen Sünde nach, läßt sich vom Papst einen Generalablaß für den Türkenfeldzug geben und verkauft ihn teuer an seine Untertanen. Und er lebt sicher in dem Glauben, ein guter katholischer Christ zu sein.

Er muß sich vom päpstlichen Ablaßkommissar Raimundo Peraudi sagen lassen: »Du gleichst in deinem gottesräuberischen Verfahren dem Heliodor, der den Tempelschatz an sich gerissen hat.«

Dennoch, nach seinem Tode überstrahlt sein Mythos die kleinen Sünden der Welt. Es entsteht das Bildnis eines trotz aller Lasten und Fehlschläge fröhlichen, gütigen, ja hochgemuten Menschen.

Und da die Dinge nie so sind, wie sie scheinen, sondern so, wie sie empfunden werden, ist Maximilian I. von Habsburg der geliebte Kaiser aller Deutschen, bis im neunzehnten Jahrhundert der Kampf der Großdeutschen und der Kleindeutschen sein nobles Bildnis beschädigt.

Was über ihn hinausragt, ist die Donaumonarchie, deren Bestand er durch seine Heiratspolitik einleitete und die zu einer der großartigsten und dauerhaftesten Staatsgründungen der Neuzeit wurde.

Es bleibt das Bildnis eines Menschen und Fürsten, der in Sieg und Niederlage das Zeugnis eines hohen und mutigen Herzens gab.

Anhang

Quellen- und Literaturhinweise

Quellen

Commynes, Philipp de: Die Denkwürdigkeiten des Philipp von Commynes, Herrn von Argenton, Georg Müller Verlag, München 1920

Cuspinian, Johannes: Tagebuch 1502–1527, hrsg. von Th. von Karajan, in: FontRer Austr I/1 1855 mit besonderer Beachtung der Seiten 392–416

Eichmann, Eduard: Die Kaiserkrönung im Abendland. Ein Beitrag zur Geistesgeschichte des Mittelalters, 2 Bände, Echter-Verlag, Würzburg 1942

Leitner, Quirin von: Freydal des Kaisers Maximilian I., Turniere und Mummereien, Adolf Holzhausen Verlag, Wien 1880–1882

Maximilian I.: Der Theuerdank. Nach dem Faksimile der ersten Ausgabe von 1517, hrsg. von Simon Laschitzer, Harenberg Kommunikation, Dortmund 1979

Müller, Konrad: Die Goldene Bulle. Nach König Wenzels Prachthandschrift, mit der deutschen Übersetzung von Konrakd Müller und einem Nachwort von Ferdinand Seibt, Harenberg Kommunikation, Dortmund 1978

Pirkheimer, Willibald: Der Schweizerkrieg, Militärverlag der Deutschen Demokratischen Republik (VEB), Berlin 1988

Schulz, A. (Hrsg.): Weiß-Kunig. Nach den Dictaten und eigenhändigen Aufzeichnungen von Marcus Treitzsauerweyn von Ehrentreitz, Wien 1888, Nachdruck: Graz 1966

Ulmann, Heinrich: Kaiser Maximilian I. Auf urkundlicher Grundlage dargestellt, 2 Bände, Stuttgart 1884/1891, Nachdruck: Wien 1967

Wiesflecker-Friedhuber, Inge (Hrsg.): Quellen zur Geschichte Maximilians I. und seiner Zeit, Wissenschaftliche Buchgesellschaft, Darmstadt 1966

Nachschlagewerke

Gebhard: Handbuch der deutschen Geschichte, Deutscher Taschenbuch Verlag GmbH & Co. KG, München 1973

Geschichts- und Nachschlagewerke

Hauck, Albert, Dr.: Kirchengeschichte Deutschlands, J. C. Hinrissche Buchhandlung, Leipzig 1920

Höfer, Josef/Rahner, Karl: Lexikon für Theologie und Kirche, Verlag Herder, Freiburg im Breisgau 1957

Verschiedene Herausgeber: Handbuch der historischen Stätten Deutschlands, Bände 1–11, Alfred Kröner Verlag, Stuttgart 1976

Schieder, Theodor (Hrsg.): Handbuch der europäischen Geschichte, 7 Bände, Verlagsgemeinschaft Ernst Klett – J. G. Cottasche Buchhandlung, Stuttgart 1976

Lexikon des Mittelalters, Verlag J. B. Metzler, Stuttgart–Weimar 1999

Geschichtswerke

Bosl, Karl: Bayerische Geschichte, Deutscher Taschenbuch Verlag GmbH & Co. KG, München 1980

Bundesdenkmalamt (Hrsg.): Das Grabmal Kaiser Maximilians I. in der Innsbrucker Hofkirche, Verlag Anton Schroll & Co., Wien 1986

Bosl, Karl (Hrsg.): Handbuch der Geschichte der böhmischen Länder, 4 Bände, Anton Hiersemann, Stuttgart 1967

Büttner, Heinrich: Geschichte des Elsaß, hrsg. von Traute Endemann, Thorbecke Verlags GmbH & Co., Sigmaringen 1991

Duby, Georges/Perrot, Michelle: Geschichte der Frauen (Mittelalter), Campus-Verlag, Frankfurt/Main 1993

Durant, Will und Ariel: Kulturgeschichte der Menschheit, Bände 9 und 10, Ullstein Buch, Frankfurt/Berlin/Wien 1982

Dürrenmatt, Peter: Schweizer Geschichte, Schweizer Verlagshaus AG, Zürich 1965

Exempla historica, Epochen der Weltgeschichte in Biographien, Band 26, Kaiser und Könige, Fischer Taschenbuch Verlag GmbH, Frankfurt/Main 1983

Fleckenstein, Josef/Fuhrmann, Horst/Leuschner, Joachim: Deutsche Geschichte, 3 Bände, Vandenhoek & Ruprecht, Göttingen 1985

Haller, Johannes: Das Papsttum. Idee und Wirklichkeit, Rowohlt-Verlag, Hamburg 1965

Haller, Heinrich: Epochen der deutschen Geschichte, Magnus Verlag Stuttgart, Neuauflage der im Jahre 1950 erschienenen Originalausgabe

Haller, Johannes: Von den Staufern zu den Habsburgern. Auflösung des Reichs und Emporkommen der Landesstaaten (1250–1519), Walter Gruyter & Co., Berlin 1935

Vorst, Schmitz van: Kleine Geschichte Italiens, Signum-Verlag, Gütersloh ohne Jahresangabe

Wahl, Fritz: Kleine Geschichte Spaniens, Verlag Heinrich Scheffler, Frankfurt/Main 1957

Zentner, Christian: Der große Bildatlas zur Weltgeschichte, Lizenzausgabe für den Unipart-Verlag GmbH, Stuttgart 1992

Weissensteiner, Friedrich: Große Herrscher des Hauses Habsburg. 700 Jahre europäische Geschichte, Piper Verlag GmbH, München 1995

Das Thema umfassende und begleitende Literatur

Althoff, Gerd: Spielregeln der Politik im Mittelalter. Kommunikation in Frieden und Fehde, Wissenschaftliche Buchgesellschaft, Darmstadt 1997

Angenendt, Arnold: Geschichte der Religiosität im Mittelalter, Wissenschaftliche Buchgesellschaft, Darmstadt 1997

Bergengruen, Werner: Herzog Karl der Kühne, Peter Schifferli Verlags AG »Die Arche«, Zürich 1950

Brauer-Gramm, Hildburg: Der Landvogt Peter von Hagenbach. Die burgundische Herrschaft am Oberrhein 1469–1474, Musterschmidt-Verlag Göttingen, Berlin/Frankfurt 1957

Bumke, Joachim: Höfische Kultur, Bände 1 und 2, Deutscher Taschenbuch Verlag GmbH & Co. KG, München 1986

Buchner, Rudolf: Kaiser Maximilian I. Kaiser an der Zeitenwende, Musterschmidt-Verlag, Göttingen/Zürich/Frankfurt 1970

Dericum, Christa (Hrsg.): Burgund und seine Herzöge in Augenzeugenberichten, Karl Rauch Verlag, Düsseldorf 1966

Franz, Günther: Der deutsche Bauernkrieg, Druck und Verlag von R. Oldenbourg, München/Berlin 1933

Freytag, Gustav: Bilder aus der deutschen Vergangenheit, 3 Bände, Bertelsmann Lexikon Verlag GmbH, Gütersloh/München 1998

Görlich, Ernst Josef: Grundzüge der Geschichte der Habsburgermonarchie und Österreichs, Wissenschaftliche Buchgesellschaft, Darmstadt 1980

Huizinga, Johan: Europäischer Humanismus: Erasmus, Rowohlt, Hamburg 1958

Huizinga, Johan: Herbst des Mittelalters, Alfred Kröner Verlag, Stuttgart 1975

Kern, Fritz: Gottesgnadentum und Widerstandsrecht im früheren Mittelalter, Wissenschaftliche Buchgesellschaft, Darmstadt 1980

Langosch, Karl: Profile des lateinischen Mittelalters, Wissenschaftliche Buchgesellschaft, Darmstadt 1965

Paravicini, Werner: Karl der Kühne. Das Ende des Hauses Burgund, Musterschmidt-Verlag, Göttingen/Zürich/Frankfurt 1976

Salzer, Anselm: Illustrierte Geschichte der deutschen Literatur von den ältesten Zeiten bis zur Gegenwart, Allgemeine Verlags-Gesellschaft m. b. H., München 1912

Schoen, Wilhelm von: Alfons X. von Kastilien. Ein ungekrönter deutscher König, Verlag F. Bruckmann KG, München 1957

Wiesflecker, Hermann: Kaiser Maximilian I., R. Oldenbourg Verlag, München 1977

Winker, Elsa: Margarete von Österreich. Grande Dame der Renaissance, Verlag Georg D. W. Callwey, München 1977

Winker, Will: Kaiser Maximilian I. Zwischen Wirklichkeit und Traum, R. Oldenbourg Verlag, München 1950

Zimmermann, Wilhelm: Der große deutsche Bauernkrieg, Dietz Verlag, Berlin 1952

PERSONENVERZEICHNIS

STAMM

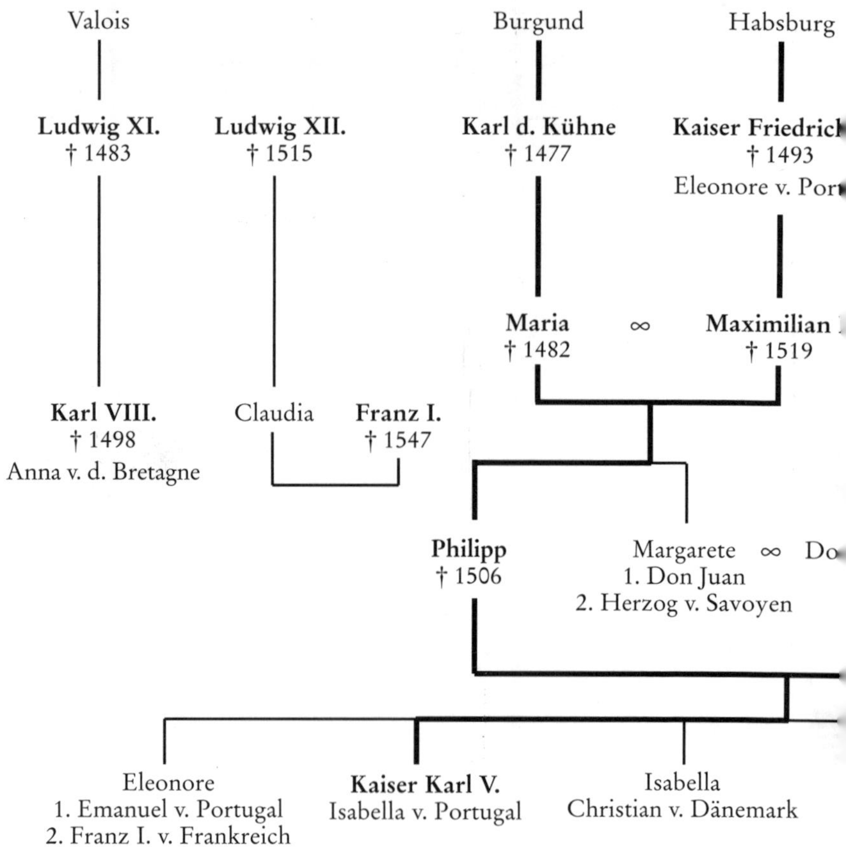

Valois
Burgund
Habsburg
Ludwig XI. † 1483
Ludwig XII. † 1515
Karl d. Kühne † 1477
Kaiser Friedric
† 1493
Eleonore v. Por
Maria † 1482
∞
Maximilian
† 1519
Karl VIII. † 1498
Anna v. d. Bretagne
Claudia
Franz I. † 1547
Philipp † 1506
Margarete ∞ Do
1. Don Juan
2. Herzog v. Savoyen
Eleonore
1. Emanuel v. Portugal
2. Franz I. v. Frankreich
Kaiser Karl V.
Isabella v. Portugal
Isabella
Christian v. Dänemark